国家社会科学基金"十四五"规划2022年度教育学一般课题"数据驱动下中小学教师智能教育素养提升路径与机制研究"（项目编号：BCA220207）

广东省2021年哲学社会科学规划青年项目"情绪认知模型框架下虚拟现实技术对学生认知发展机制研究"（项目编号：GD21YJY05）

2022年度广东省本科高校在线开放课程指导委员会研究课题"教育元宇宙场域下在线开放课程设计创新研究"（项目编号：2022ZXKC346）

| 光明社科文库 |

教育创新发展

基于跨学科教育实践与典型案例

华子荀　　吴鹏泽◎著

光明日报出版社

图书在版编目（CIP）数据

教育创新发展：基于跨学科教育实践与典型案例 /
华子荀，吴鹏泽著 . -- 北京：光明日报出版社，2023.5
ISBN 978 - 7 - 5194 - 7235 - 1

Ⅰ.①教… Ⅱ.①华… ②吴… Ⅲ.①中小学教育—
教育研究 Ⅳ.①G632.0

中国国家版本馆 CIP 数据核字（2023）第 097962 号

教育创新发展：基于跨学科教育实践与典型案例
JIAOYU CHUANGXIN FAZHAN：JIYU KUAXUEKE JIAOYU SHIJIAN YU
DIANXING ANLI

著　　者：华子荀　吴鹏泽			
责任编辑：刘兴华		责任校对：宋　悦　李佳莹	
封面设计：中联华文		责任印制：曹　净	

出版发行：光明日报出版社
地　　址：北京市西城区永安路 106 号，100050
电　　话：010-63169890（咨询），010-63131930（邮购）
传　　真：010-63131930
网　　址：http：//book. gmw. cn
E - mail：gmrbcbs@ gmw. cn
法律顾问：北京市兰台律师事务所龚柳方律师

印　　刷：三河市华东印刷有限公司
装　　订：三河市华东印刷有限公司
本书如有破损、缺页、装订错误，请与本社联系调换，电话：010-63131930

开　　本：170mm×240mm
字　　数：272 千字　　　　　　　　印　　张：19
版　　次：2024 年 1 月第 1 版　　　印　　次：2024 年 1 月第 1 次印刷
书　　号：ISBN 978 - 7 - 5194 - 7235 - 1
定　　价：98.00 元

序言一

2022 年 4 月，教育部发布了《义务教育课程方案和课程标准（2022年版）》简称（《课程方案》），《课程方案》再一次强调了义务教育的目标、内容和教学基本要求，体现了马克思主义的指导地位，体现了中国和中华民族风格，体现了党和国家对教育的基本要求，体现了国家和民族的基本价值观，体现了人类文化知识积累和创新成果。其中有一点值得注意，就是优化了各学科课程内容结构，设立跨学科主题学习活动，加强了学科间的相互关联，带动课程综合化实施，强化了实践性要求。

跨学科并不是简单的学科相加，而是立足于具体知识情境与知识内容前提下，融入各学科的重要知识点，实现学科融合，这种跨学科设计导向的体现与 STEAM 教育理念的传播也有一定关系。STEAM 教育是科学、技术、工程、艺术人文、数学五个学科的字母简称，科学是探究学习的基础，回答"是什么"和"为什么"的问题；技术的任务是回答"做什么"和"怎么做"的问题；数学是探究科学知识和解决工程问题的工具；工程和艺术为理解科学和技术提供形象具体的客观载体，工程活动为 STEAM 实践境脉，通过联系、运用其他学科的知识和技能培养学生的 STEAM 素养和解决实际问题的能力。

总之，STEAM 教育有别于传统重书本知识的单学科教育方式，是一种重实践的跨学科教育方式，该理念最早提出旨在培养理工科人才综合素养，从而提升人才竞争力，在具体的教育实践中，老师需要在 STEAM 教育活动中鼓励学生综合利用跨学科知识来完成一个有意义的作品，以培养学生的想象力、创造力以及动手解决问题的能力，弥补了传统教育忽略兴趣和动手能力的缺陷。所以 STEAM 教育也与项目式学习之间具有天然的联系性，我在主编的粤教版普通高中《信息技术》教科书中，设置了"项目范例""项目选题""项目规划"等学习栏目，就是通过指导学生开展项目式学习活动，培养其跨学科思维，体现的是一种"做中学、学中创、创中乐"的教育理念。

随着教育理论的繁荣发展，我们提出一系列具有中国特色的、体现中国国情的、适用于我国教育现状的理论成果，而本书作者对中国化 STEAM 教育理论的提炼以及基于粤港澳大湾区的跨学科教育实践，都是有利于我国跨学科教育理论的丰富与发展的，是具有理论与实践双重价值的成果，我相信该书能够与对相关主题感兴趣的读者共绘，为教育实践者提供一定的借鉴和启发，也希望作者能够在跨学科教育研究领域继续作出贡献。

华南师范大学

徐福荫　教授

2022 年 6 月

序言二

　　STEAM 教育是一种多学科融合的教学理念，为什么这个理念这么重要呢？因为它本身具有融合性、开放性的特点，同时也可以培养学生形成跨学科的思维角度，这些特点使得该理念能够在全球迅速普及。首先，它具有较好的学科融合性，"STEAM"这个单词就是学科的融合，整合了科学、技术、工程、人文艺术和数学，吸收了各学科的优点；其次，它给了我们一种开放性的思考方法，该理念并没有一定的界限要求什么课程、内容或方法才是 STEAM，这给予了 STEAM 实践者更多的空间进行自主创新；最后，STEAM 有助于培养科学理解力，美国的科学教育非常强调培养学生的科学理解力，一个概念、一个公式、一个方法都应结合具体的情境来让学生掌握，这样才能让学生真正理解科学知识，STEAM 以跨界的知识呈现情境，锻炼学习者以跨界思维解决问题，促进了知识的多情境化应用，也就培养了学习者对知识的深度理解。

　　近年来，STEAM 教育理念在我国广泛传播，也是由于它本身所具有的上述优势，且不论小学科学、初中物理抑或高中信息科技，都能看到 STEAM 教育理念在这些学科中的融入，可以说任何学科背景的研究者都能够从自己的学科角度出发去研究 STEAM 教育。该书作者的学术背景是教育技术学专业，且在读博期间，有在美国俄亥俄州立大学作科学教育方向的访学经历，正是由于拥有这种多学科交叉的学习经历，才能够促使作者在博士后期间进一步开展 STEAM 教育本土化的研究工作，作者博士后期间的研究重点主要是 STEAM 教育理论研究和实践研究两个方向，一方面吸收多学科的理论方法形成其 STEAM 教育创新性的理论体系，另一方面走访广东省内多个中小学校，探索提出适用于我国基础教育的 STEAM 实践方法，经过将近三年的研究，作者在 STEAM 课程设计、开发、评价等方面实现了一些突破，而本书就是作者根据过往的研究成果结集而成，凝练了其有关 STEAM 教育的重要理念和实践方式。

本书聚焦于粤港澳大湾区的教育特色与区域差异，提出基于大湾区的 STEAM 教育理论，并开发了诸多案例。全书共包含三个部分：第一部分是理论篇，该书在理论篇吸收了教育学、心理学、信息技术等学科的重要理论，丰富了 STEAM 教育的理论内涵，让读者更加清晰地认识到将 STEAM 教育融入我国教育的前提条件；第二部分是实践篇，该部分介绍了从多个维度进行 STEAM 本土化的研究过程，验证了 STEAM 教育促进学习者、教师发展的相关机制；第三部分为案例篇，案例篇介绍了作者深度参与的"基于大湾区 STEAM 教育实践共同体项目"中所开发的 STEAM 课程案例，这些案例非常鲜活地为我们呈现了大湾区内各种主题下的 STEAM 课程或活动。可以说本书不仅从理论上为我们提供了较好的借鉴，更在实践上为读者提供了诸多丰富的案例，是在较宏观的视角上分析粤港澳的教育特色，相信本书能够为 STEAM 教育的研究者和粤港澳大湾区教育融合的实践者提供重要的借鉴和参考。

华南师范大学粤港澳大湾区科学教育研究中心主任

肖化教授、博士生导师

2022 年 6 月

前　言

本书主题是基于粤港澳大湾区环境下，对跨学科教育所开展的研究实践并且在实践过程中所形成的典型案例。跨学科教育与 STEAM 教育具有一定联系，STEAM 分别是科学（Science）、技术（Technology）、工程（Engineering）、人文艺术（Arts）、数学（Mathematics）五个英文的缩写，它是一种重视实践、多学科融合的教育理念，其突出优势是通过跨学科的内容设计实施项目式学习，从而培养学习者的跨学科思维。因此，开展基于 STEAM 框架的教育实践是创新人才培养的有效路径，通过在跨学科教育中将多个学科进行融合以项目式学习的方式开展实践活动，能够促进学生的实践应用能力、创新能力，对学生发展、学科融合、教学创新具有重要意义。

然而，STEAM 教育并非是基于我国具体学情所提出的教育理念，在知识融合、实践方式等方面与我国教育存在较大差异，也正是由于以上原因，才有必要提出具有中国特色的跨学科教育模式与方法。本书是针对 STEAM 教育中国化的基本问题，基于笔者及研究团队近年来立足粤港澳大湾区所开展的跨学科教育探索而成，在粤港澳大湾区的多元文化背景下，开展大湾区多校协同的跨学科教育理论探索与实践，从而凝练出一系列理论与实践成果。

本书包含三个篇章：理论篇、实践篇、案例篇。

理论篇重点在于介绍跨学科教育实施的理论内涵。第一章主要介绍了跨学科教育的背景及时代特色，提出跨学科教育在工具资源、教学方法、统筹规划等层面的实践研究现状，从而提出粤港澳大湾区跨学科教育的特征，进而明晰了跨学科教育、STEAM 教育以及 STEAM 教育三种概念的区别与联系；第二章针对笔者近年来所开展的教学实践，从课程设计、技术应用、学习方式、学生认知发展、教师专业发展五大方面论述了跨学科教育的基础理论，能够为同类研究提供重要理论参考。

实践篇重点在于介绍跨学科教育在微观、中观、宏观三个层面的研究过程。第三章从学习者认知发展的微观层面入手，介绍了融入虚拟现实技术以及动觉学习机制的跨学科教育过程；第四章从跨学科教育课程建设的中观层面入手，介绍了基于 STEAM 的跨学科整合性项目教学模式及其案例的设计过程；第五章从跨学科教育管理的宏观层面入手，介绍了基于实践共同体的跨学科教师跨区域协同发展过程。

案例篇重点在于介绍跨学科教育在大中小学等各种学段中的实践案例。第六章为"园艺农耕"案例，强调融入劳动教育理念的跨学科实践；第七章为"地球有我也有它"，强调了提高学习者认知的跨学科实践；第八章为"人与鸟和谐相处"，强调了基于学校社团实践的跨学科教育过程；第九章为"我为湾区设计桥梁"，强调了融入技术工程要素的跨学科教育过程。最后，第十章是对本书内容的综合总结，提出在已有实施经验的基础上，展望未来我国开展跨学科教育的发展方向与核心发展要素。

通过本书在理论与实践两个层面的介绍，大体上形成了跨学科教育在我国，尤其是粤港澳大湾区实施的特点与方法，相信本书能为对跨学科教育感兴趣的读者提供启发。该书主体部分来自笔者博士后工作期间所形成的出站报告，在此感谢博士后导师肖化教授的指导，感谢博士导师徐福荫教授、吴鹏泽教授的指导。感谢深圳市龙岗区麓城外国语小学邬丽萍校长、广州市天府路小学欧阳琪校长、广州市天河区华景小学黄瑞萍校长、香港屯门马登基金中学袁国明校长、佛山同济小学张秀香老师、珠海市和风中学樊秋平老师、澳门劳校中学郑杰钊老师的支持，感谢江恩祈、李愉、黄青霞、张金良等同仁所给予的支持。

本书获广东第二师范学院出版资助，受第二批教育部人工智能助推教师队伍建设广东第二师范学院试点项目、广东省哲学社会科学规划 2021 年度青年项目（GD21YJY05）、广东省普通高校青年创新人才类项目"5G赋能下'跨学校+跨学科'融合实践模式研究"、广东省"智能教育重点实验室"（2020WSYS002）等课题项目的支持。

作者

2022年6月于赤岗寓所

目 录
CONTENTS

第一篇 理论篇

第一篇 01

理论篇

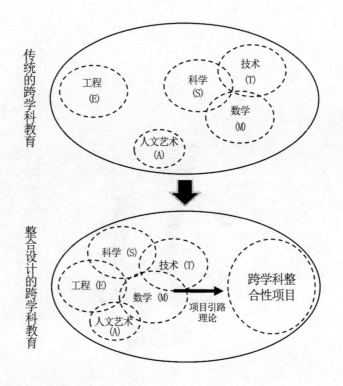

"以创新应用为任务驱动，揭示跨学科理念在项目式教学过程中的活动规律，借鉴全球实施 STEAM 教育的项目引路计划和 STEAM 实践模型框架，本研究所实施的跨学科教育相关项目强调学科整合的项目式学习，即以跨学科整合性项目作为 STEAM 教育的实施路径，区别于以往的 STEAM 教学项目。"

第一章 跨学科教育概述

第一节 背景概述

一、跨学科教育背景

（一）时代背景

当前中国正处于高速发展的阶段，尤其在信息技术领域，从互联网、物联网到大数据、人工智能等都走在了世界的前列。2015年，国务院发布《中国制造2025》行动纲领，该纲领指出全球产业竞争格局正在发生重大调整，未来中国产业转型、高速发展对人才培养提出了新的要求，需要培养一批具有较高探究能力、批判性思维能力和创造力的专业技术人才、经营管理人才和技能人才，而跨学科教育对学生的培养方向正迎合了这一时代诉求。同时，2022年4月，教育部印发《义务教育课程方案和课程标准（2022年版）》（简称《方案》），《方案》将党的教育方针具体化细化为学生核心素养发展要求，明确了课程应着力培养的正确价值观、必备品格和关键能力，进一步优化了课程设置，九年一体化设计，注重幼小衔接、小学初中衔接，独立设置劳动课程，注重学科内知识关联、学科间关联，这是将跨学科特色融入我国基础教育课程设计中的重要政策指引。

（二）国际背景

在新一轮的技术革新和产业升级的命题下，各国都在追求提升国家软实力和全球竞争力。2006 年美国提出《美国竞争力计划》，明确指出知识经济时代需要培养具有跨学科素养的人才，这成为提高美国全球竞争力的关键；美国教育部联合多所研究机构共同发布了《STEM 2026》报告，旨在规划未来十年美国跨学科教育的发展方向。2017 年，中国教育科学研究院发布了《中国 STEM 教育白皮书》和"中国 STEM 教育 2029 创新行动计划"，把我国建成世界创新性国家需集中力量运用 STEAM 教育培养具有跨学科视野的创新型人才。

2020 年，教育部基础教育教学指导委员会开始下设"跨学科教学指导专委会"，标志着我国基础教育开展针对跨学科进行理念与教学法方面的探索。我国提出的跨学科教育与 STEAM 教育在内涵上具有显著区别：首先，在信息化背景下，信息技术深度融入教学过程，促进了学习方式的革新，信息技术支持的跨学科方法是对 STEAM 多学科融合方法的提升；其次，我国中小学校的跨学科教学以国家课程各个学科为主体，实施多学科知识融入的单元整合活动设计，是在课程标准和学科教学法基础上的跨学科实践，目前对于 STEAM 课程整合的研究尚少，尤其是基于全学科的整合研究；最后，我国是在五育并举的育人理念和学科核心素养框架下开展的跨学科教育，STEAM 的培养目标虽可借鉴，但育人目的完全不同。

（三）国内背景

我国根据国际、国内跨学科教育的实施优点，结合具体课程和学情，提出了跨学科教育的教学方向，该概念具有中国特色的跨学科教育新形态，是超越了单纯学科局限的多学科融合理念。2017 年，教育部根据国家科技研究和发展需要，发布了《新工科研究与实践项目指南》（即"北京指南"），提出"提升学生工程科技创新、创造能力，应更加注重模式创新，开设跨学科课程"，通过多学科融合的教学过程，开展模式设计与应用研究，能够促进学生实践创新、创造能力的发展。2021年9月，习近平同志在中央人才工作会议上强调："高水平科技自立自强是关键，综合国力竞争说到底是人才竞争，人才是衡量一个国家综合国力的重要指标。"①党的十九大报告指出，"加快建设创新型国家，应培养造就一大批具有国际水平的战略科技人才、科技领军人才、青年科技人才和高水平创新团队。"总体上来说，实现民族振兴主要靠人才，赢得国际竞争主动权关键在于创新人才培养，而跨学科教育是创新人才培养的有效路径。

二、跨学科教育实施意义

"培养什么人，为谁培养人，如何培养人"是教育要解决的根本问题，育人模式的科学应用具有非常典型的时代性和现代性，必须充分结合社会环境的变革积极实践与探索。

（一）以跨学科教育培养创新人才

跨学科教育与STEAM教育具有一定联系。实施STEAM教育过程通过具有联系性的知识内涵，运用多学科知识和技能培养学生的跨学科思维和解决实际问题的能力。与其他单一学科相比，STEAM教育具有整合性、跨学科性、体验性、探究性的优势。开展STEAM教育的老师在活动中鼓励学生综合利用跨学科知识完成一个有意义的作品或解决一个综合性的问题，这个过程培养了学生的想象力、创造力和解决问题的能力，从而弥补了传统教育忽略促进学生学习积极性和动手实践能力培养的缺陷。STEAM教育基于建构主义学习理论，强调学习者与真实情境的互动，通过互动来建构知识、加深理解、解决问题，探究性、体验性、协作性是开展STEAM教育的主要特征。STEAM教育的这种特点也能成为跨学科教育的重要实践方法。

STEAM教育中五个学科在学习者的知识建构过程中发挥着不同的作

---

① 新华社. 习近平出席中央人才工作会议并发表重要讲话［DB/OL］.（2021-09-28）［2021-11-06］. http：//www. gov. cn/xinwen/2021-09/28/content_ 5639868. htm.

用，"科学"是探究学习的基础，为学生提供科学原理学习的框架，"技术"的任务是为学生 STEAM 实践的具体过程提供支撑，"数学"是探究科学知识和解决工程问题的工具，"工程"和"人文艺术"为理解科学和技术提供更加形象具体的客观载体，"工程"活动为 STEAM 实践的具体实施，通过具有联系性的知识理解，运用多学科知识和技能培养学生的跨学科思维和解决实际问题的能力。与其他单一学科相比，STEAM 教育具有跨学科、趣味性、体验性、情境性、协作性、设计性、实证性、技术增强性等特征，强调了整合的教学方式，注重实践和过程、解决真实问题、知识与能力并重，倡导"做中学"、创新与创造力培养、知识的跨学科迁徙及其与学习者之间的关联①。因此，有效实施跨学科教育是实现创新人才培养的有效路径。

（二）以跨学科教育促进教学改革

2018 年，教育部发布《教育信息化 2.0 行动计划》（简称《计划》），标志着教育信息化从 1.0 时代进入 2.0 时代。《计划》指出，融合创新是教育信息化 2.0 的重要特征，融合创新要求发展技术优势变革传统模式，推进新技术与教育教学深度融合，实现从融合应用向创新发展转变。教育信息化 1.0 时代是以"教育信息化"为发展重点，教育信息化 2.0 时代是以"信息化教育"为发展重点，其特征为重在质变、重在创新引领、重在生态变革。② 同时，新时代背景下，教育的主要矛盾是人民日益增长的教育需求与不平衡、不充分的教育发展之间的矛盾，为解决这一矛盾，应将注意力从"物"的建设向满足"人"的多样化需求转变③。教育信息化 2.0 应超越工具论，解决教育领域的现实问题，揭示学习、媒体与认知三

---

① 王娟，吴永和."互联网+"时代 STEAM 教育应用的反思与创新路径［J］.远程教育杂志，2016，35（2）：90-97.

② 杨宗凯.教育信息化2.0：颠覆与创新［J］.中国教育网络，2018（1）：18-19.

③ 任友群，冯仰存，郑旭东.融合创新，智能引领，迎接教育信息新时代［J］.中国电化教育，2018（1）：7-14，34.

者之间的交互机制,超越"应用"阶段,向"融合""创新"阶段迈进①。

如今,学生缺乏足够的知识深度理解和必要的技能训练,使得人们越来越关注跨学科教育对学生能力的促进作用,对具有科学素养的人才需求无处不在②,而全球75%高速发展的企业也急需具备STEAM相关技能和知识的人才③。因此,在教育信息化2.0的时代背景下,实施跨学科教育能够进一步与信息技术相结合,推进信息技术与教育教学的深度融合,探索教育改革的新模式、新方法,通过融合创新信息技术手段,开展多学科融合的跨学科教育,创建融入多学科知识与技能的活动,实施解决真实问题的学习过程,支撑信息化发展从"应用"向"融合""创新"过渡,提升教学成效。

(三)以跨学科教育推动创新发展

2019年2月,中共中央、国务院发布《中国教育现代化2035》,通过贯彻思想教育、发展优质教育、普及高质教育、教育均等化和创新人才体系等战略任务,促进人的全面发展和创新能力培养,到2020年,全面实现"十三五"发展目标,教育总体实力和国家影响力显著增强,到2035年,总体实现教育现代化,迈入教育强国行列,推动我国成为学习大国、人力资源强国和人才强国④。很多国家将跨学科或STEAM教育作为基础教育领域的教育强国战略,其直接目标是培养具有全球竞争力的创新人才,最终目标是提高国家竞争力以及保持国家的全球战略优势。例如近年来,美国

---

① 杨宗凯.以信息化全面推动教育现代化:教育技术学专业的历史担当 [J].电化教育研究,2018,39(1):5-11,35.

② HOGAN J, DOWN B. A STEAM School using the Big Picture Education(BPE)design for learning and school – what an innovative STEM Education might look like [J]. International Journal of Innovation in Science and Mathematics Education(formerly CAL–laborate International-al),2016(3):47-60.

③ MATTERN K, RADUNZEL J, WESTRICK P. Development of STEM readiness benchmarks to assist career and educational decision making(ACT Research Report 2015-3)[M]. Iowa City, IA:ACT, Inc,2015:2-3.

④ 熊丙奇.如何实现《中国教育现代化2035》目标?[J].上海教育评估研究,2019,8(2):25-27,39.

多个州提出促进 STEAM 教育的倡议，表现出对跨学科教育的越发重视。

　　跨学科或 STEAM 教育的优势主要体现为：人才薪资待遇的提高、科学技术的发展、国家竞争力的提升。美国 2009 年的调查显示，具有 STEAM 学科背景的工作者平均年薪为 77880 美元，显然高于不具备 STEAM 学科背景工作者 43460 美元的平均年薪，在过去 10 年，美国的 STEAM 工作岗位增速是非 STEAM 工作岗位的 4 倍，至 2018 年，美国的 STEAM 相关岗位比过去 10 年增加了 17%[①]，这些数据表明跨学科教育提高了工作者的能力适应性，通过跨学科的学习过程使得学习者对其他学科新知识的吸收能力提高了，进而提高了跨学科思维。2014 年，时任美国总统的奥巴马发布《用 21 世纪技能培养美国人：2015 年 STEAM 教育预算》，面向 STEAM 教育相关从业者和毕业生，投资 5000 万美元成立 ARPA－ED 研究机构，以支持高风险、高回报的创新技术研究[②]，美国教育部也于 2015 年成立了 STEAM 教育委员会，以促进其发展。因此，参考美国 STEAM 教育实施过程，对跨学科教育的有效实施是培养人才素养、促进创新发展的有效实施路径。

第二节　跨学科教育实施现状

一、跨学科教育及其特征

　　STEAM 教育与跨学科教育联系密切，STEAM 是一种重视实践的跨学科教育理念，包含科学（Science）、技术（Technology）、工程（Engineer-

① IAMMARTINO R, BISCHOFF J, WILLY C, et al. Emergence in the U. S. Science, Technology, Engineering, and Mathematics（STEM）workforce：an agent－based model of worker attrition and group size in high－density STEM organizations ［J］. Complex & Intelligent Systems, 2016（1）：23-34.
② 彭正梅，邓莉. 培养具有全球竞争力的美国人——基于 21 世纪美国四大教育强国战略的考察 ［J］. 比较教育研究, 2018, 40（7）：11-19.

ing）、人文艺术（Arts）、数学（Mathematics）五个科目，该概念旨在加强基础教育阶段学生在跨学科科目方面的素质和能力。2017 年 11 月 15 日，由世界 STEAM 教育联合会（World STEAM Education Union）主办的世界融合创新教育大会（WSC 大会），在北京国际会议中心开幕，参会的专家团队对 STEAM 教育作出了本质性的定义：STEAM 教育即融合创新教育，是一种基于现行教育与未来社会发展相匹配的需求，以解决未来世界性的问题为目的，将科学、技术、工程、人文艺术、数学等多学科充分融合，以激发学生好奇心为出发点，培养学生的持续学习兴趣，运用情境式、任务型的教学方法，采取探究式的学习方式，提升直观发散思维和融合创新思维能力的教育理念。

在参与角色的角度上，STEAM 教育的要素包含四种，即教师、学生、社会学习者和教育管理者[①]，四种角色在教育过程的不断融入可以进一步有效支撑 STEAM 教育的实施过程。而在课程实施的角度上，STEAM 教育的要素包含五种，即主题、设计、实践、分享、评估。当前，我国实施 STEAM 教育多以编程类、创客类课程为主要内容，融合了硬件图形编程、软件编程、可视化编程、3D 图形编程、3D 图形建模、数学计算等内容，支撑软硬件一般为 Scratch、Kodu、Python、Arduino 等[②]。

（一）跨学科教育的学科设置

STEAM 的学科设置一般来说包含科学、技术、工程、人文艺术、数学五个学科，五个学科之间存在着相互支撑、相互补充和共同发展的关系，在实际问题解决过程中它们也是相互渗透的，以整合方式发挥作用，从应用知识解决现实问题的角度考量，对这些学科不宜独立分割、强调分科教

[①] 王娟，吴永和. "互联网+" 时代 STEAM 教育应用的反思与创新路径 [J]. 远程教育杂志，2016, 35（2）：90-97.

[②] 李王伟，徐晓东. 作为一种学习方式存在的 STEAM 教育：路径何为 [J]. 电化教育研究，2018, 39（9）：28-36.

学，而应作为整体统一考虑①，在实际教学中，跨学科教育更倾向于表达多学科融合的倾向。

针对幼儿教育与小学教育阶段，注重对幼儿或学生观察力、理解力等基本能力的培养。有研究者从艺术与科学的关系出发，对幼儿科艺综合活动与 STEAM 教育的融合切入点和活动架构进行了比较②，认为 STEAM 教育延续了科艺综合活动的融合形式，开始更多地关注儿童的生活经验，使艺术与科学的融合走向更深层次，以学科知识渗透式和主题活动融合式两种方式来融合基础知识。

针对高中教育阶段，注重对学生思辨性的培养。有学者提出在 STEAM 中融入"H"类学科，"H"的概念比较宽泛，总体是文科类学科的代称，历史（History）、人文（Humanities），更引申到哲学、心理、文化等学科，形成 STEAM+H 或者 STEAHM③。人文学科知识比重的加大将促进 STEAM 教育的实施更具普遍接纳性，以往的学科融合教育以理工科为主，其知识基础相对抽象，引入人文的理念和知识基础后，将与原有的科学知识融合，促进教学的情境性和解决真实问题能力的发展。

针对高等教育阶段，学科领域更多、知识涉及面更广，很难以统一的知识体系实施 STEAM 教育。研究者通过对 STEAM 教育发展趋势的词频分析和对社会化网络的分析研究，发现 STEAM 教育的发展趋势越来越往"STEAM+"的方向显现④。加号"+"即 STEAM 与其他学科的相加，但不是简单的叠加，而是一种深度融合的学科形态，在原有 STEAM 教育理念和学科知识体系的框架下，融入新学科的情境、知识、能力要求和项目设置，丰富了 STEAM 的内涵和外延，促进了学科的整合。

---

① 高云峰，师保国. 跨学科创新视角下创客教育与 STEAM 教育的融合［J］. 华东师范大学学报（教育科学版），2017，35（4）：47-53，135.
② 徐韵，杜娇. 从科艺综合活动到 STEAM 教育——对学校教育中艺术与科学融合的本质反思［J］. 现代教育技术，2017，27（11）：39-44.
③ LUTERBACH K J，XIAO W，TANG H，et al. Reflections on World Education Day 2017［J］. TechTrends，2018（3）：1-3.
④ 董宏建，胡贤钰. 我国 STEAM 教育的研究分析及未来展望［J］. 现代教育技术，2017，27（9）：114-120.

　　总之，在低龄学段，STEAM 教育追求简单、有趣，注重提高学生的学习兴趣和对语言、文字的理解能力，在高阶学段，STEAM 教育追求应用、整合教学内容以及作品的高品质①。但无论在哪个学段，STEAM 教育都力求能够涵盖学习科学知识、运用科学方法及提升操作能力三个层面。

　　（二）跨学科教育的优势

　　跨学科教育的实施，具有跨学科性、实践性和情境性三点特征，三个特点既相互独立又逻辑统一，跨学科性是跨学科教育的本质特征，实践性和情境性是跨学科教育实施过程的特点，根据跨学科教育具体实施过程，可以总结其优势如下：

　　1. 跨学科教育的实施促进了多学科融合

　　跨学科教育是对教学方式的一种质性表达，强调多门学科的交叉融合，帮助学生解决生活中的真实问题②。当前，在跨学科教育的实践框架支撑下，各个独立的学科有了融合其他学科的发展方向，在教学理念、教学方法、教学策略、知识内容、支撑资源上进行多层次的融合，这个过程可以被称为跨学科的"小融合"，即以单个学科为主融入其他学科的过程；另外，还存在以具体问题、具体能力发展为导向的课程设计，面向某一个问题开展项目式学习，融合多个学科知识组成新的课程，这个过程称之为跨学科的"大融合"，即多学科融合。在实践过程中，跨学科教育的实施不仅能够开展面向真实问题的项目式学习，同时也能够丰富现有学科内容，进行多学科融合。

　　2. 跨学科教育为学生提供了实践机会

　　"做中学"科学教育是以建构主义为价值取向，为学习者提供开放的学习环境，学生在真实的社会文化情境中互动，从而进行知识建构③。基

---

① 冯华．STEM 教育视野下的综合课程建设［J］．中小学管理，2016（5）：14-16.
② 秦德增，秦瑾若．核心素养视角下的 STEAM 跨学科融合模式研究［J］．教育理论与实践，2018，38（22）：52-56.
③ 秦旭芳，庞丽娟．试论"做中学"科学教育的文化境脉与学生身份［J］．比较教育研究，2005（5）：43-48.

于杜威"做中学"理念的社会建构学说为学校教育与社会教育的联系提供了理论支撑,但随着知识的不断积累和学校教育的体系化,学校的知识传授渐渐脱离社会背景①。在此基础上,跨学科教育通过模式化的教学过程与学习策略,为学生提供了更多的实践机会,使知识能够立足于实践进行建构,进而促进知识的深度理解和迁移,提高了学生的创新意识、创造能力、实践能力和问题解决能力。

3. 跨学科教育促进真实情境下的问题解决

"创造力是我们每个人与生俱来的"②,关键是要用正确的方法在合适的情境下培养创造性思维③。跨学科教育为教师和学生同时提供了面向真实问题、基于真实情境、解决问题的教与学的机会。对于教师来说,立足学科知识的基础,充分利用跨学科教育中的项目式学习模式、多学科融合性知识和多样化支撑教学工具,能够帮助教师优化其教学方法和教学策略,甚至是进行教学理念的变革;对于学生来说,跨学科教育为其提供了学习探究的机会,基于真实情境,解决真实问题,进一步应用和建构了已有的知识积累,也培养了学生的创造性思维,最重要的是跨学科的真实情境能够真正引发学生进行思考,产生探究的兴趣和学习的积极性。

(三) 跨学科教育的不足

"STEAM"概念被提出之后,它被更多地理解为五个独立、分离的学科教学过程。在具体的科学课程教学过程中,依然存在跨学科的诸学科相互分离的现象,有学者通过对美国多个学校的考察发现,其跨学科教育项目将重点放在工程、技术方面,而数学的体现明显薄弱④。在国内,也有

---

① 约翰·杜威. 民主主义与教育 [M]. 王承绪,译. 北京:人民教育出版社 2001.
② 汤姆·凯利,戴维·凯利. 创新自信力 [M]. 赖丽薇,译. 北京:中信出版社,2015:10.
③ 银翠琴,李成华. 未来之城 STEAM 项目实践中的创造性思维培养 [J]. 教育信息技术,2016 (11):26-28.
④ 杨凤娟. 对美国 K-12 学段 "STEM" 教育的观察与思考——从物理教学的视角阐释 [J]. 北京教育(普教版),2013 (7):21-24.

学者提出跨学科教育存在缺乏可行的实施方案、缺少融合的教育资源、专业师资及培养机制匮乏、资金及硬件设施不足等问题①，具体来说，跨学科教育的不足可以总结为以下五点：

1. 缺乏专业的跨学科教师师资及培养机制

我国近年来逐渐加大对跨学科教育的关注及其在学校教学中的融入，但是具体实施上却缺乏专业的跨学科教师支撑起教学过程。与原有教师及教师培养体系相比，专业的跨学科教师应该具有专业的综合知识与技能、明确培养目标、指向真实问题的教学设计能力和较好的信息技术融入能力②，通过以此标准为导向所构建的培养机制能够极大地促进跨学科教育的落地和有效实施。

2. 缺乏相关信息技术、环境和硬件支撑

完善的跨学科教育教学过程需要多学科知识的融入，同时也需要面向真实问题情境下开展实践的环境和硬件支撑，在信息技术、工程材料、科学制品的支撑下开展的教学，通过开源硬件、设计平台、激光切割机、虚拟现实技术等支持③，以创设虚实一体、虚实融合的教学情境实现教学、设计、技术、媒体和商业的融合，在学生的跨学科学习过程中提高其实践能力和创新意识。

3. 缺乏融合性的教育资源

我国各学段实施的教学都是以具体的学科为主，每一个学科都有自己的知识体系和支撑资源，形成比较完整的学科系统，然而独立的学科体系造成了知识之间存在壁垒，使得学习者缺乏对知识的深度理解，也就不能在真实情境中应用知识。跨学科教育为解决这一问题提供了较好的支持，跨学科教育能够通过融合多学科知识来促进问题的解决，但目前跨学科的

---

① 王娟，吴永和.“互联网+”时代 STEAM 教育应用的反思与创新路径［J］.远程教育杂志，2016，35（2）：90-97.

② 彭敏，朱德全. STEAM 有效教学的关键特征与实施路径——基于美国 STEAM 教师的视角［J］.远程教育杂志，2018，36（2）：48-55.

③ 师保国，高云峰，马玉赫. STEAM 教育对学生创新素养的影响及其实施策略［J］.中国电化教育，2017（4）：75-79.

实施难点就在于其难以找到合适的资源作为支撑，某一学科的学习或教学资源并不适用于全部学科，也不符合跨学科教育的过程，使得学生的跨学科学习呈现高度碎片化状态，跨学科课程资源零散且不规范，相互分离的学科设计思路仍然较多地局限于各自学科范围内，难以形成较好的跨学科知识体系、资源体系和评价体系①。

4. 缺乏可行的跨学科教育本土化实施方案

目前的跨学科教育在中国的发展还处于初期阶段，缺乏具体的实施方案，与西方国家的教学体制和大众观念存在差异，跨学科教育在学校的实施难以以单独的学科开展教学，而是多与学校主科或综合课相结合，以学科内知识融合的方式实施②，但这种实施方法存在"孤立化"和"学科化"倾向，即简单地将跨学科教育理解为综合课、动手课、实践课等，缺乏作为跨学科教育最本质的特征，即学科融合教学和理工类知识融入的特点。

5. 缺乏对跨学科教育的清晰定位

我国教育领域越来越重视跨学科教育的发展和规划，但目前仍存在两种声音，一是认为跨学科教育非常重要甚至可以替代其他学科的作用；二是认为跨学科教育在中国水土不服，作用不大。这两种倾向来源于对跨学科教育的定位不够清晰③，不能明确跨学科有哪些方面的作用和不足，因此，有必要对跨学科教育的内涵进行更深层次的理解，通过实践不断将其中国化，使跨学科适合中国教育和中国学生的发展现状。

① 胡卫平，首新，陈勇刚. 中小学 STEAM 教育体系的建构与实践［J］. 华东师范大学学报（教育科学版），2017，35（4）：31-39，134.
② 赵慧臣，陆晓婷. 开展 STEAM 教育，提高学生创新能力——访美国 STEAM 教育知名学者格雷特·亚克门教授［J］. 开放教育研究，2016，22（5）：4-10.
③ 胡畔，蒋家傅，陈子超. 我国中小学 STEAM 教育发展的现实问题与路径选择［J］. 现代教育技术，2016，26（8）：22-27.

二、跨学科教育在工具资源层面的现状

（一）跨学科学习空间

在跨学科教育理念引导下，师生不仅要掌握知识，更应该在实际情况中运用所学知识，通过科学教育工具开展跨学科的教与学的活动，提高学生的信息素养、创新意识和创新能力。

审视跨学科的实施过程，工程教育（Engineering Education）一直以来是其弱项和难点[①]，同时也是提高跨学科实践性的关键所在，只有在教学设计中加大工程学科和制品环节的设计，才能够进一步为学生提供更多的实践机会。创客教育（Maker Education）与跨学科教育相互独立而存在，目前许多学校建设了创客空间（Maker Space）供学生开展手工课和工程作品制作，所以创客空间能够为跨学科提供很好的工程实践基地和动作操作的机会。创客教育与跨学科教育的融合，使得课堂教学不再局限于对操作系统、多媒体软件等的使用，将 App Inventor、Scratch、机器人、3D 打印等技术引入到中小学的课堂[②]。

创客空间为跨学科教育提供了学习活动的组织形式，又为组织跨学科课后活动提供了解决方案。创客空间的学习环境使得学生能够在社群中进行创新活动，这种社群不仅提供了分享的机会，而且通过各种 3D 打印设备支持学生的创新活动。在具体案例方面，Niemeyer（2015）基于创客文化设计了一个沙箱游戏"Minecraft"的教学项目，通过创客空间让学生利用电脑、网络平台在创作作品的过程中进行协作学习[③]；Zhong（2016）通过一种创客媒体的新形式，让学生在混合项目中通过实际操作提高高阶思

① 刘宝瑞，秦健. 基于 STEAM 教育的 VEX 机器人的设计与教育应用［J］. 中国教育信息化，2019（2）：30-34.

② 傅骞，王辞晓. 当创客遇上 STEAM 教育［J］. 现代教育技术，2014，24（10）：37-42.

③ NIEMEYER D J, GERBER H R. Maker culture and Minecraft: implications for the future of learning［J］. Educational Media International, 2015, 52（3）：216-226.

维能力①。

（二）跨学科学习工具

在跨学科教育的探究性学习工具方面，Arduino 被广泛应用于跨学科教学过程中，例如运动学是高中物理的重点知识，对运动物理的研究也是高中物理实验的重要部分，传统教学活动设计采用打点计时器来研究物体运动。翁浩峰（2014）通过 Arduino 和 Flash 相结合的方法设计了无线 DIS 实验②，基于 Arduino 的传感器，可以使用超声波测距仪来研究物体的运动，进而促进了学生更好地掌握知识。另外，大学阶段的物理实验教学普遍采用基础理论、基础知识和基本技能的"三基"教学理念和"力、热、电、光"的实验课程体系，但是面对我国产业结构转型，现行的培养方法与实际的工程技术间联系并不紧密。栾江峰（2015）通过 Arduino 开源平台进行了大学物理实验的探索，结合力、热、声、光、电传感器应用于各种物理实验，帮助学生提高学习兴趣和实际操作能力。③ 王旭卿（2015）在对 STEAM 教育的工具分析过程中，总结了适合开展科学探究的学习工具，包括 Picoboard 传感器板、MakeyMakey/酷乐宅电路板、Arduino 智能硬件等，同时以温州中学开展 Arduino 控制板的例子说明了基于该类工具开展 STEAM 教育的具体方法。④ 赵力红（2016）将 STEAM 教育课程按学科知识分为初级课程和高级课程，同时介绍了浙江几所中学以《物理与 STEM 教育》教材为指导所开展的物理实验教学活动。⑤

---

① XIAO-MING Z, KUO-KUANG F. A New Perspective on Design Education: A "Creative Pro-duction-Manufacturing Model" in "The Maker Movement" Context. [J]. Eurasia Journal of Mathematics Science & Technology Education, 2016, 12: 1389-1398.

② 翁浩峰. 无线速度传感器——基于 Arduino 和 Flash 的无线 DIS 实验 [J]. 物理教学, 2014, 36（7）: 26-28.

③ 栾江峰, 陈璇, 袁剑锋. Arduino 开源平台应用于大学物理实验教学研究 [J]. 中国现代教育装备, 2015（19）: 17-19.

④ 王旭卿. 面向 STEM 教育的创客教育模式研究 [J]. 中国电化教育, 2015（8）: 36-41.

⑤ 赵力红. 基于 STEM 教育的创新实验室建设 [J]. 教学仪器与实验, 2016, 32（1）: 15-18.

动觉学习工具尤其是体感技术被广泛应用于跨学科教学过程中，源于体感技术支持的教学过程能够提高学习者在动作模仿、技能训练等方面的能力，充分利用体感技术可以调动学习者的听觉和视觉，可以帮助教师创造多感官互动学习活动①；互动体感技术可供选择的设备非常多样，研究者普遍关注互动体感控制器的教学应用，该体感控制器在曲率特性（Curvature Features）、距离特性（Distance Features）、相关特性（Correlation Features）、连接特性（Connected Features）四个方面具有较好的表现②。通过体感设备的选择、软件的设计，在认知-行为主义（Cognitive-behavior）、建构主义（Social Constructivist）、联通主义（Connectivism）③ 等学习理论的指导下，体感技术与教学内容可以很好地相结合。

（三）跨学科学习评价

学生是跨学科学习过程的主体，对学生的评价应包含教师评价、学生互评、学生自评，甚至还应包含观察者评价。有研究者对学生在跨学科教育机器人课程的学习过程进行了评价④，其评价维度包含了学生对课程的态度、课程设计、学生参与者和学生学习持续度。对学生课程兴趣度、参与度的评价，有利于教师优化课程教学设计，有针对性地优化跨学科教育课程。

针对跨学科学习过程中的项目作品，应根据用户或使用者对作品的体验进行评价，其评价维度既能够评价设计者的设计思路，又能够评价项目

---

① SMITH H J, HIGGINS S, WALL K, et al. Interactive whiteboards：boon or bandwagon? A critical review of the literature ［J］. Journal of Computer Assisted Learning，2005（2）：91-101.

② MARIN G, DOMINIO F, ZANUTTIGH P. Hand gesture recognition with jointly calibrated Leap Motion and depth sensor ［J］. Multimedia Tools & Applications，2015（1）：1-25.

③ ANDERSON T, DRON J. Three Generations of Distance Education Pedagogy ［J］. Distance Education in China，2013（3）：80-97.

④ 金书辉，郑燕林，张晓. 高中 Arduino 机器人课程学习现状调查与分析 ［J］. 中国电化教育，2017（12）：115-120.

作品的呈现水平。如基于 Arduino 的岳阳楼虚拟空间设计研究中①，研究者根据感官体验、交互体验和认知体验进行了评价，其中感官体验是评价者对作品本身的评价，交互体验是对作品的技术呈现形式的评价，认知体验是对作品设计思路及其中所支撑的知识基础的评价；王丹丹（2016）在 Arduino 创客项目的评价中以学生的计算思维特征作为评价依据，通过算法、编程与开发、数据与数据表示、硬件与处理、通信与网络、信息技术等特性②，实施了技术维度的跨学科评价；查国青（2017）在其 STEAM 科教活动方案的评价中引入了 STEAM 五个维度进行评价③，通过科学、技术、工程、人文艺术、数学各方面的表现综合评判 STEAM 课程对各学科知识的融入程度。

三、跨学科教育在教学方法层面的现状

（一）跨学科教学模式

为发挥跨学科教育的作用，加强各学科之间的融合，尤其在跨学科教育的实践方面，更应该探索一种能够促进科学课程有效实施的教学模式。有研究者在对美国、加拿大、芬兰、韩国、新加坡、英国、法国等推动跨学科教育的文件进行内容分析的过程中发现，跨学科整合是一种有效的实施框架，其整合的模式可以分为两种类型：一种是横向整合，即对跨学科、跨领域的课程进行整合的过程；另一种是纵向整合，即按照学生认知规律和学科核心概念的脉络进阶发展、层层深入的过程。④ 另外，研究者在对物理课程融入跨学科教育理念相关文献的研究过程中发现，跨学科教

---

① 王恒玉. 基于 Arduino 的岳阳楼虚拟空间设计及其体验研究［D］. 哈尔滨：哈尔滨工业大学，2014.

② 王丹丹. Arduino 创客项目计算思维特征研究［D］. 上海：上海师范大学，2016.

③ 查国青. 动手做科学，模型玩创意——"船模装'大脑'"科教活动方案［J］. 中国科技教育，2017（3）：31-33.

④ 李春密，赵芸赫. STEM 相关学科课程整合模式国际比较研究［J］. 比较教育研究，2017，39（5）：11-18.

育整合模式在整合方式的角度上还包括情境整合（Context Integration）和内容整合（Content Integration）①，两种整合方式的不同在于究竟应该把学科知识看作情境还是看作内容。

针对科学课程中知识的系统性特点，探究学习模式能够很好地引导学生进行探究。WebQuest 是一种主题探究模式，通过这种主题探究模式能够促进信息技术与科学教学过程的相互渗透。翟小铭（2015）设计了 S-WebQuest 的学科教学的主题探究模式，利用主题的整合、虚拟仿真技术的探究和数据素养的发展过程来探讨关于航空航天方面的知识，对学生科学素养、信息素养、人文素养的形成具有重要作用。② 协作学习也是一种有效促进学生在跨学科教育中聚焦于科学课程的教学模式，同伴协作学习（Peer-Led Team Learning，PLTL）是以 STEAM 学科为基础旨在提高学生学业成就的项目③，通过混合式的学习方式开展跨学科教学过程。Hogan 通过 "Big Picture Education（BPE）" 的基于项目的学习（Project-based Learning，PBL）教育项目，为学生提供特定结构整合知识、技能的学习过程，保持了学生的学习兴趣④，基于该 PBL 的跨学科教育过程特别适用于以提高学生个人能力为目标的教育过程，这种学生自主学习能力与 STEAM 实践的整合，也有利于丰富学生自主学习能力的理论和实践研究；另一类 PBL，即基于问题的学习（Problem-based Learning，PBL）也在 STEAM 教育中得到广泛应用，NE STEM 4U（The Nebraska Science，Technology，Engineering，and Mathematics 4U）是以学生为主体、教师为主导的基于问题

---

① 谢丽，李春密. 物理课程融入 STEM 教育理念的研究与实践［J］. 物理教师，2017，38（4）：2-4.

② 翟小铭，项华，穆明. 基于 S-WebQuest 的主题探究模式教学实践研究——例谈信息技术与物理学科教学深度融合［J］. 中国电化教育，2015（5）：130-134.

③ MAHDIEH M T，YAN P L，AHMADREZA S. Interactive Kinect Designed for Mobile Phone into Education［J］. International Journal of Information and Education Technology，2015（12）：957-960.

④ HOGAN J，DOWN，B. A STEAM School using the Big Picture Education（BPE）design for learning and school-what an innovative STEM Education might look like［J］. International Journal of Innovation in Science and Mathematics Education，2015（3）：47-60.

的跨学科学习过程①。

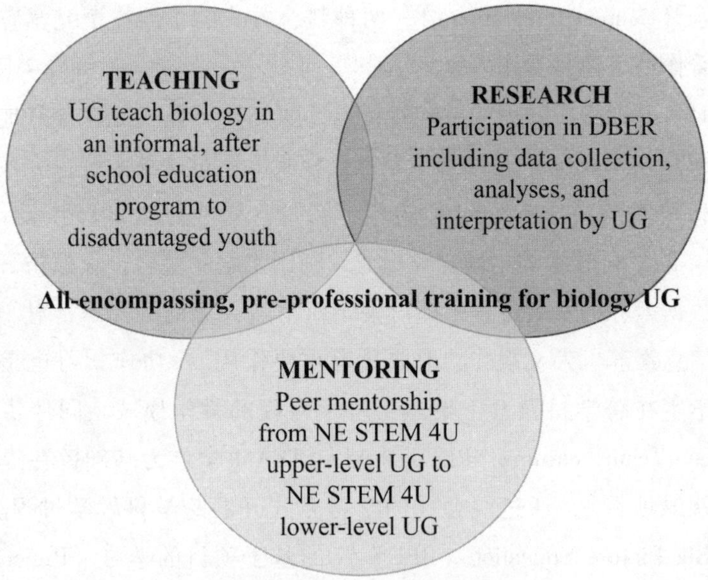

TEACHING
UG teach biology in
an informal, after
school education
program to
disadvantaged youth

RESEARCH
Participation in DBER
including data collection,
analyses, and
interpretation by UG

All-encompassing, pre-professional training for biology UG

MENTORING
Peer mentorship
from NE STEM 4U
upper-level UG to
NE STEM 4U
lower-level UG

图 1-1　NE STEAM-4U 教学模式

在具体的跨学科教学项目整合方面，张丽芳（2015）基于跨学科的理念设计了 Arduino 机器人教学项目②，该部分研究特别指出基于跨学科的教学项目的各个环节应该是迭代循环不断改进的，在提出实际问题、解决实际问题的过程中不断优化教学项目。王玥月（2017）基于跨学科教育理念，在物理教学设计过程中提出了环形教学模式③，强调在建立问题情境的基础上，围绕 STEAM 开展合作学习，通过教师评价学生讨论的结论来进一步深化研究问题。Reider D.（2016）在跨学科教育特点及美国国家科学委员会关于提升学生与教师技术创新能力的文件指导下，设计了 ITEST

---

① CUTUCACHE C E, LUHR J L, NELSON K L, et al. NE STEM 4U: an out-of-school time academic program to improve achievement of socioeconomically disadvantaged youth in STEM areas [J]. International Journal of Stem Education, 2016 (1): 6.

② 张丽芳. 基于 STEM 的 Arduino 机器人教学项目设计研究 [D]. 南京：南京师范大学，2015.

③ 王玥月，陆建隆. 凸显 STEM 教育的初中物理教学设计初探——以"浮力"教学为例 [J]. 物理教师，2017, 38 (2): 41-43.

跨学科教育模式，该模式将学生按照不同学段进行分层，按照迭代层层递进的理念，认为跨学科教育内容和活动可以根据学生学段不断深化，在这一过程中教师专业技能、学生参与度、文化氛围都得到了提高。① 该模式在横向整合方面认为学习内容与活动应层层迭代，在纵向整合方面根据学生学段进行设计，为跨学科教育在横、纵向上的整合提供了思路。

（二）跨学科教学过程

跨学科的教学过程一般来说包含准备阶段、实施阶段、改进阶段和反思阶段②，有学者根据学科特征将跨学科的教学过程总结为七步过程③，包括：发现问题、提出问题、做出假设、制定计划、实施计划、分析结果、得出结论。而在学生产出的角度上，有学者提出跨学科课程应包含表现期望、共通概念、知识衔接、核心概念与知识、课题形式、大概念④。

跨学科教育是一种注重培养学生实践能力的教育理念，所以该理念更适合以项目式学习（PBL）为中心实施教学过程⑤，在课堂教学设计、课前准备、课中教学、课后探究的各个阶段围绕跨学科的项目式学习展开，通过项目来整合多学科知识，为学生提供实践机会。

在实施流程上，跨学科教育不同于传统的教育模式，而应是通过某种方式将科学、技术、工程、人文和数学联系在一起⑥，这种方式应该是一种行之有效、可供参考的实施策略，因此，有必要对跨学科教育理念相关

---

① REIDER D, KNESTIS K, MALYN-SMITH J. Workforce Education Models for K-12 STEM Education Programs：Reflections on, and Implications for, the NSF ITEST Program［J］. Journal of Science Education & Technology, 2016（25）：1-12.

② 赵慧臣，周昱希，李彦奇. 跨学科视野下"工匠型"创新人才的培养策略——基于美国 STEAM 教育活动设计的启示［J］. 远程教育杂志, 2017, 35（1）：94-101.

③ 石进德. STEM 教育在发展高中生物学核心素养中的应用［J］. 福建基础教育研究, 2016（8）：100-101.

④ 李春密，赵芸赫. STEM 相关学科课程整合模式国际比较研究［J］. 比较教育研究, 2017, 39（5）：11-18.

⑤ 魏晓东，于冰，于海波. 美国 STEAM 教育的框架、特点及启示［J］. 华东师范大学学报（教育科学版）, 2017, 35（4）：40-46, 134-135.

⑥ 侯金俊. 借鉴英国 STEM 教育经验开展苏北普高科技实践活动［J］. 湖南中学物理, 2016, 31（10）：7-8.

的科学课程教学策略进行梳理。

在跨学科教育的整合策略方面，李春密（2017）提出横向整合与纵向整合，其中横向整合包括三种策略，以建构共通概念为核心的跨学科概念体系的策略、以主题或课题形式来实现跨学科实践的策略和通过表现期望的形式来实现横向整合的策略；纵向整合包括两种策略，通过核心概念和表现期望相结合进行纵向整合的策略以及通过学科核心概念和内容要求相结合的形式来进行整合的策略①。

美国国际技术与工程教育学院（ITEEA）于 2014 年提出了 6E 设计型学习策略（Learning by DeSIGN Model），包括参与（Engage）、探索（Explore）、解释（Explain）、工程（Engineer）、深化（Enrich）、评价（Evaluation）。该策略结合科学探究思维和工程设计实践，让学生在"需要知道"和"需要做"的循环过程中感知和洞察真实情境中的问题②，提供了较为具体的跨学科整合方式。

（三）跨学科课程设计

跨学科教育课程主题多种多样，但其对学生相关能力的培养却是相统一的，针对学生知识理解、实践能力、创新能力的培养，可以总结出能力导向类课程的共同特点。

在培养学生学科知识的跨学科课程方面，STEAM trax 是由 3D 系统（3D Systems Inc.）设计的面向中小学的一种科技创新课程，该课程将 3D 打印技术和工程设计整合到科学、数学、人文艺术的知识实践体验中。STEAM trax 课程模式是基于问题探究的教学模式，通过主题式故事情境设计，借助 3D 设计和打印技术增强的科学实验工具包（Hands-on-Science Kits），提供自主探究和动手实验的学习机会，建构核心科学理论知识和应

---

① 翟小铭，项华，穆明. 基于 S-WebQuest 的主题探究模式教学实践研究——例谈信息技术与物理学科教学深度融合 [J]. 中国电化教育，2015（5）：130-134.
② 谢丽，李春密. 物理课程融入 STEM 教育理念的研究与实践 [J]. 物理教师，2017，38（4）：2-4.

用技能①。

国外的跨学科课程设计研究多聚焦于融合性知识的整合项目设计。Hodges（2016）提出"克拉克的小牛"iSTEM 学习活动，融合了生物、化学、动物学等知识②；Tigner（2017）将化学知识与实验操作相结合，开展跨学科教育活动③；Deva（2017）将视频剪辑、Youtube 网站与 STEAM 知识相结合，提高了学习的趣味性④；Cook（2018）提出基于设计思维的STEAM 学习过程⑤；Mayorova（2018）组织学生亲临卫星研发技术中心，开展跨学科实地教学⑥。

在互动性工具融入跨学科课程方面，Michele D. E.（2014）将体感技术融入课堂教学，探索体感技术支持的跨学科教学法⑦，发现体感技术支持的跨学科课堂教学能够给予学生自我展示、交流讨论和解决应用问题的机会；Mahdieh M. T.（2015）也组织学生利用智能手机与 Kinect 体感技术互动的方式促进学生小组学习⑧，学生通过手机与 Kinect 进行互动，提高

① 孙江山，吴永和，任友群 . 3D 打印教育创新：创客空间、创新实验室和 STEAM ［J］. 现代远程教育研究，2015（4）：96-103.
② HODGES G，JEONG S，MCKAY P，et al. Opening Access to STEM Experiences One Day at a Time：Successful Implementation of a School-wide iSTEM Day ［J］. The American Biology Teacher，2016（3）：200-207
③ TIGNER J A，ENGLISH T，FLOYD-SMITH T M. Cultivating the STEM pipeline by translating glucose sensor research into a hands-on outreach activity ［J］. EDUCATION FOR CHEMICAL ENGINEERS，2017（21）：17-24.
④ DEVA B，RASCHKE P，GARZON S R，et al. STEAM：A Platform for Scalable Spatiotemporal Analytics ［C］// The International Conference on Ambient Systems，Networks and Technologies. 2017.
⑤ COOK K L，BUSH S B. Design thinking in integrated STEAM learning：Surveying the landscape and exploring exemplars in elementary grades ［J］. School Science & Mathematics，2018（4）：93-103.
⑥ MAYOROVA V，GRISHKO D，LEONOV V. New educational tools to encourage high-school students' activity in stem ［J］. Advances in Space Research，2018（61）：457-465.
⑦ MICHELE D，ESTES J，LIU S I，et al. Designing for problem-based learning in a collaborative STEM lab：A case study ［J］. TechTrends，2014，58（6）：90-98.
⑧ MAHDIEH M T，YAN P L，AHMADREZA S. Interactive Kinect Designed for Mobile Phone into Education ［J］. International Journal of Information and Education Technology，2015，5（12）：957-960.

了其课堂协作能力和交流能力。

通过以上综述过程发现，学校课程与社会资源密切相关，跨学科课程的实施既是社会资源课程化的过程，也是课程资源社会化的过程①，促进跨学科课程的有效实施，必然调动学校课程与社会资源的"双轮驱动"，打通学生知识学习与能力培养的边界。

四、跨学科教育在统筹规划层面的现状

（一）跨学科课程体系

跨学科教育对创新人才培养和人才竞争力方面的促进作用，进一步推动了国家教育体系的不断完善和优化，在西方国家普遍实施跨学科教育的过程中，STEAM 作为一种"黏合剂"将独立的学科进行不同层次的交叉融合②，同时各学科在融合过程中发挥着各自不可替代的重要作用，科学支持人们认识客观世界、掌握科学规律，工程与技术支持人们按照社会需求改造世界，艺术帮助人们以美好的愿景和形式丰富世界，数学则为人们发展和应用科学、工程、技术和艺术提供思维模式和分析工具。

在西方普遍接受的跨学科教育实施框架中，其最终实现的目标都是终身学习（Life-long Holistic），旨在通过跨学科的学习过程促进学生的终身学习意识和能力的培养；其次是作为综合科目的跨学科教育通过统称多学科形成新的综合课，属于综合层级（Multidisciplinary Level），再下一层即人文对 STEAM 教育的渗透，让理工科知识更具人文性（STEAM+A）；最后是组成 STEAM 课程的具体学科，即具体内容层面（Content Specific Level），为跨学科课程提供了有用的知识基础。

我国基于跨学科教育理念优化了课程体系，有研究者提出了反向建构

---

① 赵兴龙，许林. STEM 教育的五大争议及回应 [J]. 中国电化教育，2016（10）：62-65.
② 袁利平，张欣鑫. 论 STEAM 教育与核心素养的对接 [J]. 陕西师范大学学报（哲学社会科学版），2017，46（5）：164-169.

和正向建构两种路径的构建方法①：反向建构即从学生培养能力出发厘清学生发展所需要的知识，然后梳理知识所属学科，最后实现 STEAM 多学科融合课程；正向建构即考虑现实学科教学状态和课程结构，从学科体系出发构建 STEAM 多学科融合课程。以上两种建构路径各具优点，针对我国教学现状和学生发展特点，从幼儿教育至小学、初中教育阶段，更适合面向能力发展的反向建构路径，从高中教育到高等教育阶段，更适合实施以学科为主体不断融合的正向建构路径。

（二）跨学科育人取向

进入 21 世纪，世界各国对人才多样性的要求不仅对个人至关重要，更重要的是能体现一种融入不同文化的能力，不管学生选择的职业如何，跨学科教育应让学生认识到生活所需要的技能②，引导学生批判性地思考、解决问题，在生活中应用技能并且能够把握机会，学生的这些核心素养都能够通过跨学科的培养来得到提高。例如，2015 年提出的 STEM 教育不仅是一项教育措施，更是美国实施人才战略的一种重要途径与策略，该项教育政策的发展历程体现了美国重才、育才、揽才、储才、用才和留才的机制，对中国的教育改革与发展、科技创新人才培养与发展具有启示作用③。

聚焦学生核心素养，培育具有创新能力的复合型人才，应将跨学科教育融合的思想融入学科课程，将抽象的知识与真实问题相结合，形成超越知识本位的发展模式，从"知识传授"向"素养培育"转变④，为应对 21世纪对人才的挑战、适应全球经济形势的变化，美国提出"21 世纪技能"，

---

① 周东岱，樊雅琴，于颖，等．基于 STEAM 教育理念的小学课程体系重构研究［J］．电化教育研究，2017，38（8）：105–110，128.
② MILNER A R. Universal Human Rights and STEM Education［J］．School Science and Mathematics，2015（6）：257–259.
③ 李慧，王全喜，张民选．美国 STEM 教育的探析及启示［J］．上海师范大学学报（哲学社会科学版），2016，45（5）：144–152.
④ 陈明选，苏珊．STEAM 教育视角下教育技术学人才培养的思考［J］．电化教育研究，2019，40（3）：27–33.

从学习与创新、数字素养技能、职业生活技能等角度诠释核心素养①。

2014 年，为落实立德树人根本任务，促进学生适应自身发展和社会需要，教育部发布《关于全面深化课程改革落实立德树人根本任务的意见》，提出各学段学生发展核心素养体系，提出了学生发展的关键能力，包括文化基础、自主发展、社会参与等方面内容。然而，针对核心素养中人文底蕴、科学精神、学会学习、健康生活、责任担当、实践创新的内容，涉及能力发展、思维品质培育和价值观培养②，难以在现行单科课程体系中进行综合培养，因此开展跨学科的整合性项目式教学，能够将现实情境以多种学科知识为内容、以项目式学习为过程、以实践操作为活动、以能力发展为导向，其有效实施能够满足当前国际国内对学生核心素养培养的基本需求。

(三) 跨学科发展规划

在发展规划方面，世界各个国家都开展了不同取向和层次的跨学科教育发展规划。1986 年美国国家科学委员会发表《科学、数学和工程本科生教育》文件，这是美国跨学科教育最早的雏形。1996 年美国国家科学基金会发表《塑造未来：科学、数学、工程和技术的本科生教育新期望》，提出要大力培养 K-12 教育系统中的师资，并要提高所有人的科学素养。2010 年美国出台《培养与激励：为美国的未来实施 K-12 年级 STEM 教育》，指出未来 10 年要招收和培养 10 万名优秀的跨学科教师，创建 1000 所专注跨学科教育的新学校（包括 800 所跨学科中小学和 200 所跨学科高中）。

2011 年美国国家科学委员会发布《成功的 K-12 阶段 STEM 教育：确认科学、技术、工程和数学的有效途径》。2013 年《联邦 STEM 教育五年战略计划》发布，指出美国跨学科教育的 5 个重点投资领域：师资队伍的建设，公众参与度的提升，本科生的经验培养，组织机构的培育，研究生

---

① 张义兵. 美国的"21 世纪技能"内涵解读——兼析对我国基础教育改革的启示 [J]. 比较教育研究，2012，34（5）：86-90.
② 柳夕浪. 从"素质"到"核心素养"——关于"培养什么样的人"的进一步追问 [J]. 教育科学研究，2014（3）：5-11.

教育的设立。2015 年美国国会颁布《2015 年 STEM 教育法》，将计算机科学纳入跨学科教育课程，进一步探索如何加强校外跨学科教学。这将有利于鼓励博物馆、科普中心等机构提供更多非正式的科学教育项目，推进非正式跨学科领域发展的研究。在美国教育部与美国国家科学基金会（NSF）、美国国家科学技术委员会（NSTC）等机构的共同推动下，美国的跨学科教育课程建设逐步走向科学化、规范化与专业化。

2016 年，美国教育部集合众多学者就 STEM 未来十年的发展召开研讨，联合发布了《STEM 2026：STEM 教育中的创新愿景》（*STEM* 2026：*A Vision for Innovation in STEM Education*），即《STEM 2026》报告，该报告从实践社区、活动设计、教育经验、学习空间、学习测量、社会文化环境六个方面提出愿景规划①。美国对《STEM 2026》的提出从侧面反映了对跨学科教育的关注逐渐从学科性向应用性转变，利用社区、空间、环境为跨学科教育提供真实情境和真实问题，以教育经验和"大挑战"、学习策略为学习 STEM 学科的学生提供实践机会，可以说《STEM 2026》从学生能力培养的角度进一步规划了美国跨学科教育的发展。

2018 年，美国白宫和 STEM 教育委员会（The Committee on STEM Education，CoSTEM）联合发布了《制定成功路线：美国 STEM 教育战略》报告（*Charting a Course for Success：America's Strategy for STEM Education*），即"北极星计划"②，在 STEM 素养、STEM 教育、STEM 就业三个方面提出其发展规划，以发展战略伙伴、吸引学科领域学生、培养公民计算素养、建立透明管理制度四大路径，逐步实施该计划。参考该计划，陈鹏等（2019）提出构建多部门联动的跨学科教育生态体系，以促进我国跨学科教育的发展。

项目引路（Project Lead to the Way，PLTW）是美国实施跨学科教育的重要支撑项目，美国 50 多个州郡实施协同教学，PLTW 项目中的 STEAM

---

① 金慧，胡盈滢. 以 STEM 教育创新引领教育未来——美国《STEM 2026：STEM 教育创新愿景》报告的解读与启示［J］. 远程教育杂志，2017，35（1）：17-25.

② 陈鹏，田阳，刘文龙. 北极星计划：以 STEM 教育为核心的全球创新人才培养——《制定成功路线：美国 STEM 教育战略》（2019-2023）解析［J］. 远程教育杂志，2019，37（2）：3-14.

课程包含 K5、初中、高中三个阶段，主要开设了计算机、工程、设计、生物等方面的课程。在课程类型上包括基础单元课程、专业化单元课程和总结课程。课程鼓励学生参与基于活动的、基于项目的和基于问题解决的学习过程（Activities-based，Project-based，Problem-based，APB），其课程主要包括小学的"初等工程课"（Elementary Engineering Lessons，EEL），初中的"技术之门"（Gateway To Technology，GTT），高中的"工程之路"（Pthway To Engineering，PTE）和"生物医学科学"（Bio-medical Sciences，BMS）等①。PLTW 旨在通过实践共同体（Community of Practice）的创建，开展基于情境化的 STEAM 学习，能够让学生都得以在与真实世界联结的情境中积累应用性的学习经验，获得他们在后续学习和工作中成功的技能。② 项目引路不仅能够保证课程的创新性，更能够培养学生应用综合知识解决实际问题的能力。

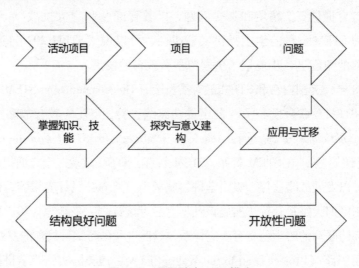

图 1-2　项目引路 APB 模式

---

① 钟柏昌，张禄. 项目引路（PLTW）机构的产生、发展及其对我国的启示 [J]. 教育科学研究，2015，(5)：63-69.

② 宋怡，马宏佳，姚金鑫. 美国"项目引路"计划的价值动因、课程样态与行动路径——以威斯康辛州为例 [J]. 远程教育杂志，2017，35 (6)：31-40.

除美国以外，其他国家也分别制定了跨学科教育的相关政策，如加拿大 STSE 整合的《科学教育共同框架》、芬兰跨课程的《国家基础教育核心课程》、韩国的 STS 整合科学课程、新加坡的科学营导师制计划（SMP）、英国的《国家高级中学核心课程》、澳大利亚的《维多利亚州教育证书的研究设计》《信息与通讯技术能力标准》等。[1]

2017 年，在参考国内外跨学科教育发展形势的基础上，中国教育科学研究院 STEM 教育研究中心正式发布《中国 STEM 教育白皮书》，报告指出 STEM 教育在我国进入蓬勃发展阶段，在教育实践、理论研究和教育政策方面取得明显进展，与此同时也面临着严峻的挑战[2]。总体来说，跨学科教育在提升学生信息素养、创新意识、创新能力和养成数字化学习习惯方面具有重要作用，但是存在缺乏国家顶层设计、社会联动机制不足、评估机制标准缺乏等问题。[3] 同时，中国教育科学研究院 STEM 教育研究中心发起了"中国 STEM 教育 2029 创新行动计划"，通过顶层设计、人才培养计划、师资培养平台、评价体系、一体化教育生态系统、打造经济人才服务高地、推广模式等措施促进 STEM 教育发展，预计 2029 年，我国将培养出一批创新型人才，通过十几年的努力，能够让中国涌现出更多具有国际竞争力的跨学科创新人才。

五、研究现状的启示

（一）工具资源层面研究现状启示

根据微观工具资源层面的跨学科教育现状研究发现，跨学科教育在技术、工程部分的知识体现和实践内容相对薄弱，应给予创客空间、3D 打印、虚拟现实技术等环境支撑开展工程类项目式学习，为学生提供更适切

---

① 李春密，赵芸赫. STEM 相关学科课程整合模式国际比较研究［J］. 比较教育研究，2017，39（5）：11-18.

② 教育部. 中国 STEM 教育白皮书发布：提高学科的本质认知和科学素养［DB/OL］.（2017-06-20）［2017-09-05］. https：//www. cqooc. com/quality/news/detail？id＝456.

③ 王素.《2017 年中国 STEM 教育白皮书》解读［J］. 现代教育，2017（7）：4-7.

的实践机会。学习工具应与跨学科知识紧密结合，针对跨学科教育的整合性特点，需要选择能够利用多种工具开展探究性学习的学习工具，例如Arduino的模块化特点、体感技术适用性强的特点以及创客空间基于项目学习工具包的综合性特点，都能够有效开展跨学科的科学课程探究学习，提供知识与学习的融合性。对跨学科学习过程的评价应采用多元化的评价方法，对学习者、学习过程、学习项目进行评价。因此，基于互动性技术和产品化项目的跨学科学习过程，能够促进学生的多种能力发展，这成为本研究的重要启示。

（二）教学方法层面研究现状启示

根据中观教学方法层面的跨学科教育现状研究发现，基于跨学科教育理念的学科整合模式、主题探究模式、协作学习模式，基于项目的学习，基于问题的学习，基于问题的循环迭代以及基于活动的层层迭代都是促进学科课程教学有效实施的跨学科教育模式。基于跨学科教育理念的跨学科整合策略、创客空间、科艺综合活动、6E设计型学习策略等都是促进跨学科教育在科学课程中实施的有效途径，其中内容"小融合"、学科"大融合"、共同概念、表现期望、非正式学习、项目学习、知识渗透、主题活动、学生参与等都是其核心元素，成为本研究的重要启示。

（三）统筹管理层面研究现状启示

根据宏观统筹管理层面的跨学科教育现状研究发现，跨学科教育经过不同阶段的理念更新，逐渐成为适用于不同学段的实践模式，针对学段和学生特点，能够开展不同程度以单科为主多学科融合或以综合多学科融合为主的综合课程。同时，跨学科的育人价值取向聚焦于创新人才培养，而创新人才培养的实现方式在于核心素养的培养，根据我国现实发展需求和学生发展需要，应开展更有针对性的中国化跨学科课程设计与实施。在跨学科教育的发展规划方面，应借鉴国外的跨学科相关发展规划进行顶层设计，构建多部门联动的跨学科教育生态，其中，实践共同体的组织形式是比较可行的实践路径。

第三节　粤港澳大湾区跨学科教育发展

一、粤港澳大湾区教育特征

2019 年，中共中央国务院发布了《粤港澳大湾区发展规划纲要》，成为建设粤港澳大湾区的宏伟蓝图和发展规划，通过大湾的构建将进一步促进内地与港澳地区的密切合作，加快培育发展新动能、实现创新驱动发展[1]，为我国经济创新力和竞争力不断增强提供机制。但是人民日益增长的美好生活需要和不平衡不充分的发展之间的矛盾依然存在，尤其在教育领域，如何在保证教育公平的大前提下，不断提高教育质量、实现教育水平的提高，从而促进湾区内教育提质与均衡发展，是当前粤港澳大湾区建设发展的重要命题，也是实现中国教育现代化 2035 中关于教育公平和提质增益的主要任务。对大湾区的综合分析，可以发现以下三点教育特征。

（一）人才是粤港澳大湾区发展的第一功能

创新要素集聚是粤港澳大湾区未来发展的首要内驱力，通过科技创新能够实现湾区内产业结构调整和地区优势互补，然而高端创新人才的缺口依然较大，使得湾区技术创新发展动力不足。[2] 因此，通过发展教育实现创新人才培养和储备成为粤港澳大湾区建设的首要任务。随着国内外政治、经济、文化环境的发展和变化，对人才的需求培养向创新力、融合力和文化理解力等方向转变，如美国提出"21 世纪技能"计划，联合国教科

---

① 毛艳华. 粤港澳大湾区协调发展的体制机制创新研究 [J]. 南方经济，2018（12）：129-139.

② 章熙春. 粤港澳大湾区建设进程中大学创新人才培养的思考与探索 [J]. 高等工程教育研究，2019（1）：99-102.

文组织提出全民教育，美国国家科学委员会提出 STEM 教育，这些教育理念和思想是对社会人才培养路径的集中表现。未来粤港澳大湾区应发挥地区特长，开展优势互补，将内地教育规模优势与港澳教育理念优势相结合，探索教育提质与均衡发展的相关理论与实践路径。

（二）通过教育合作实现大湾区要素的优势协作

以自然地理条件和社会文化条件为基础，未来粤港澳大湾区将被建设成一种高度开放与协作的一体化区域，大湾区内由于存在"一个国家、两种制度、三个独立关税区、三种法律体系"的特殊制度环境①，一体化协同发展的实现依然任重而道远。然而教育水平的提高是大湾区内各地区在教育领域共同的发展目标，各地区通过在教育管理方法、教学过程、教育支撑环境、教学资源等方面的深度合作，能够在技术、人才、资源等方面实现区域的优势协作，以教育合作为契机，将进一步带动一批产业进行协作融合，促进了要素的流动，实现三地协同发展。

（三）通过教育新生态的构建促进大湾区内产业融合

当前，粤港澳大湾区已经具备了较好的生产、研发产业体系，但是依然存在较大的融合性缺口②。如香港拥有全球顶级高校，科研能力居世界领先地位，但缺乏较完备的制造业体系；广州、深圳等地具有较大的教育规划和制造业体系，但是科研创新能力和转化能力不足。而粤港澳大湾区的提出将能够通过地区的优势互补弥补产业缺陷，通过创新型科学技术的普及和创新应用，促进大湾区的产业融合。例如，通过将人工智能、大数据、云计算等技术在教育领域普及和应用，以实现教育提质和均衡发展为

---

① 毛艳华，杨思维．粤港澳大湾区建设的理论基础与制度创新 [J]．中山大学学报（社会科学版），2019，59（2）：168-177.

② 辜胜阻，曹冬梅，杨嵋．构建粤港澳大湾区创新生态系统的战略思考 [J]．中国软科学，2018（4）：1-9.

目标构建湾区教育新生态①，将进一步促进大湾区内产、学、研各要素的融合。

二、粤港澳大湾区跨学科教育实践

（一）"双融双创"行动计划与智慧共享平台②

广东省教育"双融双创"行动计划是由广东省电化教育馆实施的信息化融入教育发展行动，其中，"双融"是指信息技术与教育教学的双向融合，"双创"是指教师、学生的创新与创造能力的发展。"双融双创"行动计划以创新人才培养模式为目标，坚持双向融合创新，以促进教育均衡发展为导向，坚持多方共建共享，开展了一系列的实施行动，包括：（1）以"省级平台"为依托，打造创新教育示范社区；（2）以"专业社团"为主体，开展基础教育实践创新；（3）以"专项课题"为抓手，促进基础教育研究落地；（4）以"双融双创"为导向，构建创新人才培养模式；（5）以"师生活动"为平台，搭建创新成果展示平台。

"双融双创"行动计划以智慧共享社区（https：//srsc.gdedu.gov.cn/）为依托，以项目式学习为主要活动形式，在广东省内以及香港地区开展了一系列线上线下混合式、项目式学习实践。截至 2022 年，"双融双创"智慧共享社区已建设八大主题板块，1840 个专业社团的 56 万余名师生参与平台活动，累计访问量超过 1000 万次，在平台上，拥有十几所港澳学校的相关案例和课程，为粤港澳教育协同提供了丰富的学习材料。

---

① 陈健，高太山，柳卸林，等. 创新生态系统：概念、理论基础与治理［J］. 科技进步与对策，2016，33（17）：153-160.
② 杨明欢. 粤港澳大湾区教育提质与均衡发展研究［J］. 教育信息技术，2021（1/2）：93-96，88.

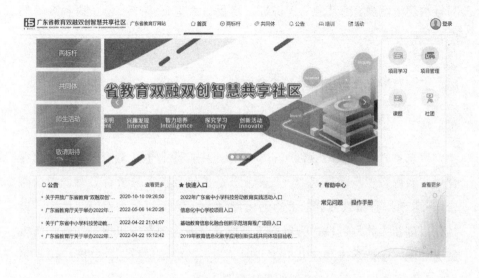

图 1-3　广东省教育"双融双创"智慧共享社区

　　各地区学校、教师在共享社区内注册个人账号，申请成立社团，社团可吸收跨区域的教师、学生进入其中进行同步、异步的实践过程。社团中每个教师都有权限发布项目，根据选定项目、制定计划、活动探究、作品制作、成果交流、活动评价的项目式学习流程进行某一确定主题的跨学科项目式学习，在该项目完成时，教师形成了项目式学习的推广方案和教师培训计划，同时，通过教师与学生的活动探究与作品制作，也形成了项目式学习案例集。"双融双创"行动计划和项目式学习过程具有特点如下：

　　首先是区域协同性。基于"双融双创"智慧共享社区，不同地区、学校的教师和学生可以自由加入社区中的社团，与不同学科的教师进行交流与协作，打破了现实中学校与班级的界限，为学生提供了拓展学习的机会，也为教师提供了专业能力发展的平台。借助粤港澳大湾区的地理位置与区域构成，可以依托"双融双创"智慧共享社区开展不同层次的项目式学习实践，促进不同区域内教师与学生的创新、创造能力的发展。

　　其次是技术领先性。"双融双创"智慧共享社区以跨学科（STEAM）、创客、人工智能等课题为主进行学习、协作与实践，追踪粤港澳大湾区内前沿技术应用和工具融入教育教学的过程，能够让教师与学生通过该社区亲身领略技术优势，同时又基于该虚拟社区向其他落后地区、偏远地区的教师、学生共享了先进技术理念和资源，促进了社区内教师与学生的创新意识与能力的发展。

最后是实践应用性。"双融双创"行动计划为学生提供了展示实践应用过程的平台，广东省中小学生创新创造"悦创·汇"活动是"双融双创"行动计划的重要组成部分，该活动包括中小学生电脑制作活动竞赛、机器人竞赛和创客竞赛，这些竞赛为"双融双创"智慧社区中的社团活动提供了展示的平台，学生们利用"悦创·汇"向评委、参赛选手及参观者展示了自己的学习过程和实践应用作品，对培养学生核心素养、转化实践应用成果具有重要意义。

（二）省级实践共同体项目

实践共同体项目是由教育部科技司、中央电化教育馆组织的面向全国各类大中小学校、管理单位申报实施的多校协同实践教学项目，旨在探索以实践共同体的组织形式协同推进信息化教学应用，形成一批成熟的、可借鉴、可推广的信息技术支持下的信息化教学方法、教学组织形式和典型案例，形成一支高水平的信息化教学应用骨干队伍，探索推进信息化教学应用的长效机制。

广东省在教育部科技司实践共同体的框架下，从"跨区域、跨学校、跨学段、跨学科"四个层次入手组织开展省级实践共同体项目。其中，"跨学科融合创新（STEAM）教育"是实践共同体项目的重要主题，通过组建实践共同体，开展主题探究、案例示范、课程共享、项目合作、讨论互动、成果分享等线上线下交流与合作活动，进一步促进了协同学校之间的教研和教学水平。

实践共同体项目单位分为两类，包括实践共同体项目区域和实践共同体项目学校。（1）创新实践共同体项目区域是以地级市、县（市、区）或镇（街道）教育单位为牵头单位，由学科教研员或电教专干作为项目负责人，围绕某一应用主题进行实践，同时可以组织四个意识共同体项目学校或区域单位作为成员单位，围绕该应用的多个子主题，分别申报创新实践共同体项目区，组成创新实践共同体联盟。（2）创新实践共同体项目学校是以某一学校为牵头单位，围绕某一应用主题进行申报，成员学校单位不少于四所，其中至少一所学校来自跨区域的结对帮扶学校，围绕该应用的多个子主题，组成创新实践共同体。

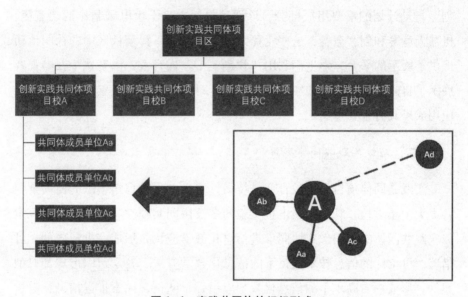

图1-4　实践共同体的组织形式

实践共同体项目的实施在一年的时间段内包括四个阶段，即申报认定阶段、协同实施阶段、成果验收阶段和择优上报阶段。当前，广东省实践共同体项目正处于申报认定阶段，来自粤港澳大湾区内多个地区和学校结成了创新实践共同体，申报主题横跨五个主要主题，例如全场景智能英语学习实践共同体、校园体育多场景教学实践共同体、创客教学模式设计实践共同体、核心素养培养与校园文化影视创作实践共同体等。实践共同体项目的实施推动信息技术与教育教学的深度融合，通过四个阶段的共同体实践，不仅能够促进共同体内成员提高其专业化能力，更能够通过粤港澳大湾区跨区域教育合作促进区域协同发展。

第四节　撰写思路与研究方法

一、撰写思路

本书在微观、中观、宏观三种维度上，提出粤港澳大湾区跨学科教育实施的路径研究，为促进我国跨学科教育发展提供落地可行的实践框架，本书根据以下目标开展研究：

（1）微观学习层面，以基于虚拟现实技术等技术的动觉学习机制研究为抓手，研究学生在跨学科项目式学习过程中的认知发展过程；

（2）中观教学层面，以基于跨学科整合性项目等研究为抓手，研究促进教师与学生在跨学科框架下开展的教育过程；

（3）宏观管理层面，以基于教育信息化实践共同体的组织形式为抓手，研究促进不同学校和教育管理部门进行跨区域协同实践、形成多地多部门联动的跨学科发展生态系统的过程。

图 1-5　研究工作的框架与目的

二、主要内容

本书的主要内容包含以下三个部分：

（1）在微观学习层面，通过跨学科教育理念融入、认知主义与建构主义学习理论融合、虚拟现实技术支撑、动觉学习机制的研究，提出跨学科项目中动觉学习认知机制，设计了虚拟现实技术支撑的跨学科学习项目，验证了跨学科项目的学习效果。

（2）在中观教学层面，通过跨学科教育理念融入、项目式学习模式、学习环节及策略、支撑资源及技术、实施效果的角度，提出了跨学科项目中各学科融入项目的环节，设计了跨学科教育跨学科融合项目，验证了项目的学习效果。

（3）在宏观管理层面，通过以跨学科教育为主题的实践共同体、实践共同体发展探索性因素分析、因素结构方程模型、跨学科实践共同体发展评价指数，设计了跨学科实践共同体发展水平评价体系，验证了跨学科实践共同体发展过程的机制及其优化策略。

三、研究方法

（1）文献研究法。文献研究法是指对文献资料的检索、搜集、鉴别、整理、分析，形成科学认识的方法。[①] 本研究利用文献研究法收集近年来国内外期刊、专著及网络期刊数据库资源中关于跨学科教育发展研究的相关文献，通过对文献的收集、整理，提出了国内外研究现状对本研究的启示。

（2）问卷调查法。问卷调查法（Questionnaire）是有目的、有计划、有系统地搜集有关研究对象的现实状况或历史状况的材料，借以发现问题、探索教育技术规律、开展教育技术研究的一种方法。[②] 本研究利用问卷调查法，对学生的学习态度、学习质量和学习能力进行调查，以了解跨

---

① 杜晓利．富有生命力的文献研究法 [J]．上海教育科研，2013（10）：1．
② 李克东．教育技术学研究方法 [M]．北京：北京师范大学出版社，2003：108-109．

学科项目的实施效果。

（3）准实验研究法。准实验研究法（Quasi-experimental Method）是指在无须随机安排被试时，运用原始群体，在较为自然的情况下进行实验处理的研究方法。准实验研究中强调了原始群体，因为原始群体可以排除掉人为营造的实验环境的不确定性[①]，虽然原始群体也存在不确定性，但是这种不确定性恰恰是在自然的状态下以自然的方式呈现的，这将有利于发现问题的本质。本研究基于准实验研究法，分别开展准实验研究，在原始群体排除人为营造因素的前提下，开展教学实践。

（4）结构方程模型。结构方程模型（Structural Equation Modeling, SEM）是基于变量的协方差矩阵来分析变量之间关系的一种统计方法，包括因子模型与结构模型，体现了传统路径分析与因子分析的完美结合。本研究关于结构方程模型主要用于宏观管理层面的实践共同体发展水平评价指标的构建。构建结构方程，主要利用以下三个矩阵方程式：

$$y = \Lambda y \eta + \varepsilon \qquad\qquad (1)$$

$$x = \Lambda x \eta + \delta \qquad\qquad (2)$$

$$\eta = B\eta + \Gamma\xi + \xi \qquad\qquad (3)$$

Λx 表示外生变量与外生潜变量之间的关系；Λy 是内生变量与内生潜变量之间的关系；B 为路径系数，表示内生潜变量之间的关系；Γ 表示外生潜变量对内生潜变量的影响；ξ 表示结构方程的误差项，反映了方程中未能解释的部分。预设结构方程中，外生观测变量用 x 表示，内生观测变量用 y 表示，外生潜变量通常用 ξ 表示，内生潜变量通常用 η 表示。

---

① CAMPBELL T M, STANLEY J C, GAGE N L. Experimental and QuasiExperimental Designs for Research on Learning ［M］. Boston：Houghton, Mifflin and Company, 1963：8-9.

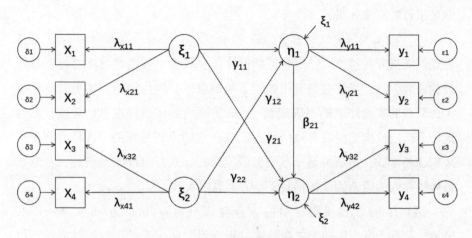

图 1-6 结构方程模型的预设模型

（5）实证研究法。实证研究法（Empirical Research）是通过对研究对象进行观察、实验或调查，对收集的数据或信息进行分析和假设，以事实为证据探讨事物本质属性或发展规律的研究方法。本研究通过设计、实施、验证具体跨学科教学项目，验证项目中所建构的理论模型、模式的应用效果。

（6）案例研究法。案例研究法（Case Study Method）是一种实地研究方法，研究者选择一个或几个场景为对象，系统收集数据和资料，进行深入研究，用以探讨某一现象在实际生活环境下的状况。根据罗伯特·K·殷（Robert K. Yin）有关案例研究的基本范式①，案例研究包括两种类型，即整体性分析案例和嵌入性分析案例，并且两种类型又可细化为单独案例与多样化案例的比较。根据案例研究方法，本研究结合他例及本团队所开发案例，用以解释、说明本研究所提出的跨学科课程设计模式等理论方法。

---

① 罗伯克·K·殷. 案例研究方法的应用［M］. 周海涛，夏欢欢，译. 重庆：重庆大学出版社，2014：9.

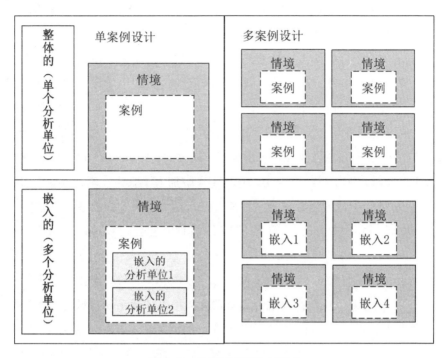

图 1-7 案例研究的基本范式

第五节 关键概念辨析

一、STEAM 教育

STEAM 教育是一种重视实践的多学科融合的教育理念[1]，"STEAM"分别是科学（Science）、技术（Technology）、工程（Engineering）、人文艺术（Arts）、数学（Mathematics）五个英文单词的缩写，突出表现 STEAM 的跨学科教育优势与特点，该理念最初由 Yakman 于 1990 年在美国国家科

---

[1] 陈涛. 跨学科教育：一场静悄悄的大学变革［J］. 江苏高教，2013（4）：63-66.

学委员会（NSF）上提出①②，旨在培养理工科人才综合素质，加强美国基础教育阶段学生在跨学科科目方面的素质和能力，提升其全球竞争力。

早在20世纪60年代，源于美国与苏联的军备竞赛，以及以苏联发射载人飞船为代表事件，激发了美国在全国范围内的各个学段深入开展以理工科人才培养为目标的科学教育。③ 1958年，美国国会通过《国防教育法》，主张美国青年应加强以科学、数学和科技训练为代表的学科学习，从而为美国培养尖端科技人才，形成STEM教育。④ 进入21世纪，为加强STEM教育与其他学科的整合性，在STEM中加入了人文艺术（Arts）的学科理念⑤，使STEAM教育成为一种能够融入多种学科知识的教学理念。

2017年11月15日，由世界STEAM教育联合会（World STEAM Education Union）主办的世界融合创新教育大会（WSC大会），在北京国际会议中心开幕。世界融合创新教育大会的专家团队对STEAM教育作出了本质性的定义：STEAM教育即融合创新教育，是一种基于现行教育与未来社会发展相匹配的需求，以解决未来世界性的问题为目的，将科学、技术、工程、人文艺术、数学等多学科充分融合，以激发学生好奇心为出发点，培养学生的持续学习兴趣，运用情境式、任务型的教学方法，采取探究式的学习方式，提升直观发散思维和融合创新思维能力的教育理念。

---

① KANEMATSU H，BARRY D M. STEM and ICT Education in Intelligent Environments ［M］. Switzerland：Springer International Publishing，2016：2.

② 李小涛，高海燕，邹佳人，等．"互联网+"背景下的STEAM教育到创客教育之变迁——从基于项目的学习到创新能力的培养［J］. 远程教育杂志，2016，34（1）：28-36.

③ PERNA L，LUNDY-WAGNER V，DREZNER N D，et al. The contribution of HBCUs to the preparation of African American women for STEM careers：A case study ［J］. Research in Higher Education，2009（1）：1-23.

④ 张燕军，李震峰．21世纪美国高等教育科学、技术、工程和数学教育的问题及其应对［J］. 比较教育研究，2013，35（3）：19-22.

⑤ KANEMATSU H，BARRY D M. STEM and ICT Education in Intelligent Environments ［M］. Switzerland：Springer International Publishing，2016：7.

二、STEAM 与 STEM 的概念辨析

当前，对 STEAM 与 STEM 概念的辨析存在着观念上的差异，例如美国教育部发布的《STEM 2026》、中国教育科学研究院 STEM 教育研究中心及《中国 STEM 教育发展白皮书》，都以"STEM"作为实施主题，而我国教育部在《中国教育信息化"十三五"规划》中明确提出发展 STEAM 教育，促进创新人才培养，基础教育学校普遍实施的也是以"STEAM"作为主题的教育理念。以上两种概念源于不同的历史源流和价值取向，就人才培养的角度来看，STEM 教育指向了理工科复合人才的培养，STEAM 教育指向统整的创新人才培养①。

(一)"STEM"概念的取向

美国对理科教育的重视源于美苏争霸时期的教育领域竞赛②，该理念由学者 Yakman 于 1990 年在美国国家科学委员会（NSF）首次倡议，他以"SMET"为主题提出发展理工科教育，但其发音近似"SMUT"的缘故，后改为"STEM"这一名称。2012 年，奥巴马签署《总统 2012 预算要求和中小学教育改革蓝图法案》，决定斥资 2.5 亿美元推进 STEM 教育发展③，后期缺乏对 STEAM 教育的支持政策或论述。同时，STEM 教育发展与国家人才竞争、薪资水平、工作领域关系密切，发展中国家普遍以 STEM 作为促进经济发展的重要工具④，也有更多的 STEM 教育推崇者从事与科学、技术、工程相关的学科工作，在教育发展中更倾向于促进 STEM 教育的发展而非 STEAM 教育，甚至有部分领域相关者对"Arts"的引入提出反对。

---

① 李王伟，徐晓东. 作为一种学习方式存在的 STEAM 教育：路径何为 [J]. 电化教育研究，2018，39（9）：28-36.

② PERNA L, LUNDY-WAGNER V, DREZNER N D, et al. The contribution of HBCUs to the preparation of African American women for STEM careers: A case study [J]. Research in Higher Education, 2009 (1): 1-23.

③ 柳栋，吴俊杰，谢作如，等. STEM、STEAM 与可能的实践路线 [J]. 中小学信息技术教育，2013（6）：39-41.

④ PIRO J. Going from STEM to STEAM [J]. Education Week, 2010 (24): 28-29.

因此，"STEM" 的取向与世界政治、经济和教育发展等因素关系密切。

（二）"STEAM" 概念的取向

有研究者从对爱荷华州学生学习态度的调查中发现，学生对 STEM 的兴趣水平下降了①，这种对 STEM 兴趣下降的趋势在发达国家的 STEM 教育中普遍存在②。与 "STEM" 相比，"STEAM" 是进入 21 世纪以后所提出的理念，在 2008 年，美国国家艺术捐赠基金会（National Endowment for the Arts）所做的 STEAM 教育比较研究发现，STEAM 教育能够为较大范围的劳动力提供教育支持，人文艺术学科在 STEM 中的融入，为法律、医疗、农业等领域提供了较大的支持，因此，与 STEM 的领域局限性相比，STEAM 能够以 "Arts" 为桥梁融入更加广泛的领域。例如英国的 STEM 教育正加快转向 STEAM 的方向，基于加大创业力度和推动创新人才培养的目标③。21 世纪迅速变化的知识和新消息社会，使人们普遍期望艺术的深度融合能够平衡以往紧紧围绕 STEM 进行教育的弊端。

另外，教育部在《教育信息化"十三五"规划》和《教育信息化 2.0 行动计划》等发展报告中也明确界定发展 "STEAM" 教育的战略任务。综上，"STEAM" 取向成为主流将是世界 STEAM 教育发展的必然趋势，因而，基于引领性和普遍接受度的考量，本研究采取 "STEAM" 取向开展相关实践。

---

① MATTERN K, RADUNZEL J, WESTRICK P. Development of STEM readiness benchmarks to assist career and educational decision making（ACT Research Report 2015-3）［M］. Iowa City, IA：ACT, Inc, 2015：4-5.

② BOY G A. From STEM to STEAM：toward a human-centred education, creativity & learning thinking［C］. ECCE'13：Proceedings of the 31st European Conference on Cognitive Ergonomics, New York：Association for Computing Machinery, 2013：1-7.

③ 王小栋，王璐，孙河川. 从 STEM 到 STEAM：英国教育创新之路［J］. 比较教育研究，2017, 39（10）：3-9.

三、跨学科教育

(一) 跨学科教育概念

"跨学科教育"（Interdisciplinariy Education）是相对于专业化的分科教育而言的学科融合教育形式[①]，是针对某一现实问题将多个学科的知识融为一体，以实施教学、解决问题的过程。近几年，我国学者逐渐关注STEAM 教育的发展，也源于 STEAM 教育对拓展学生创新思维、激发学生学习兴趣、提升学生科学素养具有重要作用[②]，STEAM 教育能够体现学科探究的实践性和学科知识的关联性[③]。对于跨学科教育的开展，美国一直以来主张的教学是实施 STEAM 或 STEM 教育，促进学生的跨学科思维、实践应用能力，进而促进科技创新发展、提高国家竞争力，但是我国是以跨学科来阐释对 STEAM 的借鉴与超越。

为达到育人目标，需要发挥各学科相互融合的特点，但是以往的STEAM 教育大多存在学科分离或部分整合的现象，使得 STEAM 课程与原有的课程体系区别不大，没有跳脱出单一学科的局限性，也难以突破应试教育的桎梏。根据我国中小学校实施的跨学科教育的实践情况来看，我国在课程标准框架下，所实施的教学仍以某个学科为主，其他学科融入为辅，即主科统整。主科统整的内涵是以某个具体的学科为主，将其他关联学科知识自然融入该学科，实现类似"X+STEAM"的学科融合效果。这种主科统整模式比较适用于我国的课程体系，是在课程体系框架下的跨学科教学。

---

① 陈涛.跨学科教育：一场静悄悄的大学变革 [J].江苏高教，2013 (4)：63-66.

② 叶耀词.浅谈基于 STEM 理念下的初中物理教学策略 [J].课程教育研究：新教师教学，2015 (15)：201.

③ 王玥月，陆建隆.凸显 STEM 教育的初中物理教学设计初探——以"浮力"教学为例 [J].物理教师，2017，38 (2)：41-43.

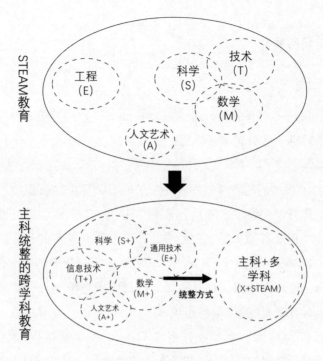

图 1-8　从 STEAM 教育向主科统整的跨学科教育过渡过程

　　具体来说，主科统整的方式可以是情境整合或内容整合①：情境整合主要是以具体情境作为跨学科整合的起点，可以提高学科融合的跨度；内容整合主要是以知识内容作为跨学科整合的起点，可以提高学科融合的黏度。通过多方向整合体现学生学习的实践性、体验性、情境性等特征，达到育人效果。实施过程中，主科的项目问题能够来自现实生活，学生探究能够产生真实问题，学生操作能够发展能力，具有整合性的跨学科教育以项目作为实施起点②，在项目中融合课程标准下各学科的关键知识点，学生通过动手实践进行知识理解和应用，而非普遍理解的 STEAM 教育中硬性地加入数学、工程等环节。

---

① 李春密，赵芸赫. STEM 相关学科课程整合模式国际比较研究 [J]. 比较教育研究，2017，39（5）：11-18.
② 熊小菊，廖春贵，熊开宏，等. STEAM 教育理念在中学地理教学中的运用 [J]. 教学与管理，2019（15）：115-117.

（二）跨学科学习助力课堂提质增效①

中共中央办公厅、国务院办公厅颁布"双减"政策，是落实立德树人根本任务、着眼建设高质量教育体系的重要举措。然而，社会中有担心"双减"的实施会带来教育质量下滑的声音。其实，"双减"正是强化学校教育主阵地作用、促进学生全面发展的必要之举。因为，"双减"正是通过提高学校教育质量，优化教育生态，着眼学生身心健康成长，有效缓解社会和家长的焦虑情绪。因此，强化学校教育主阵地作用就是要大力提升教育教学质量，确保学生在校内学足学好。在"双减"政策后，学校再次面临教育教学改革的重要议题。在众多的教学实践中，基于项目式的跨学科学习（STEAM 教育）正成为一种可以推广的学习方法。

"双减"要求有效地减轻义务教育阶段学生过重作业负担和校外培训负担，那么在学校的教学活动中就要减少做没有实际意义的作业与习题。基于项目式的跨学科学习（STEAM 教育）的核心设计理念强调多学科的交叉融合，是倡导学生基于真实情境的问题，通过协作学习方式，运用多学科知识与技能来解决问题的一种学习方法。这种学习方法，因采用整合的方式发展学生的知识和技能，并倡导将其迁移应用于解决真实世界的问题，同时兼顾了批判性思维与解决问题的能力、沟通与交流能力、协作与合作能力、创造与创新能力的培养，已经成为一种全新的教育范式，具有助力课堂提质增效的优势。

首先，基于项目式的跨学科学习（STEAM 教育）是一种协作的深度学习活动。这种学习方式鼓励学生在一段时间内通过对真实而有挑战性的问题进行持续探究，特别注重学生之间的协作学习，达成对核心知识的再建构和思维迁移。如深圳麓城外国语小学牵头粤港澳地区学校开展"我为湾区设计桥梁"项目，让学生们从一个主题入手，到不同选题设计不同的

① 吴鹏泽. 跨学科学习助力课堂提质增效 ［DB/OL］.（2021-12-08）［2021-12-08］. http://www. moe. gov. cn/jyb_ xwfb/moe_ 2082/2021/2021_ zl53/zjwz/202112/t20211208_ 585677. html.

桥梁，学生在交流、协作、分享、评价中得到了全面发展。

　　其次，基于项目式的跨学科学习（STEAM 教育）是一种跨界的创新实践活动。这种学习方式强调跨界实践，让学生像科学家一样做探究，像数学家一样做测量，像工程师一样做设计，共同开发创新型产品。"双减"作为依托教育目标改革的小切口，打破了原有的教育生态平衡。要达到创新型人才的培养目标，可基于 STEAM 教育实现课程体系重构、教学模式创新、教学评价改革等，形成教育新生态。相对于独立、断层式的课程体系与学生问题解决能力的培养目标之间的矛盾，STEAM 教育的跨学科特征真正回应了"育人"的本质，大量的研究也表明了 STEAM 教育对学生创新素养的正向影响。如惠州仲恺实验学校的校本科学课程，以"智能苗圃"项目为主线，将科学教育、信息技术、数学等学科知识相融合，探究植物生长的最适宜条件。在课程实施中，学生既掌握了植物生长条件相关的科学知识，又习得了信息技术工具的使用技能，更在实践体验过程中得到了劳动意识的养成和身体的锻炼。

　　"双减"后的基础教育应该是提质增效的，因此学校的教学就要改变传统的教师讲、学生听的教学方式，实现"四个转向"：从知识传授转向能力培养、从做假设性的练习题转向做解决现实世界和社会发展的真实问题、从被动学习转向主动学习、从单学科的学习转向跨学科的学习。项目化学习、跨学科学习、解决真实问题的学习，能够激发学生的好奇心与学习兴趣，提升自主、协作、探究学习的能力，培养学生适应终身发展和社会发展的必备的价值观、品格和关键能力，从而为面对世界百年未有之大变局，为第二个百年奋斗目标培养具有家国情怀、国际视野、全球化竞争力的创新型人才打下良好的基础。

第二章 跨学科教育的基础理论

跨学科教育的实践工作一般包括课程设计、资源开发、学习方式、认知发展、能力发展几个环节，总结已有跨学科教育的经验，可以分析发现在每一个跨学科实践环节中都体现了丰富的教学理论、学习理论与认知理论，通过对跨学科教育的基础理论的梳理，能够进一步总结经验、提炼典型模式，进而为我国开展更加具有适用性的跨学科教育提供重要借鉴。

第一节 课程设计理论

跨学科课程的设计既是跨学科教育的重点，也是其难点，在过往的跨学科教育实践中，教学者一般按照教学设计的一般流程进行课程设计，同时，也对这些基本的范式提供了具有跨学科特色的理论创新。

一、跨学科的哲学基础

《礼记·大学》是重要的儒家经典，《大学》描述了治国理念与个人修养的关系，强调了在社会实践中提高自身的一整套理论体系，即：

大学之道，在明明德，在亲民，在止于至善。知止而后有定，定而后能静，静而后能安，安而后能虑，虑而后能得。物有本末，事有终始，知所先后，则近道矣。古之欲明明德于天下者，先治其国，欲治其国者，先齐其家，欲齐其家者，先修其身，欲修其身者，先正其心，欲正其心者，先诚其意，欲诚其意者，先致其知，致知在格物。

提出"平天下、治国、齐家、修身"的关键前提是"格物""致知""正心""诚意"。按诸多儒家研究者对以上概念的界定认为：

（1）格物，"格"即至也，穷理而至于物，则物理尽，格物须是穷尽事物之理①。因此，格物就是探究客观事物的过程。

（2）致知，"致"即推极，"知"即"识"，致知即推吾之知识以至于极尽。因此，致知就是通过透彻地分析掌握事物基本原理的过程。

（3）正心，正心先天之学也，心本至善，故须在先天心体上立根。正心即在符合人的认知规律前提下开展积极层面的引导。

（4）诚意，诚意后天之学也，吾人一切世情嗜欲，皆从意生，诚其意，则意所动自无不善。诚意即在养成基本品格的基础上，进行对待他人、社会、世界的正确观念，包括人生观、世界观、价值观。

图 2-1　跨学科教育的中国哲学内涵

---

① 江雨．朱熹"格物致知"的哲学内涵及其当代启示［J］．学习月刊，2017（8）：55-56.

因此，通过分析可以发现，"格物"其实在教育领域中基本上可以用"知识与技能"来理解，因为"格"之"物"是客观事物，也是关于客观世界的基本知识；"致知"则可以用"过程与方法"来理解，通过穷尽事物达到认知，就是学习的过程；"正心诚意"则用"情感、态度、价值观"来理解，在学习的过程中培养正确的品格与个性。而跨学科教育的重要特征就是多学科融合和实践性，即加重了"格物"之"格"、"致知"之"致"和"正心诚意"之"正"与"诚"。

二、跨学科教育 CER 设计原则

源于以实践为重心，跨学科教育与项目式学习（Project – based Learning，PBL）具有天然的联系。项目式学习是一种动态的学习方法，通过该方法能够让学习者主动探索现实世界的问题和挑战，从而促进学习者更深刻地领会知识和掌握技能。根据已有关于项目式学习的研究，项目式学习活动一般分为六个步骤①，即：

（1）选定项目；

（2）制定计划；

（3）活动探究；

（4）作品制作；

（5）成果交流；

（6）活动评价。

并且在围绕着项目式学习的六个步骤中，以"内容""活动""情境""结果"作为其四个重要关键词。"内容"即与学习者生活密切联系的学习内容，"活动"即开展课堂内外的学习活动，"情境"即学习活动基于真实的情境，"结果"即重在引导学习者通过学习产出学习结果。围绕着项目式学习六个步骤和四个要素，可以发现项目式学习在提供真实内容、组织学习活动、创设真实情境、输出学习结果方面，为跨学科教育过程提供了

---

① 刘景福，钟志贤. 基于项目的学习（PBL）模式研究［J］. 外国教育研究，2002（11）：18-22.

重要的支撑。

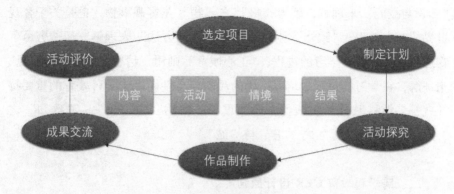

图 2-2　项目式学习活动步骤及其实施要点

　　根据项目式学习的特色，笔者提出了跨学科教育课程或活动设计的 CER 原则，该原则能够为其他类型的课程或活动提供跨学科化的支撑，帮助教学者更有效地进行跨学科课程设计。CER 原则具体来说是跨学科（Cross-disciplinary）、体验性（Experiential Course）、真实性（Real Problem），知识的跨学科性是跨学科教育特征的体现，而体验性和真实性则来自项目式学习活动中有关"内容""活动""情境""结果"四个要素的支撑，在设计跨学科课程或活动时，更应强调在多学科融合的同时，为学习者提供真实的体验，从而促进其对知识的理解与运用。

　　（1）跨学科（Cross-disciplinary），强调多学科的融合，不仅是跨学科中科学、技术、工程等学科的融合，在我国的课程体系下，更应强调基于某一主科或某一主题活动下，将多个关联性较强的学科知识融入跨学科课程中。

　　（2）体验性（Experiential Course），强调学习体验性，在学习者的实践学习过程中更多地融入体验性的活动，基于戴尔之塔经验理论，将涉及多种感官的看、听、说、做活动适切地融入跨学科学习中，从而达到项目式学习活动所强调的"内容""情境"的设计要点。

　　（3）真实性（Real Problem），强调从真实问题出发，在学习者跨学科学习过程中促进学习者的问题解决能力和实践创新能力，使得跨学科的学习主题既来自生活，又让学习者的学习回归于现实生活。

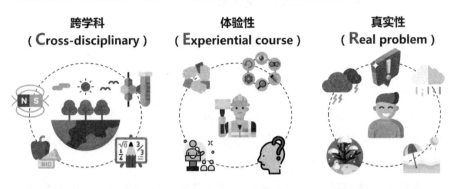

跨学科 （Cross-disciplinary）	体验性 （Experiential course）	真实性 （Real problem）
◆ 多学科交叉融合，实现跨学科式教育	◆ 重视实践过程，加强学习体验	◆ 从真实问题出发，回归现实生活

图 2-3 跨学科课程设计的 CER 原则

三、跨学科教育教学设计模式

跨学科课程在中小学中实践较多的是在信息科技课、科学课、综合实践课中，在信息科技中实施跨学科教育更强调信息技术的融入。信息技术支撑的跨学科教育中，所构建的教学环境是一种教学系统，所以，对跨学科课程的设计就是一种教学系统设计。

教学系统设计（Instructional System Design，ISD），是一种系统的教学计划过程，完善的教学系统设计可以保证学习者学习的有效性。教学系统设计运用系统的方法，将学习和教学诸原理转换成教学目标、教学内容、教学方法、教学策略和教学评价等环节，并进行具体的设计、创设教与学的系统过程[①]。教学系统设计也是教师运用系统的观点和方法，以各种学习理论和教学理论为基础，依据教学对象的特点，对教学目标、教学过程、教学策略、教学方法、教学内容、教学评价等环节进行规划和安排[②]。

---

① 何克抗，郑永柏，谢幼如 . 教学系统设计［M］. 北京：北京师范大学出版社，2002：3.
② 刘学利，傅义赣，张继瑜 . 课程与教学论［M］. 北京：中国人民大学出版社，2013.

（一）肯普模式与史密斯-雷根模型

肯普模式包含四个基本要素：目标、学生、方法和评价①。肯普模式通过四个基本要素开展教学模式的设计，确定目标的前提下根据学生特征制定学习内容，进而设计教与学的方法，最后进行学习评价。史密斯（P. L. Smith）-雷根（T. J. Ragon）模型包含三个步骤，即分析、策略和评价，通过对学习环境、学习者和学习任务的分析，确定教学策略，进而对教学结果进行形成性评价和总结性评价。

肯普模式属于第一代教学系统设计（ID1），史密斯-雷根模型属于第二代教学系统设计（ID2），ID2 针对 ID1 中学生积极性和主动性较难发挥的缺点，提出在第二代教学系统设计的框架下，广泛提高交互式的工具和方法在教育和训练中有效应用，可以弥补学生主动性上的缺陷②。肯普模式与史密斯-雷根模型为信息技术支持的 STEAM 课程设计提供了支撑，在学习目标设计、学习者特征分析、学习内容分析、教学方法、教学策略、学习评价等方面具有指导作用。

（二）ADDIE 教学设计模型

肯普模式和史密斯-雷根模型虽然具有重要的指导作用，但是依然在跨学科课程设计方面存在缺陷，因此，应结合一代和二代教学设计的要素，以更具有针对性的教学设计理论为指导。

作为一种通用教学设计模型（General instructional design model），ADDIE 模型包含了教学系统设计过程的一系列核心步骤，以教学目标为首位③，教学系统设计流程具有普适性，因此以 ADDIE 模型为框架，能够设计适用

---

① ABDULLAH K A. Instructing Educators in the Use of Assistive Technology Listening Devices in the Classroom [J]. International Education Studies, 2014 (7): 55-67.
② 何克抗, 郑永柏, 谢幼如. 教学系统设计 [M]. 北京: 北京师范大学出版社, 2002: 30-32.
③ 李向明. ADDIE 教学设计模型在外语教学中的应用 [J]. 现代教育技术, 2008 (11): 73-76.

于体感技术支持的课堂学习模式。ADDIE 模型从 20 世纪 50 至 60 年代开始广泛使用，佛罗里达州立大学学者 Branson 等（1975）首先对 ADDIE 模型作出了定义，ADDIE 模型是一种教学系统设计过程，被广泛应用于个体训练[1]和课程开发[2]。

ADDIE 模型包括五个部分：分析（Analysis）、设计（Design）、开发（Development）、应用（Implementation）和评价（Evaluation）[3]。

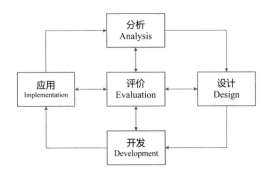

图 2-4 教学系统设计 ADDIE 模型图

教学系统设计理论对本研究的启示与指导作用在于，根据肯普模式与史密斯-雷根模型的内容，为本书中关于 STEAM 项目设计提供了设计的要素，ADDIE 模型指导了跨学科学习过程模式的设计。

（三）教学系统设计理论的启示

指导了课堂学习模式的要素分析：肯普模式提出教学设计包含目标、学生、方法和评价四个要素，本研究吸收了肯普模式中关于学生和评价的要素，根据个案研究中学生对工程知识、3D 打印知识的需求以及自主学

① RUARK B E. ISD Model building：from tabula rasa to apple peel ［J］. Performance Improvement，2008，47（7）：24.
② HESS A K N，GREER K. Designing for engagement：using the ADDIE model to integrate high-impact practices into an online information literacy course ［J］. Communications in Information Literacy，2016（10）：264-282.
③ 谢幼如. 信息时代高等学校课程与教学设计 ［M］. 北京：北京师范大学出版社，2013：53-54.

习、协作学习、探究式学习氛围较强的特征，优选与开发课堂学习资源，以微课视频资源支持学生的自主学习、以可互动的课堂学习资源支持学生的协作学习、以作品或任务资源支持协作学习与探究学习，并且对学生的学习活动进行评价，评价学生学习质量、调查学生学习态度、调查课堂学习资源、评价学生作品、评价学生任务完成度。

ADDIE 模型指导了课程学习模式设计，肯普模式与史密斯-雷根模型对跨学科教学系统设计具有较好的指导作用，但是依然不能适用于信息技术支持的 STEAM 课堂学习模式的设计，因此，要以 ADDIE 模型为框架，在吸收一代、二代教学系统设计要素的基础上，进行跨学科教学项目模式设计。

四、跨学科教育课程设计模式

在强调基于我国学情的学科分析与知识整合基础上，面向核心素养的探究过程，借鉴跨学科实践框架[①]与"项目引路计划"[②]的"问题""项目""活动"要素，笔者提出了跨学科课程设计"三引导五环节"模式（PPA-5）："三引导"即问题引导、项目引导、活动引导；"五环节"即学科分析、整合设计、实验项目、作品制作、完善优化。其中，"问题引导"的作用是引出主题、"项目引导"的作用是整合知识、"活动引导"的作用是解决问题。

---

① WALTMAN S, HALL B, MCFARR L, et al. Clinical Case Consultation and Experiential Learning in Cognitive Behavioral Therapy Implementation：Brief Qualitative Investigation［J］. Journal of Cognitive Psychotherapy, 2018（2）：112-126.

② 钟柏昌，张禄. 项目引路（PLTW）机构的产生、发展及其对我国的启示［J］. 教育科学研究，2015（5）：63-69.

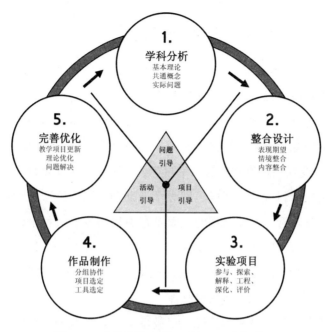

图 2-5 跨学科教育"三引导五环节"模式

（一）问题引导：学科分析

"问题引导"是以真实问题引入主题，以促进项目教学过程、现实经验的了解、学生能力的发展为目标，根据跨学科知识的基本理论和多个学科的共通概念，聚焦实际问题进行学科分析。

我国基础教育开展学科教学，以教学大纲、教材和学生特点为依据进行教学设计，在当前核心素养引导下更加注重对学生实践能力、创新思维和价值观的培育。跨学科实践以当前学科教学大纲为基础、以核心素养为培养目标进行综合性的学科分析，首先以本学科基本理论为框架进行内容整合，再以主科为主体的前提下吸收跨学科的共通概念，在不同学科角度诠释共通概念，促进学生对基本原理的深度理解，最后整合学科知识以实际问题出发，体现学科的整合性以及项目学习与实际生活的联系性，引发学生思考和探究，提高学生介入该项目的兴趣和积极性。

（二）项目引导：整合设计+实验项目

"项目引导"是以整合性的项目开展教学，以结合真实性和情境性的教学内容进行整合设计，开展项目实施工作。

项目的整合设计部分，首先以依托学科的核心素养作为设计依据，跨学科内容随着知识深度逐步提高难度，用以体现整合设计的项目的"表现期望"①。表现期望可以理解为教学目标，明确了学生在项目学习过程各个阶段所表现出的目标达成程度，即教学者期望。同时，这种学习期望也不仅仅是以教学目标的形式出现的，而是在项目的教学过程中以具体的情境进行体现，即表现期望引入知识内容②，"由易到难"分阶段地提高学生自主学习和协作学习的投入程度。最后根据情境整合进行内容整合③，更加具体地吸收跨学科知识形成项目整体。

在实验项目的具体实施阶段，促进学生进行"参与、探索、解释、工程、深化、评价"的6E环节④。参与（Engage）阶段，教师通过引入问题、引入情境促进学生对基本跨学科概念的整体理解，提高学生与同伴探讨的兴趣；探索（Explore）阶段，教师通过连续发问、鼓励参与等策略促进学生建构跨学科知识体系，组建探究团队以制定学习目标；解释（Explain）阶段，教师通过解释学生迷思、提供合适资源的策略促进学生进一步了解学科基本原理和提高运用跨学科知识解决问题的能力；工程（Engineer）阶段，教师通过引导学生规划学习程序以对项目的主要问题进行建模，提出解决问题的方案并开展实施工作；延伸（Enrich）阶段，教师通过提供探究性信息化工具的支持促进学生在原有项目跨学科知识框架外，开展探

---

① 熊国勇. 美国《下一代科学标准》核心内容与特征分析 [J]. 基础教育，2016，13（2）：97-103.

② 许红梅. 小学数学"做中学"情境整合教学简介 [J]. 上海教育科研，2014（12）：79-81.

③ 何文涛，张新明. 基于微课程的电子课本内容整合及其教育应用 [J]. 中国电化教育，2013（12）：89-95.

④ 黄桦. 基于STEM教育理念的科学教学 [J]. 教学与管理，2018（21）：109-112.

究性的知识延伸，学生分阶段进行适当地研究；最后评价（Evaluate）阶段，教师通过形成性评价和多元评价工具的使用帮助学生对项目的学习过程形成个性评价，以促进学生价值观的培育。

（三）活动引导：作品制作+完善优化

"活动引导"是促进学生在项目中以"活动"作为主要学习方式，注重实践性对学生融入项目、完成作品的辅助，最后根据项目的实施经验不断完善项目的设计。

作品是评价学生学习成果的具象体现，学生在"实验项目"阶段也许已经开展了作品制作的相关工作，但是作为项目评价的核心要素，作品制作成为项目实施的重要指标。学生以小组为单位在整合性项目的主题下自主选择具体的作品，学生所选择的项目能够体现部分跨学科知识内容，同时借助信息化工具的辅助作用进行工具选定，最后学生分组进行作品的自评和互评。

完善优化要求教师观察学生在学科分析、整合设计、实验项目、作品制作各阶段的表现，吸收实践教学经验进行整合性项目的更新迭代，通过不断的实践探索促进学科理论的不断优化，进而解决整合性项目中所呈现的真实问题，完成学科教学大纲的教学流程和目标，进而提高学生的核心素养。

第二节　技术应用理论

一、人机交互理论（HCI）

在信息技术融入跨学科教育过程中，需要依赖信息技术工具为跨学科教育的内容呈现提供支持，尤其是"技术""工程"方面，而工具对过程的支撑作用归结起来是由人机交互理论指导的。

人机交互理论（Human-Computer Interaction，HCI）是指关于设计、评价和实现供人们使用的交互式计算机系统，并围绕相关现象进行研究的学科理论①。人机交互是一门综合学科，它与计算机工程学、心理学、多媒体技术、虚拟现实技术密切相关。

人机交互理论以认知心理学、计算机科学为基础，研究人的视觉、听觉、触觉与交互设备进行交互的过程。一个计算机交互系统一般包含三个元素：人、交互设备及实现交互的软件。

（1）人的因素，指的是用户操作的过程，它与用户的各种特征有关。

（2）交互设备，是交互式计算机系统的设备基础，人和计算机之间自然的通信应该与人们相互之间的通信方式一样。

（3）交互软件，是展示各种交互功能的核心实现方法，可分为系统软件和应用软件，它们在用户和计算机通信方式上都是采用人机交互的方式。

在笔者已有的研究中，人机交互三要素的结构模型一般用来研究支撑跨学科教育过程的资源开发和过程评价。② 人的因素在教育领域就是教师和学生的因素，一般包括性别、年龄、学历、学科、技术使用经验、技术教学经验等；交互设备是支撑 STEAM 教育过程的硬件因素，一般包括硬件安装、价格因素、稳定性等因素；交互软件是支撑 STEAM 教育过程的软件因素，一般包括情境输入、资源支持、个体开发时长等因素。

二、技术接受模型（TAM）

承接人机交互理论中的三要素观点，技术接受模型（Technology Acceptance Model，TAM）为学习者使用技术的主观态度提供了解释，该理论基于理性行为理论的基本概念，研究用户对信息系统接受程度，其最初设

---

① 孟祥旭，李学庆，杨承磊. 人机交互基础教程［M］. 北京：清华大学出版社，2010.
② 华子荀，欧阳琪，郑凯方，等. 虚拟现实技术教学效用模型建构与实效验证［J］. 现代远程教育研究，2021，33（2）：43-52.

计的目的是对计算机广泛接受的决定性因素做模型解释①。根据笔者已有研究，技术接受模型包括三个关键要素，并且每一要素下又各自包括若干子要素：

（1）感知有用性（Perceived Usefulness，PU）：个体差异、系统特征、动机；

（2）感知易用性（Perceived Ease of Use，PEU）：使用经验、教学经验、社群影响、便利条件；

（3）行为意向（Behavioral Intention，BI）：理解、应用、教学过程、混合教学、教学方式、个体适应性。

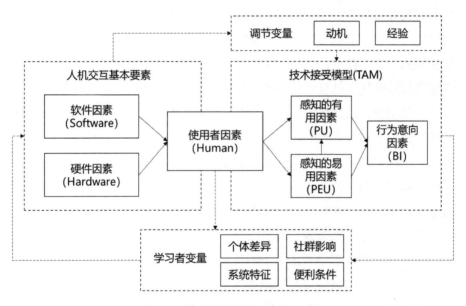

图 2-6　技术支持的学习者交互过程

结合人机交互理论和技术接受模型，其关键要素为研究者提供了一个逻辑严密的技术交互解释过程，以使用者为核心，研究技术影响（人机交互基本要素）和技术对人的影响（技术接受模型）两者的互动关系。在学

---

① LEE Y，KOZAR K A，LARSEN K R. The Technology Acceptance Model：Past，Present，and Future［J］. Communications of the Association for Information Systems，2003（12）：752-780.

习者首先使用技术时，受到了软件因素和硬件因素的影响，使得其动机和经验产生变化，以这种调节变量为基础，使得其感知有用、感知易用的态度产生变化，从而促使学习者产生"不使用""使用""深度使用"的行为意向并且不同程度的行为意向，将会对学习者本身的个体差异、社群影响、系统特征、便利条件产生影响，进而又回馈给软件、硬件要素，实现迭代优化。

三、技术素养模型（EPL）

在建构主义学习理论深度融入教育技术的过程中，技术的发展观极大程度受到戴维·乔纳森（David H. Jonassen）的影响，他在《学会用技术解决问题——一个建构主义者的视角》一书中提到"技术"在学习过程中所扮演的角色，乔纳森认为教育的目的是促进学生进行有意义的学习，而在信息技术时代，最有效的方式是学会用技术解决良构问题和劣构问题[①]。

发展至今，信息技术对教育产生了革命性的影响，根据笔者已有研究成果，提出了技术素养模型（Environment-Pedagogy-Literacy Model，EPL）理论，用以解释学习者如何利用技术进行学习并且发展自身。EPL既解释了学习者如何利用技术解决问题、进行学习，也解释了智能化技术如何通过算法优化人脑，进而促进人的认知发展。具体来说，技术素养模型由三部分构成：1. 技术环境及其应用（En）、

2. 技术教学方法（Pedagogy）、

3. 学习者素养（Literacy）。

EPL模型三要素的逻辑关系，应当正确理解技术与学习者的关系，将技术融入学习者三个发展阶段，如下图所示。

---

① 戴维·乔纳森，简·豪兰，乔伊·摩尔. 学会用技术解决问题——一个建构主义者的视角［M］. 任友群，李妍，施彬飞，译. 北京：教育科学出版社，2014.

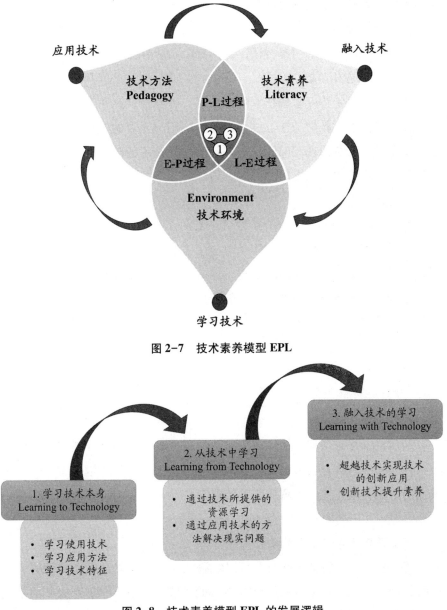

图 2-7　技术素养模型 EPL

图 2-8　技术素养模型 EPL 的发展逻辑

（1）技术学习阶段（E-P）

作为新手学习者，创新应用技术的过程，应首先学习技术的概念与技

63

术内涵，学习技术的基本思路和解决问题的方法，达到技术的认识、理解与应用。该阶段包含三个维度的层次，学习使用技术，学习应用技术于其专业领域，学习技术的内涵特征，并将其融入学习过程。

（2）技术应用阶段（P-L）

当学习者一定程度掌握技术的方法后，即可开展真正的技术融入式学习。技术支持下的教学与学习过程，能够应用学习者的知识基础与学习方法，用以解决复杂的现实问题，这是创新应用技术的阶段，含有两个维度的层次，学习应用技术提供的资源开展学习，学习应用技术中的方法解决现实问题。

（3）技术发展与素养提升阶段（L-E）

最后，当学习者具备知识技术与应用方法，并将技术应用于学习过程后，学习者已经具备了较好的素养，但是依然需要超越技术，开展创新应用。首先应用超越技术实现技术的创新应用，其次实现技术的创新，发展具体领域的应用方法体系。

第三节 学习方式理论

跨学科学习方式理论描述的是在跨学科教育过程中所开展的具体学习方式，在跨学科教育实践中，游戏化学习法、6E学习法和混合学习的相关方法为跨学科教育提供了重要的基础理论。

一、IEP游戏化学习活动

跨学科的关键特征其实就是可以将游戏化活动自然地融入多学科学习过程，因此，游戏化学习法是跨学科的重要基础理论。在理论探究的基础上，作者提出了IEP游戏化学习的理论构想，由趣味性（Innate Interest）、表现性（Aesthetic Expression）、投射性（Psychological Projection）三个部分组成①：趣味性即吸引学习者积极参与游戏的游戏机制；表现性即通过视听觉元素的组织，促进学习者认知的设计机制；投射性即通过一定的社群游戏互动机制，反映、测试、锻炼、提升学习者的态度与认知的心理机制。不仅一种游戏活动要符合以上三要素的要求，而且每一种要素都有其特别的设计原则。

表 2-1 IEP 游戏化学习活动设计表

IEP 设计要素	设计原则
趣味性 （IEP-I）	·我的游戏活动有哪些能立即抓住学习者的趣味？ ·我的游戏活动是否能让学习者见所未见、闻所未闻？ ·我的游戏活动能针对哪些人的本能引起人们的兴趣？ ·我的游戏活动有没有戏剧性的转折，以及对这些转折的期待？
表现性 （IEP-E）	·我的游戏活动由哪些元素组成？如何把这些元素变得更美观？ ·有些事物本身并不美丽，但组合起来就有了美丽，我的游戏活动中的元素要如何组织，才会有诗意和美感呢？ ·在我的游戏活动的脉络里，"美丽"代表什么意义？
投射性 （IEP-P）	·我的游戏活动里有什么能和学习者产生联结？还可以加入什么？ ·我的游戏活动中什么能引起学习者的想象力？还可以加入什么？ ·游戏活动中有没有什么学习者总是向往的地方？ ·学习者能否化身自己想成为的角色？ ·游戏活动中是否有学习者会想认识或窥看的角色？ ·学习者是否能实现自己无法在现实生活中实现的憧憬？ ·游戏活动中有没有什么活动是学习者一旦开始就很难停下来的？

通过 IEP 游戏化学习法及其原则，既可以较好地设计互动强的跨学科教育游戏活动，也能够以该方法设计跨学科教育游戏道具，融入互动学习活动中，以增强学习过程的实践性和互动性，提高学生参与的积极性。

---

① JESSE S. The art of game design：A book of lenses ［M］. Boca Raton：CRC Press，2008：274-276.

二、6E 学习法

6E 学习法是在美国生物学课程研究（Biological Sciences Curriculum Study，BSCS）的 5E 教学模式基础上提出的，它其实是一种融入活动的学习活动理论，强调以学生为中心，主张在课堂教学中组织学生活动，以达到理解知识、深化知识和运用知识的目的。具体来说，6E 学习法包含六个学习步骤：

（1）参与（Engage），通过互动性活动首先引导学习者参与到实践中，通过实践让学习者亲身感受活动中所蕴含的知识，该环节的要点是提高学习者的学习积极性；

（2）探索（Explore），通过小组协同让学习者自行发现问题、提出解决问题的假设，为后续的新知讲授提供思想准备情境支撑，该环节的要点是提高学习者群体的探究欲望；

（3）解释（Explain），通过教师对新知识的讲授，让学习者明了所实践的活动中蕴含的科学内涵，该环节的要点是促进知识与实践活动内涵的有效衔接；

（4）工程（Engineering），通过组织学习者制作作品以表现知识学习程度，以小组为单位，促进学习者对已掌握的知识进一步深化，该环节的要点是在教师辅助下保证作品的顺利完成；

（5）深化（Enrich），通过小组作品的协作、交流，促进学习者对知识内涵的深化，该环节的要点是引导学习者制作适合于特征的学习材料；

（6）评价（Evaluation），通过小组的自评和组间的互评进行评价，以发现自身的不足与对方小组的优点，促使作品的迭代优化，该环节的特点是促使小组中每个学生都进行反思，以实现认知的提高。

三、混合学习理论要点

（一）混合学习

一般认为，混合学习（Blend-Learning）是把传统教与学的方式与数字化学习方式相结合①，但混合学习不仅仅局限于以上概念，混合学习是优化学习效果，在适当的时机给予学生适当的手段②，在混合学习理论框架下，信息技术能够促使学习者在任意时间（anytime）、任意地点（anyplace）进行学习③。

（二）线上与线下的混合学习

美国新媒体联盟（NMC）发布的《地平线报告（2015）》指出，在未来一至两年内，混合学习方式将成为高等教育亟待解决的挑战以及扩大发展的机遇，随着美国开放课件资源运动（OCW）的开展，为世界特别是中国（S. C. Shelley，Hung H. C.，2014）的网络教育、在线学习发展提供了契机。教育正逐渐向着资源全球化、教学个性化、学习自主化、管理自动化和环境虚拟化的方向发展④。网络学习与课堂教学相混合⑤，这种融合多种媒体技术、工具的网络协作学习方式支持了课堂学习活动，极大地优化了学生的学习过程⑥，融合了翻转课堂先学后教（Michelle V，2014）的混合学习方式，将促进学生在混合学习过程中对知识的理解和能力的发

---

① 袁磊，陈晓慧，张艳丽．微信支持下的混合式学习研究——以"摄影基本技术"课程为例［J］．中国电化教育，2012（7）：128-132.

② 黄荣怀，马丁，郑兰琴，等．基于混合式学习的课程设计理论［J］．电化教育研究，2009（1）：9-14.

③ SU W，DAVIS H，DICKENS K，et al. Crafting a rich and personal blending learning environment：an institutional case study from a STEM perspective ［C］．5th International Conference on Computer Supported Education，UK：Southampton，Highfield，University of Southampton，2013：142-147.

④ 徐福荫．信息化进程中的教育技术学专业建设研究［J］．电化教育研究，2003（12）：28-32.

⑤ 宋述强，高瑄，钟晓流．从翻转课堂到翻转会议——O2O 环境中学术会议的组织模型及技术支撑体系研究［J］．远程教育杂志，2014，32（4）：38-44.

⑥ YOUNG S C，HUNG H C. Coping with the Challenges of Open Online Education in Chinese Societies in the Mobile Era：NTHU OCW as a Case Study ［J］．International Review of Research in Open & Distance Learning，2014（3）：158-184.

展①，实现学生对知识的内化（Internalization）和外化（Externalization）
（Charles K, 2015），进而实现知识的联通过程②。

一般的网络课程以视频为主要支撑，但有研究者发现单纯的视频绝非
重点，关键还是丰富的教学活动（Sandi Findlay T, 2014）③以及较真实的
学习环境和氛围（Michael N, 2013）④，真实作业是教学活动的支点
（Ellen S. H., 2014），混合线上的互动学习资源以及线下的体感技术活动，
能够有效促进学生网络学习参与度和课堂表现积极性⑤。

（三）翻转课堂与混合学习

翻转课堂（Flipped Classroom），就是教师创建视频，学生通过登录互
联网在线观看网络视频中教师的讲解，完成任务清单中的学习任务，课堂
上师生面对面交流、答疑和完成作业的一种教学模式⑥。

翻转课堂与混合学习的关系方面，翻转课堂能体现混合学习的优势，
翻转课堂不仅是能增加学生与教师之间的互动及学生个性化学习的手段，
更是一种全新的混合式学习方式，是在以混合学习为标志的教育思想指引
下，对课堂教学模式实施重大变革所产生的结果⑦，进而产生更好的学习

① VAUGHAN M. Flipping the Learning: An Investigation into the Use of the Flipped Classroom Model in an Introductory Teaching Course. [J]. Education Research & Perspectives, 2014 (1): 25-41.

② KIVUNJA C. Using De Bono's Six Thinking Hats Model to Teach Critical Thinking and Problem Solving Skills Essential for Success in the 21st Century Economy [J]. Creative Education, 2015 (3): 380-391.

③ FINDLAY T S, MOMBOURQUETTE P. Evaluation of a Flipped Classroom in an Undergraduate Business Course [J]. Business Education & Accreditation, 2014 (6): 63-71.

④ BROWN S. MOOCs: Opportunities, Impacts, and Challenges. Massive Open Online Courses in Colleges and Universities by Michael Nanfito [J]. American Journal of Distance Education, 2014 (2): 139-141.

⑤ HOFFMAN E S. Beyond The Flipped Classroom: Redesigning A Research Methods Course For eÂ³ Instruction [J]. Contemporary Issues in Education Research, 2014 (1): 51-59.

⑥ 蔡宝来，张诗雅，杨伊. 慕课与翻转课堂：概念、基本特征及设计策略 [J]. 教育研究，2015, 36 (11): 82-90.

⑦ 何克抗. 从"翻转课堂"的本质，看"翻转课堂"在我国的未来发展 [J]. 电化教育研究，2014, 35 (7): 5-16.

效果。翻转课堂教学模式是对混合学习理论的典型应用，祝智庭在对国内翻转课堂实践案例分析中①，针对不同学校课前、课中、课后的教与学活动，表示其技术支持多为视频、学习平台和学习终端，翻转课堂是对教学流程的颠覆，使"讲解-练习-评阅"的传统教学模式变为"自学-测评-研习"的翻转课堂教学模式，提倡有效的翻转课堂的实施需要专业的教师、优质的微课、配套的学习环境和课堂活动设计。

（四）混合学习的启示

混合学习理论对跨学科教育实施的启示与指导作用在于，混合学习理论指导了跨学科线上与线下相融合的学习活动过程的设计。

线上与线下的混合学习指出，为优化教学效果，应在适当的时机给予学生适当的手段，在线学习是学生充分利用网络资源进行自主学习的有效手段，将线上的视频、学习资源与现实课堂中的教学活动相结合，能够促进学生学习的积极情绪。而在实际开展跨学科实践中，通过网络学习平台向学生提供用于自学的微课视频资源和可互动的课堂学习资源，在现实课堂活动中，学生拥有一定知识基础上开展小组协作学习，完成作品和任务，提高了学生的学习效果。翻转课堂与混合学习的内容指出，翻转课堂能够发挥混合学习的优势，不仅增加了师生互动，更能够促进学生产生更好的学习效果。

---

① 祝智庭，管珏琪，邱慧娴. 翻转课堂国内应用实践与反思 ［J］. 电化教育研究，2015，36（6）：66-72.

第四节　学生认知发展理论

一、认知主义学习理论要点

(一) 认知主义关于学习者认知的变化

皮亚杰 (J. Piaget) 认为知识既不是客观的, 也不是主观的, 而是个体与环境相互作用的过程和逐渐建构的结果。学习者的认知发展包括同化 (assimilation) 和顺应 (accommodation), 同化是指个体对刺激做出的改变过程, 而这种改变融入了学习者的认知结构; 顺应是指学习者改变内部认知结构以适应外部环境的变化。不管是同化还是顺应, 这只是学习者对知识学习的过程, 两种过程都能达到对知识的理解和掌握。皮亚杰将人的学习年龄分为几个阶段, 他认为每一阶段的学习会产生一种适应性 (adaption), 这种适应性是下一阶段的基础, 而适应性的阐释过程就是同化与顺应共同作用的结果①。

(二) 认知主义关于学习者的学习方式

在对信息技术支持的跨学科教育学习阐述中, 采用了奥苏贝尔 (D. P. Ausubel) 的学习理论, 奥苏贝尔提出了两个重要的概念, 一个是机械学习, 另一个是意义学习。机械学习 (Rote Learning) 发生在从给定的结构中获取新信息的过程, 奥苏贝尔认为机械学习状态中, 所提供的学习材料是不具体并且是互相分离的, 与学生已有的知识结构关联性不强②; 意义学习

---

① SIMATWA W. Piaget´s Theory of Intellectual Development and Its Implication for Instructional Management at Pre-Secondary School Level [J]. Educational Research & Reviews, 2010 (7): 366-371.

② STANLEY D. IVIE. Ausubel's Learning Theory: An approach to teaching higher order thinking skills [J]. The High School Journal, 1998 (1): 35-42.

（Meaningful Learning）属于高阶思维状态，这种学习状态发生在多种新旧知识相互联通的过程中，而为学习者呈现的学习材料能够与他们已有的认知结构相联系，并且新学习的知识可以融入学习者的知识结构当中。

（三）认知主义学习理论的启示

皮亚杰提出学习者对知识的认识依赖于学习者内部与外部环境的相互作用，这是一种同化和顺应的交互结果。学习者在信息技术支持下，对已有知识的应用，属于知识同化过程，信息技术支持下学习新的知识，属于知识顺应过程。

奥苏贝尔提出机械学习与意义学习的概念，旨在描述学生在认知变化过程中所能够采取的学习方式。信息技术支持下学习者的学习，不仅表现在帮助学习者肢体模仿、训练的方面，更能够促进学习者进行协作学习与深度探究。其中，肢体模仿属于机械学习方式，协作学习与深度探究属于意义学习方式。

在过往的跨学科教育研究中，对动觉学习的研究抽取了理论中的同化、顺应、机械学习、意义学习作为信息技术支持的动觉学习机制。在学习者内部变化维度上，学生通过信息技术支持的学习实现对知识的同化与顺应；在学习者外部变化维度上，学生通过信息技术支持的肢体训练、动作模仿实现机械学习，通过信息技术支持的协作学习、深度探究实现意义学习。根据同化与顺应、机械学习与意义学习的分类，可以提出跨学科项目的动觉学习机制：同化知识的机械学习策略、顺应知识的机械学习策略、同化知识的意义学习策略、顺应知识的意义学习策略。

表2-2　动觉学习机制理论来源

	机械学习（Rote Learning）	意义学习（Meaningful Learning）
同化（Assimilation）	同化知识的机械学习（RA1）	同化知识的意义学习（MA1）
顺应（Accommodation）	顺应知识的机械学习（RA2）	顺应知识的意义学习（MA2）

二、联通主义学习理论要点

联通主义是互联网时代下，知识生成与学习过程进一步进化所产生的学习理论，联通主义认为联通式的学习不再是个人内化知识的过程，而是利用互联网生成知识的基础上所建构的个人与群体共同拥有的知识体系，所有参与者的知识共建成为联通性的知识，而这种联通性的知识又促进了学习者连贯式的学习与认知理解过程。

联通主义学习理论是乔治·西蒙斯（George Siemens）于 2016 年在其专著《联通主义：数字时代下的学习理论》（*Connectivism：A Learning Theory for the Digital Age*）中系统提出，而早在 2006 年，其已在《网络时代的知识和学习——走向连通》（*Knowing Knowledge*）一书中有所提及①，总体来说，联通主义具有联通性、相似性、联结性、强弱性四个特征。

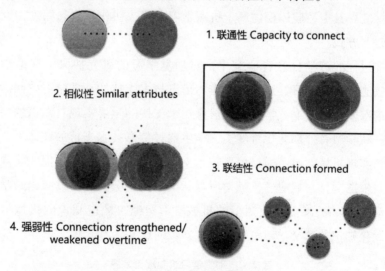

图 2-9　联通主义学习理论的特征

（1）联通性：知识之间具有联通性，这种联通性既体现在系统中，也体现在人的认知结构中；

---

① G·西蒙斯. 网络时代的知识和学习——走向连通 [M]. 詹青龙，译. 上海：华东师范大学出版社，2009 年.

（2）相似性：知识之间具有相似性，且只有相似的知识才会聚集；

（3）联结性：即使非相似知识，通过一定的中介联结，也能够产生联结性；

（4）强弱性：相似性较低的知识之间产生的联结是一种弱联系，而相似性较高的知识之间产生的联结是一种强联系。

可以说，联通主义学习理论是"互联网+"环境下，开展跨学科教育的重要学习理论，一方面，互联网为跨学科的多学科知识提供了联结的可能，另一方面，跨学科的多学科知识体系通过互联网辅助学习者进行学习，提高了学习效率。

三、具身认知理论

（一）具身认知理论概述

经典的认知主义学习理论以格式塔学派、布鲁纳、奥苏贝尔等一批教育心理学家的学习理论为基础，但是认知主义学习理论没有对信息技术、学习者、学习者认知变化之间的关系进行阐述，所以将以上关于认知主义学习理论归类为第一代认知主义学习理论。

随着虚拟现实技术、体感技术、增强现实技术的发展，第二代认知学习理论开始兴起。第二代认知学习理论以具身认知理论为代表，具身认知（Embodied Cognition）是指生理体验与心理状态之间有着强烈的联系。具身认知理论起源于行为主义和认知主义，又名第二代认知科学，与以往的认知科学相比，具身认知理论的主要观点是认知的过程受到身体特性的极大影响，同时身体、环境、认知三个要素相互影响。随着虚拟现实技术、体感技术、物联网技术、移动计算技术的发展，身体、环境、认知三者之间的影响越来越深刻。

具身认知理论的核心包含三个特性，即涉身性、情境性、生成性①。

---

① 胡甜，熊才平，葛军，等. 具身认知视域下创客教育的理念本质研究 ［J］. 中国教育信息化，2017（3）：1-3，8.

涉身性强调人的感官体验对认知过程的影响，情境性强调情境对人认知过程的影响，生成性强调人的认知过程是身体与环境相互作用的结果。

（二）具身认知理论的启示

皮亚杰与奥苏贝尔的理论支撑了本研究虚拟现实技术支持的学习内容，但是没有将虚拟现实技术与认知学习策略结合起来，因此，具身认知理论在经典的认知主义学习理论基础上，将身体、环境、认知联系起来，根据活动学习理论中关于学生基于虚拟现实技术开展体验学习、自主学习、协作学习、探究学习的描述，将活动学习理论的内容与体感技术相结合，形成动觉学习机制。

第五节　教师专业发展理论

通过以跨学科教育为主题的共同体协同实践，能够在宏观管理的层面，对学校、教学研究室、电教站等组织进行整合，跨区域协同实践，促进跨学科教育的中国化发展。

一、TPACK 理论

在教育信息化不断发展的过程中，学界也一直在寻找教师面对信息化挑战所应具备的基本技能。20 世纪 90 年代，美国在 WebQuest 和 TELS 模式实践中取得了诸多成功经验，但是依然缺乏"教师准备知识"和"教师整合过程"的成功经验。在此背景下，密歇根州立大学的科勒（Matthew J. Koehler）和米什拉（Punya Mishra）在舒尔曼（L. S. Shulman）对学科教学知识（PCK）理论的基础上[①]，提出了教师专业发展"整合技术的学科教学知识"（TPACK）理论框架。

---

① 何克抗 . TPACK——美国"信息技术与课程整合"途径与方法研究的新进展（下）[J]. 电化教育研究，2012，33（6）：47-56.

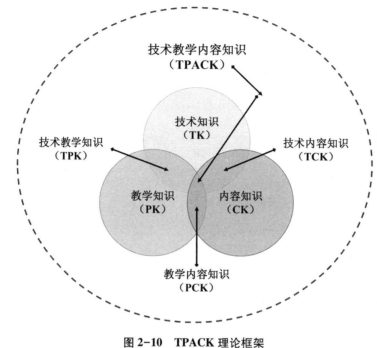

图 2-10 TPACK 理论框架

TPACK 由三个基本元素构成：

（1）内容知识（CK），关于学科教学内容的知识；

（2）教学知识（PK），关于学科教学法的知识；

（3）技术知识（TK），关于信息技术工具应用方法的知识。

通过三个基本要素之间的交叉组合，又形成了整合技术的学科教学知识（TPACK）、整合技术的教学法知识（TPK）、学科教学知识（PCK）、整合技术的学科内容知识（TCK）。

在跨学科教育的实践中，TPACK 框架既用来指导开展教师专业能力发展的活动设计，又用来设计用于评价教师跨学科（STEAM）能力的调查问卷。在一项具体的研究中，根据跨学科教师的 TPACK 能力设计了一套问卷，在问卷中引入了技术知识（TK）、内容知识（CK）、教学知识（PK）、和整合技术的学科教学知识（TPACK）四个维度的具体问题。

75

表 2-3 跨学科教师 TPACK 能力调查

调查指标	指标描述	非常不同意	不同意	有点不同意	普通	有点同意	同意	非常同意
技术知识（TK）	1. 我可以在教学中有效地应用信息技术工具	☐	☐	☐	☐	☐	☐	☐
	2. 我可以学习信息技术方面的新工具	☐	☐	☐	☐	☐	☐	☐
	3. 我可以自己解决教学中的技术问题	☐	☐	☐	☐	☐	☐	☐
内容知识（CK）	4. 关于我所教的学科，我具备充足的知识储备	☐	☐	☐	☐	☐	☐	☐
	5. 关于我所教的学科，我具有较好的知识应用能力	☐	☐	☐	☐	☐	☐	☐
	6. 关于我所教的学科，我有信心把课上好	☐	☐	☐	☐	☐	☐	☐
教学知识（PK）	7. 我可以较好地指导我的学生进行学习	☐	☐	☐	☐	☐	☐	☐
	8. 我可以指导我的学生制定学习计划	☐	☐	☐	☐	☐	☐	☐
	9. 我可以指导我的学生们开展小组学习	☐	☐	☐	☐	☐	☐	☐
TPACK	10. 我可以指导学生寻找与课程知识相关的信息	☐	☐	☐	☐	☐	☐	☐
	11. 我可以应用信息化工具管理我的学生	☐	☐	☐	☐	☐	☐	☐
	12. 我可以应用信息化工具让学生进行小组协作学习	☐	☐	☐	☐	☐	☐	☐

二、实践共同体理论

(一) 新手教师的界定：边缘性的参与者

新手是实践共同体的重要组成部分，由于最初加入共同体缺乏成熟的技能，新手处于共同体的边缘，新手之间的差异使得共同体的边界不断变化，通常新手的活动包括情境化学习、社会实践和全面参与。对于新手来说存在"两难张力"①，即新手一般能够保有自己的知识基础加入共同体，但老手及其他新手同伴要求新手能够融入群体中，这需要新手做出一定改变，为了解决"两难张力"②，共同体理论认为可以通过引入参与性活动来提高新手的参与度，其活动包含四种类型：1. 共同体激励；2. 共同体交互；3. 共同体协作；4. 共同体知识与技能的学习。

首先，对于共同体激励来说，网络课程为加强学习者的学习黏性引入了数字徽章、学分认证机制、证书认证机制，这些机制都是通过一种象征性的代币（Token）来吸引学习者不断关注群体活动③，已有研究证明对代币的追求是出于人类乃至动物的本性④，因此在网络学习中引入以代币为表现的激励措施是能够极大调动参与者的积极性的。

其次，基于互联网的共同体交互是被普遍接受的最直接应用于群体沟通的技术，群体可以基于通信工具建立网络互动群体，跨越空间进行信息交流与互动⑤，而且可以基于网络社区建立具有组织结构的共同体，以完

---

① 尹弘飚，李子建. 课程改革的张力分析：根源、类型与消解 [J]. 教育发展研究，2008（24）：49-54.
② 张义兵，满其峰. 知识建构共同体中两种协作脚本的组间交互差异研究 [J]. 电化教育研究，2015，36（8）：5-10，17.
③ 黄予. 教育数字徽章：数字化时代的新学习认证 [J]. 电化教育研究，2018，39（11）：52-60.
④ WESTERGAAR G C, LIV C, CHAVANNE T J, et al. Token-mediated tool-use by a tufted capuchin monkey（Cebus apella）[J]. Animal Cognition, 1997（2）：101-106.
⑤ 李兴保，武希迎. 教师虚拟社群知识共享的过程模型和价值取向 [J]. 电化教育研究，2013，34（3）：73-80.

成更加复杂的任务。

共同体协作是当前教育信息化教学应用实践共同体的突出表现形式，旨在能够将多个区域的虚拟组织组成共同体完成任务，虚拟组织的形成有利于增强共同体的凝聚力，也有利于不断打磨共同体的协作程度。

最后，新手在共同体的激励、互动、协作过程中不断积累知识与技能进而成为老手，而互联网的存在极大支持了共同体中新手的学习与进步①，基于联通主义学习理论的启发，使得人的学习与知识的组织出现了相互联通的趋势②，在基于网络而存在的虚拟共同体中，成员之间以学习为目的进行协作，在协作过程中又产生了知识。以上关于共同体激励、互动、协作、学习的过程，构成了共同体知识论、活动论、互动机制和实施路径的基础。

（二）老手教师的界定：成熟的实践者

实践共同体的核心成员是老手，老手是具有成熟的实践知识与技能的共同体成员，共同体老手的数量不一定越多越好，老手的核心任务一定是通过情境化学习、社会实践、全面参与等活动指导新手逐步成为老手。共同体老手最艰巨的任务是如何消化新手的两难困境，既能够保持新手自身的独特性，又能够促进新手融入群体中进行学习，在互联网+合法的边缘性参与实践共同体模型中，老手能够采取三种措施对新手进行训练，包括：1. 合模；2. 激励；3. 切磋。

合模，即指导新手通过情境化学习、社会实践或全面参与等活动不断融入共同体中，在引入互联网+的变量之后，新手的活动变得更加多维而有效，利用多媒体支撑、虚拟现实技术、增强现实技术等手段可以引入更

---

① 高琪，廖晓钟，庞海芍. 学科专业中的教与学学术（SoTL）社群建设［J］. 中国大学教学，2018（4）：86-89.

② 王志军，陈丽. 联通主义学习理论及其最新进展［J］. 开放教育研究，2014，20（5）：11-28.

加生动的"宏情境"①。针对社会实践和全面参与的活动，互联网技术能够将虚拟群体进行动态分组，进而完成对新手的群体边缘性参与任务划分，以虚拟组织的形式锚定了新手印象中边缘性参与群体，以锚定效应提高群体协作效率②，同类活动还有技术的宏情境、资源的宏情境、知识的宏情境。

激励，即通过激励的手段促进新手在共同体中交互、协作的积极性。在老手的角度上，激励措施存在一个动态变量，共同体的新手群体能力是有差别的，所以激励措施也不尽相同。在信息技术支持下，行为主义学习理论的相关激励强化措施具有了新的方法，即以数字徽章、积分为表现形式的正强化激励手段③，或者以群体成员行为痕迹分析为基础进行行为预警与干预的负强化激励手段④，进而形成新手个人与新手群体的组合式正负强化的激励措施⑤。

切磋，即新手之间在老手的指导下，以竞赛、活动、协作等形式进行知识与技能的切磋过程，集中表现在以作品、论文、课题、项目、报告为形式的内容切磋⑥。新手在群体中获得的隐性知识以这种形式显性地呈现出来，从一个侧面检验新手隐性知识的建构程度，在信息技术支持下，新手产出的形式将更加多样，而且具有可追踪、可量化的特点，便于事后新手的进一步提高。

实践共同体理论对跨学科教育实施的指导作用在于为教师能力的发展提供支架，组成实践共同体的教学组织包含老手和新手两种角色，实践共

---

① 华子荀. 情境认知与学习理论对教育电视节目开发的启示 [J]. 求实，2013（1）：288-289.

② 李斌，徐富明，王伟，等. 锚定效应的种类、影响因素及干预措施 [J]. 心理科学进展，2010，18（1）：34-45.

③ 胡小勇，李馨，宋灵青，等. 在线学习的创新与未来：数字徽章——访美国宾西法尼亚州立大学凯尔·派克（Kyle Peck）教授 [J]. 中国电化教育，2014（10）：1-6.

④ 王改花，傅钢善. 网络学习行为与成绩的预测及学习干预模型的设计 [J]. 中国远程教育，2019（2）：39-48.

⑤ KELLY R. Comparison of the effects of positive and negative vicarious reinforcement in an operant learning task. [J]. Journal of Educational Psychology，1966（5）：307.

⑥ 沈章明. 诗教传统与教师专业发展 [J]. 全球教育展望，2012，41（11）：18-23.

同体为跨学科教师及其专业发展界定了角色，教师在共同体中的发展机制来源于从新手到老手的转化过程，同时实践共同体的发展机制也来源于老手对新手的指导，因此在实践共同体理论指导下，跨学科教育能够在师资培养、管理机制中得到理论支撑。

第二篇 02

实践篇

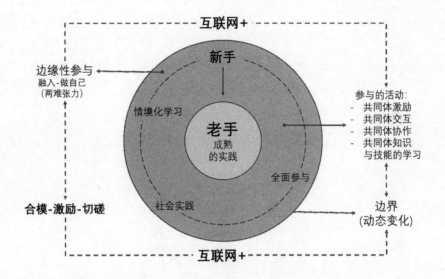

"该部分研究基于面向跨学科教育，对广东省2019年跨学科教育实践共同体项目的335名教师进行问卷调查，通过探索性因子分析（EFA）和结构方程模型（SEM）验证了实践共同体评价的理论模型及其因素关系。"

第三章 跨学科教育微观认知层面的实践

基于虚拟现实环境开展的动觉学习是一种可以调动人的视觉、听觉等多种感官认知的学习过程，对人类的认知发展具有促进作用。然而，应用虚拟现实技术开展动觉学习，既是技术的问题，也是教学方法的问题。该部分研究实践在粤港澳大湾区的高校中开展，在虚拟现实环境及其支持下研究，以研究跨学科教育现状为基础，以认知学习理论为指导，开展跨学科动觉学习机制研究①、跨学科教学效用机理研究②，分别解决在跨学科学习过程中，学习者如何利用技术提高认知、利用技术实践有效教学的问题。该部分研究在理论模型的基础上，开展了丰富的实践与数据支撑，既为虚拟现实等技术对学生学习的影响机制提供了理论解释和实践验证，也丰富了跨学科实践研究范例，具有重要的理论价值与实践意义。

第一节 跨学科教育动觉学习机制研究

《教育信息化"十三五"规划》指出："应利用信息技术改造传统教学中'进不去、看不见、动不了、难再现'的难题"，虚拟现实等技术具

---

① 华子荀. 虚拟现实技术支持的学习者动觉学习机制研究 [J]. 中国电化教育，2019（12）：16-23.

② 华子荀，欧阳琪，郑凯方，等. 虚拟现实技术教学效用模型建构与实效验证 [J]. 现代远程教育研究，2021，33（2）：43-52.

有利用躯体与周围环境进行互动的特点，通过动作模仿、技能训练、情境演练、动态展示等使学生利用交互式技术进行学习。另外，跨学科教育是各个国家共同关注的教育理念，源于其促进技术发展①、推动学科融合②和促进教育持续发展③等方面的重要作用。因此，在跨学科教育理念下开展虚拟现实技术支持的教学应用，既在虚拟现实技术支持的跨学科教育实践中促进了学生的学习认知发展，也实现了信息技术与跨学科教育的深度融合，在虚拟现实技术和跨学科教学实践两个方面都具有较高的理论价值和实践研究意义。

一、学习者动觉学习机制理论基础

（一）虚拟现实技术与动觉学习

虚拟现实技术是一种可以创建和体验虚拟世界的计算机仿真系统，虚拟现实技术以体感设备、虚拟现实设备、头戴眼镜等为代表，包含了互动设备、互动资源和互动内容，文字、图形、动画、声音和视频是最早的互动媒体形式，并且存在相互独立开展教学的问题④。现代的虚拟现实技术所支持的教学过程具有整合多种媒体资源的独特优势⑤，通过较强的感官

① GEORGE M D, BRAGG S. Shaping the future：New expectations for undergraduate education in science, mathematics, engineering, and technology［M］. Darby：DIANE Publishing, 1996：163-166.

② 唐烨伟, 郭丽婷, 解月光, 等. 基于教育人工智能支持下的 STEM 跨学科融合模式研究［J］. 中国电化教育, 2017（8）：46-52.

③ LI Y. International Journal of STEM Education-a platform to promote STEM education and research worldwide［J］. International Journal of Stem Education, 2014（1）：1-2.

④ BARRON A E, GARY W O. Multimedia Technologies for Training：An Introduction［M］. Englewood：Libraries Unlimited, 1995：35-36.

⑤ 孟庆峰, 尚艳亮, 马祥旺. 虚拟现实与传统教学整合的教学方法研究［J］. 教育与职业, 2010（24）：149-150.

沉浸再到意识沉浸①，提高了学生的学习积极性②，并能够为学生提供真实的学习体验，促进学生对所学知识和技能的强化③。

动觉学习（Kinematic Learning）是一种通过肢体运动感觉进行学习的方式，是对身体各部位位置和运动状况的感知进行学习认知的过程④，当前实现动觉学习的主要方式就是虚拟现实技术。自维果茨基在 20 世纪 70 年代提出机器学习的概念⑤，研究者就开始关注互动性媒体对学生认知的影响，虚拟现实技术的主要作用是能够让学习者综合性地调动视觉、听觉、动觉等感官活动开展学习，实现动觉性学习过程（Kinesthetic Learning Activity，KLA）⑥。VR 在教学资源设计中的融合性应用方法⑦、虚拟现实技术支持的跨学科教学法⑧是虚拟现实技术与教学活动进行结合的主要教学方法。

（二）跨学科教育的研究现状

国外的跨学科教育以 STEAM 教育为主，最早由美国弗吉尼亚理工大学 Yakman 于 1990 年在美国国家科学委员会（NSF）上提出⑨，STEAM 教

① 孔少华．从 Immersion 到 Flow experience："沉浸式传播"的再认识［J］．首都师范大学学报（社会科学版），2019（4）：74-83.
② HOFFMAN E S. Beyond The Flipped Classroom：Redesigning A Research Methods Course For e^3 Instruction［J］．Contemporary Issues in Education Research，2014（1）：51-59.
③ 钟正，陈卫东．基于 VR 技术的体验式学习环境设计策略与案例实现［J］．中国电化教育，2018（2）：51-58.
④ SIVILOTTI P A G，PIKE S M. The suitability of kinesthetic learning activities for teaching distributed algorithms［J］．Acm Sigcse Bulletin，2007（1）：362-366.
⑤ VYGOTSKY L S，COLE M. Mind in society：the development of higher psychological processes［M］．Cambridge：Harvard University Press，1978：13.
⑥ BEGEL A，GARCIA D D，WOLFMAN S A. Kinesthetic learning in the classroom［J］．Acm Sigcse Bulletin，2004（1）：183-184.
⑦ 李亮，朱津津，祝凌宇．虚拟现实与移动增强现实复合性教学环境设计［J］．中国电化教育，2019（5）：98-105.
⑧ ESTES M D，LIU J H，ZHA S H，et al. Designing for problem-based learning in a collaborative STEM lab：A case study［J］．TechTrends，2014（6）：90-98.
⑨ AGUILERA D，ORTIZ-REVILLA J. STEM vs. STEAM Education and Student Creativity：A Systematic Literature Review［J］．Education Sciences，2021（11）：1-13.

育旨在加强基础教育阶段学生跨学科知识素养和解决真实问题的能力①，具有跨学科、趣味性、体验性、情境性、协作性等特征。该理念强调整合的教学方式，注重实践和过程、解决真实问题、知识与能力并重，倡导"做中学"、创新与创造力培养、知识的跨学科迁徙及其与学习者之间的关联②。

近年来，互联网+背景下学生的学科核心素养培养③、3D 打印融入 STEAM 项目式学习④、STEM 与创客空间互鉴⑤、STEAM 融入多工具智创空间⑥等理念成为热点，产生了中国本土化的 STEAM 教育实践路径。但是，中国化的 STEAM 教育依然存在问题，表现比较突出的有：缺乏课程资源与硬件环境支撑⑦、缺乏利用 STEAM 培养学生创新实践能力的具体方法⑧、未能真正实现跨学科知识与能力的整合⑨等。

（三）虚拟现实技术支持的跨学科教育

跨学科教育不是对单一知识型学科的学习，而是更为关注真实世界情

---

① 秦瑾若，傅钢善. STEM 教育：基于真实问题情景的跨学科式教育 [J]. 中国电化教育，2017（4）：67-74.
② 王娟，吴永和."互联网+"时代 STEAM 教育应用的反思与创新路径 [J]. 远程教育杂志，2016，35（2）：90-97.
③ 常咏梅，张雅雅. 基于 STEM 教育理念的教学活动设计与实证研究 [J]. 电化教育研究，2018，39（10）：97-103.
④ 孙江山，林立甲，任友群. 3D CAD 支持中学生创造力和空间能力发展的实证研究 [J]. 中国电化教育，2016（10）：45-50.
⑤ 殷朝晖，王鑫. 美国 K-12 阶段 STEM 教育对我国中小学创客教育的启示 [J]. 中国电化教育，2017（2）：42-46，81.
⑥ 王同聚. 基于"创客空间"的创客教育推进策略与实践——以"智创空间"开展中小学创客教育为例 [J]. 中国电化教育，2016（6）：65-70，85.
⑦ 胡畔，蒋家傅，陈子超. 我国中小学 STEAM 教育发展的现实问题与路径选择 [J]. 现代教育技术，2016，26（8）：22-27.
⑧ 魏晓东，于冰，于海波. 美国 STEAM 教育的框架、特点及启示 [J]. 华东师范大学学报（教育科学版），2017，35（4）：40-46，134-135.
⑨ 陈鹏，田阳，黄荣怀. 基于设计思维的 STEM 教育创新课程研究及启示——以斯坦福大学 d. loft STEM 课程为例 [J]. 中国电化教育，2019（8）：82-90.

境中的真实问题①，通过互动式学习技术开展跨学科的教与学的活动，能够提高学生的创新实践能力和学习认知发展。

动觉学习工具尤其是体感技术被广泛应用于跨学科教学过程中，源于体感技术支持的教学过程，能够提高学习者在动作模仿、技能训练等方面的能力，充分利用体感技术可以调动学习者的听觉和视觉，可以帮助教师创造多感官互动学习活动②。互动体感技术可供选择的设备非常多样，研究者普遍关注厉动体感控制器（Leap Motion）的教学应用，该体感控制器在曲率特性（Curvature Features）、距离特性（Distance Features）、相关特性（Correlation Features）、连接特性（Connected Features）四个方面具有较好的表现③。通过体感设备的选择、软件的设计，在认知—行为主义（Cognitive-Behavior）、建构主义（Social Constructivist）④ 等学习理论的指导下，体感技术与教学内容能够相结合。

将体感技术融入课堂教学，探索体感技术支持的跨学科教学法⑤，发现体感技术支持的跨学科课堂教学能够给予学生自我展示、交流讨论和解决应用问题的机会。创客空间中，可以将 App Inventor、Scratch、机器人、3D 打印等技术引入到中小学的课堂，使得学生能够动脑动手创造出具有创意的作品，在促进学生创新意识、创新能力发展方面具有重要作用。有学者基于创客文化设计了一个有关沙箱游戏"Minecraft"的教学项目⑥，通

---

① 祝智庭，雷云鹤 . STEM 教育的国策分析与实践模式［J］. 电化教育研究，2018，39（1）：75-85.

② SMITH H J，HIGGINS S，WALL K，et al. Interactive whiteboards：boon or bandwagon? A critical review of the literature［J］. Journal of Computer Assisted Learning，2005（2）：91-101.

③ MARIN G，DOMINIO F，ZANUTTIGH P. Hand gesture recognition with jointly calibrated Leap Motion and depth sensor［J］. Multimedia Tools & Applications，2015（1）：1-25.

④ MATTAR J. Constructivism and connectivism in education technology：Active，situated，authentic，experiential，and anchored learning［J］. RIED. Revista Iberoamericana de Educación a Distancia，2018（2）：201-217.

⑤ ESTES M D，LIU J H，ZHA S H，et al. Designing for problem-based learning in a collaborative STEM lab：A case study［J］. TechTrends，2014（6）：90-98.

⑥ NIEMEYER D J，GERBER H R. Maker culture and Minecraft：implications for the future of learning［J］. Educational Media International，2015（3）：216-226.

过创客空间让学生利用电脑、网络平台在创作作品的过程中进行协作学习；也有一种基于创客媒体教育的新形式，让学生在混合项目中通过实际操作提高高阶思维能力[①]；STEAM trax 是由 3D 打印机制造商 3D 系统公司（3D Systems Inc.）设计的面向中小学的一种科技创新课程[②]，在创客空间中将 3D 打印技术和工程设计整合到科学、数学的核心知识实践体验中，在相关的学习情境里，培养问题解决、协作、沟通和批判性思维的基本技能等。这些案例都能够为基于虚拟现实环境的 STEAM 实践项目提供指导。

（四）研究启示与目标

根据上述文献综述提出以下研究目标：

1. 动觉学习是一种有效的互动性学习方式，能够促进学生学习积极性和学习体验，该部分研究将选择虚拟现实技术实现动觉学习过程，并且在现有资源基础上进行设备和资源的自主设计。

2. 根据跨学科教育的实践过程现状研究，发现协作学习、基于项目的学习、基于问题的学习、学科整合式项目教学、创客空间都是行之有效的跨学科实践路径，该部分研究将结合已有的实践路径，采取知识融合性项目式学习的跨学科实践开展案例研究。

3. 根据虚拟现实技术支持的跨学科教育研究现状，在跨学科教育实践中，应充分利用视听虚拟技术、互动式体感技术、手势交互设备、创客空间的技术和教学特性，创新性地呈现跨学科中的学科融合性知识，该部分研究将选择创客空间场室，利用手势互动设备、三维虚拟软件和 3D 打印机支撑跨学科项目的开展。

---

① ZHONG X M, FAN K K. A New Perspective on Design Education: A "Creative Production-Manufacturing Model" in "The Maker Movement" Context [J]. Eurasia Journal of Mathematics Science & Technology Education, 2016 (5): 1389–1398.

② 孙江山，吴永和，任友群. 3D 打印教育创新：创客空间、创新实验室和 STEAM [J]. 现代远程教育研究, 2015 (4): 96–103.

二、虚拟现实环境支持的跨学科融合知识动觉学习机制研究

该部分研究利用文献研究法收集近年来国内外期刊、专著及网络期刊数据库中关于动觉学习、虚拟现实技术与跨学科教育的相关研究，关注其分析、设计、开发、应用与评价过程，通过对文献的收集、整理，得到虚拟现实技术能够对学生的学习认知产生影响的因素。研究虚拟现实环境支持的跨学科融合性知识动觉学习的相关机制，与跨学科教育的项目实践相结合，系统分析动觉学习机制促进学生的知识理解、学习认知、实践能力、创新能力、协作学习的动因。

对行为主义学习理论、认知主义学习理论、建构主义学习理论进行内容分析，借鉴皮亚杰①在学习认知方面的理论，抽取互动式技术影响学习者认知的因素为同化（Assimilation，AS）和顺应（Accommodation，AC），研究奥苏贝尔关于学习行为方面的理论②，抽取了机械学习（Rote Learning，RL）和意义学习（Meaningful Learning，ML）的影响因素。

虚拟现实技术支持的认知学习过程根据同化与顺应、机械学习与意义学习四个要素，提出该部分研究四元素相结合的学生认知学习过程，包括：同化知识的机械学习过程（Rote Learning To Assimilation，RA1）、顺应知识的机械学习过程（Rote Learning To Accommodation，RA2）、同化知识的意义学习过程（Meaningful Learning To Assimilation，MA1）、顺应知识的意义学习过程（Meaningful Learning To Accommodation，MA2）。通过对以上四组认知学习过程描述和定义，为后续的跨学科动觉学习机制影响因素分析提供变量基础。

---

① BARROUILLET P. Theories of cognitive development：From Piaget to today［J］. Developmental Review，2015（38）：1-12.
② KING D J，RUSSELL G W. A comparison of rote and meaningful learning of connected meaningful material［J］. Journal of Verbal Learning & Verbal Behavior，1966（5）：478-483.

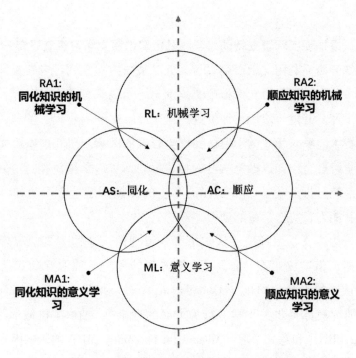

图 3-1　虚拟现实环境支持的动觉学习机制

　　当分析得到虚拟现实技术支持的认知学习过程后，结合虚拟现实技术的使用流程进一步分析学生使用虚拟现实设备的学习步骤，应包括"任务设计—交互模块—肢体互动—动作捕捉—系统处理—任务完成—促进认知"七个步骤，进而分析各个流程对学生认知发展的影响。

　　虚拟现实技术的学习过程根据其交互的特点分为了认知层面、交互层面和交互认知层面。在认知层面上，学生根据任务提示理解交互模块的知识，根据知识与学习者已有认知的匹配，实现同化知识（AS）或顺应知识（AC）的过程；在交互层面上，学习者根据同化或顺应知识的理解，进行肢体互动实现人机交互，在交互过程中，学习者可能会根据任务进行机械学习（RA），或者根据理解程度进行意义学习（MA）；在交互认知层面上，学习者已经在认知层面上进行了同化知识或顺应知识的步骤，并且在交互层面进行了机械学习或意义学习的步骤，最后通过学习者的互动，交互系统进行处理并给予学生反馈，到达交互认知层面，学生根据对系统反馈结果的进一步理解，提高了学习者的认知，在此过程中，学习者实现了在认知层面和交互层面各学习过程的交互融合，实现了上述 RA1、RA2、MA1、MA2 的四种学习认知过程，如下图所示：

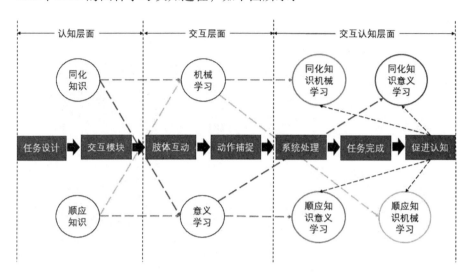

图 3-2　跨学科教育动觉学习流程促进学习认知过程

三、跨学科融合知识的交互模块结构与路径设计研究

交互模块结构与路径设计部分研究了虚拟现实技术所构成的环境特点，构建跨学科融合知识的互动性模块结构与路径，发现促进学生多元学习认知的最优解结构。

（一）基于 ISM 方法建构知识交互模块的学习路径

根据跨学科动觉学习认知影响因素的分析，得到 4 个影响因子中的 4 个类别认知学习过程，而每一个类别又包含 S、T、E、M4 类知识内容，因此交互模块可以包含 32 个知识内容。例如同化知识（AS）类别包含了 S1、T1、E1、M14 个交互模块。然而，针对交互性的学习过程，不可能在短时间内学习完所有 32 个交互模块，需要根据学习者的认知水平和学习需要进行动态路径规划，交互模块学习路径构建选择了解释结构模型法展开。

　　跨学科项目的交互模块路径过程基于以上解释结构模型法过程，将交互模块定义为 Node，而交互模块 Node 由各要素构成的矩阵计算构成，路径 Path 则通过区域分解和级间分解确定其层级关系，形成交互模块路径 Path。

$$(Path)\ i = (\cdots,\ (Node)\ j-1,\ (Node)\ j,\ (Node)\ j+1,\ \cdots) \quad (1)$$

$$(Node)\ j = (x,\ \xi,\ \eta,\ y)\ j \quad (2)$$

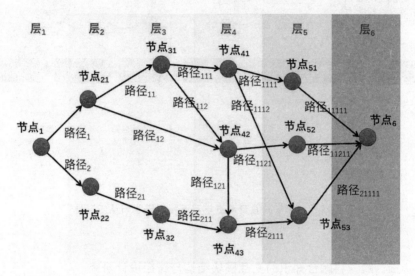

图 3-3　跨学科动觉学习实践项目的预设交互模块路径示意图

　　该部分研究选择 Ucinet 软件实现解释结构模型法过程，通过结构方程分析得到潜变量及子因素，运用解释结构模型法构建以上因素的可达矩阵并进行区域分解和级间分解，求得各因素的层级结构，即跨学科动觉学习实践项目的交互模块路径，所形成的层级结构表示虚拟现实环境中学生利用体感设备与虚拟模块进行互动的流程。

（二）虚拟现实环境的软硬件实现

　　该部分研究计划选择 Leap Motion 体感控制器和 Oculus Rift 虚拟现实设备组成虚拟现实学习环境，基于 Unity3D 软件实现 Leap Motion 手势控制，利用 Leap Motion 的 SDK 开发者语言进行软件开发，对手势命令进行定义，定义命令包括：手掌位置（Palm Position）、手掌速度（Palm Velocity）、手掌法向量（Palm Normal）、方向（Direction）、球心（Direction）、球半径（Sphere Radius）、长度（Length）、宽度（Width）、指尖位置（Tip Position）、指尖速度（Tip Velocity）、画圆动作（Circle）、挥动动作（Swipe）、点击动作（Key Tap）、触屏动作（Screen Tap）。

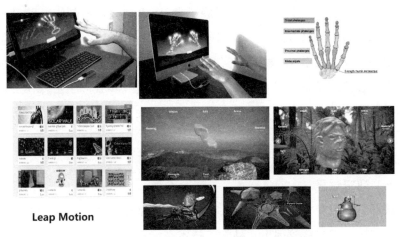

图 3-4　虚拟现实设备 Leap Motion 及其应用程序

在 Unity3D 中加入定义的 Leap Motion 手势命令，设计"3D 模型设计与制作"虚拟现实交互程序，利用 Leap Motion 对 3D 模型进行手势控制和操作，将制作的模型继续优化，形成学生作品，如下图所示。

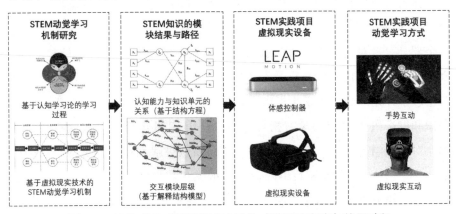

图 3-5　开发"3D 模型设计与制作"虚拟现实程序与使用过程

四、跨学科教育实践项目的设计

为研究虚拟现实环境与跨学科实践项目相融合的过程，探索所建构的学科融合知识动觉学习模型对跨学科实践项目的相关作用，将基于虚拟现实环境的"3D 模型设计与制作"跨学科动觉学习项目应用于实践教学。在本项目前期已经对其他实验组开展了"3D 模型设计与制作"跨学科实践项目中"3D 建模软件""Form 1+3D""Sculpting 建模软件"的案例研究，积累了较多关于 VR 教学的实际经验，取得较好的教学效果。本项目只加入体感控制设备，加入的虚拟现实技术将进一步提高学生操作的体验性和交互性，同时也有利于开展虚拟现实技术支持的跨学科动觉学习机制研究。

五、研究过程

该部分研究在粤港澳大湾区某高校和美国某州立大学联合开展，所有参与的志愿者都是该校理工、科学、技术类专业学生，在 58 个参与者中，男性占比 67%，女性占比 33%，参与者被随机分配为实验组（30 人）和对照组（28 人），在实验开始前参与者都是自愿参加本次实验，并且对虚拟现实技术或者体感技术的认识水平处于基本认知的状态。

作为"3D 模型设计与制作"实践项目的一部分，该部分研究开展"Cyber Science Skull"跨学科项目式学习过程，为期三周的学习过程分为五个部分，针对实验组和对照组的实验都配备了 Leap Motion 体感控制器、Form 1+3D 打印机和计算机及设备构成的虚拟现实学习环境。前两个部分双组教学计划一致，为学生提供了前测测试、Leap Motion 基本教学、准备知识和以小组为单位的学习指导过程；从第三部分双组实施策略开始不同，对实验组进行"CSS"跨学科项目的知识讲解和小组训练指导；第四部分为"CSS"跨学科项目的知识建构指导和基于社交网络 App 的协作学习指导；第五部分为体感控制、3D 打印、虚拟现实操作的组合知识指导、3D 打印过程指导和后测。对照组在后三个部分仅提供了基本的设备指导、无实践操作指导和小组协作指导。实验组与对照组在设备方面条件一致，仅在虚拟现实环境中的指导和小组协作指导方面存在差异，其目的为验证学生提高程度来源于虚拟现实环境支持的跨学科融合知识动觉学习机制的策略，而非虚拟现实环境本身。

表 3-1 "CSS"跨学科项目的教学计划

实验周期	"Cyber Science Skull（CSS）"跨学科学习项目（3周）				
	第一部分	第二部分	第三部分	第四部分	第五部分
实验组活动（30人）	1. 前测 2. Leap Motion 体感控制器介绍	1. 准备知识讲解 2. Leap Motion 的使用 3. 基于社交 App 的小组协作	1. "CSS"跨学科项目的介绍 2. "CSS"跨学科项目的小组协作学习过程及指导	1. "CSS"的知识建构指导 2. Form 1 + 3D 打印机基本功能介绍 3. 小组协作学习过程及指导	1. 各种设备组成的虚拟现实环境融合应用指导 2. "CSS"作品3D打印 3. 后测
对照组活动（28人）			1. "CSS"跨学科项目的介绍	1. Form 1 + 3D 打印机基本功能介绍	1. "CSS"作品3D打印 2. 后测
设备	Leap Motion	Leap Motion	Leap Motion	Leap Motion & Form 1+	Leap Motion & Form 1+
学习类型	线下	线上	线下	混合环境、小组协作	混合环境、小组协作
动觉学习机制	RA1	RA2，MA1	RA1，RA2	RA2，MA2	MA1，MA2

图 3-6 "CSS"跨学科项目的实验过程

六、研究结果

该部分研究根据虚拟现实环境要素和实验过程评价，吸收虚拟现实环境、21 世纪技能与 STEAM 教育评价①、ICT 技能自主学习②、协作学习③、问题解决④、创新能力发展⑤和数字学习技能⑥的评价要素，设计了"虚拟现实环境支持的学习"五维调查问卷（GBTLS），包括虚拟现实环境的学

---

① 杨彦军，饶菲菲. 跨学科整合型 STEM 课程开发案例研究及启示——以美国火星教育项目 STEM 课程为例 [J]. 电化教育研究，2019，40（2）：113-122.

② Hantrakul L，KACZMAREK K. Implementations of the Leap Motion device in sound synthesis and interactive live performance [C]. New York：MOCO'14 proceedings of the 2014 International Workshop on Movement & Computing，2014：142-145.

③ 殷欢. STEM 教育中合作学习质量影响因素及提升策略 [J]. 中国民族教育，2018（6）：48-49.

④ Ibáñez，José de Jesús Luis González，WANG A I. Learning Recycling from Playing a Kinect Game [J]. International Journal of Game-Based Learning，2015（3）：25-44.

⑤ LIN J，YANG W，GAO X，et al. Learning to Assemble Building Blocks with a Leap Motion Controller [M]. Switzerland：Springer Cham，2015：258-263.

⑥ RICHARD，W. C. Evaluating and adopting e-learning platforms [J]. International Journal of e education，e-business，e-management and e-learning，2013（3）：229-233.

习动机（GL）、虚拟现实环境的使用便利度（GT）、虚拟现实环境的资源有效性（GR）三个部分共六项二级评价指标，同时设计了"虚拟现实环境支持的跨学科融合知识动觉学习认知"五维调查问卷（RM2A-GBT），包括动觉学习中的技术熟练度（RM2A-GU）、动觉学习中的自主学习（RM2A-SL）、动觉学习中的协作学习（RM2A-CL）、动觉学习中的问题解决（RM2A-PS）、动觉学习中的创新发展（RM2A-CD）五个部分共十五项二级评价指标。在正式使用问卷前对问卷进行了试测，选择了 13 位同类专业背景的志愿者学生在了解实验背景后填答问卷，其 α 信度分别为0.79 和 0.72，根据 Gall 对问卷信度评价的标准①，0.79 和 0.72 介于 0.69和 0.88 之间，证明两套问卷具有较高信度。

1. 双组前后测成绩结果

对学生的前测评价得到双组平均值、标准差和 t 检验结果。根据结果显示双组前测成绩分别为 2.37 和 2.12，表明双组基础处于对等水平，后测成绩对照组平均值为 3.61、标准差为 0.906，实验组平均值为 4.39、标准差为 0.936，且双组后测成绩的独立样本 t 检验在假设方差齐性条件下，其显著性 P 值为 0.002（小于 0.05），证明双组后测具有显著差异，实验组表现好于对照组。

表3-2　双组前后测成绩结果

	对照组（28 人）		实验组（30 人）	
	均值（Mean）	标准差（SD）	均值（Mean）	标准差（SD）
前测	2.37	0.995	2.12	0.968
后测	3.61	0.906	4.39	0.936

2. 学习态度调查评价结果

从实验组进行后测调查的 GBTLS 和 RM2A-GBT 两套问卷的结果，得

---

① GALL M D, GALL J P, BORG W R. Educational research：An introduction（7th ed.）［C］. Boston，MA：Pearson Education，2003：78.

到了两套问卷各一级指标的均值和标准差，对于 GBTLS 调查问卷来说，关注于被试在虚拟现实环境中的学习体验和资源使用情况，指标"虚拟现实环境的学习动机（GL）"和"虚拟现实环境的资源有效性（GR）"均达到较高的水平（均值 = 4.55，标准差 = 0.379；均值 = 4.28，标准差 = 0.639），而"虚拟现实环境的使用便利度（GT）"相对较低（均值 = 3.91，标准差 = 0.658），这表明学习者在虚拟现实环境中的学习动机和资源学习体验较好，而互动使用的便利性相对一般，但总体来说三项指标依然达到较高水平。

表 3-3　GBTLS 调查问卷的评价结果

一级指标项	二级指标项数	均值（Mean）	标准差（SD）
虚拟现实环境的学习动机（GL）	2	4.55	0.379
虚拟现实环境的使用便利度（GT）	2	3.91	0.658
虚拟现实环境的资源有效性（GR）	2	4.28	0.639

对于 RM2A-GBT 调查问卷来说，关注于学习者在利用虚拟现实环境进行学习的动觉学习过程，指出动觉学习所能够涉及的学生能力发展的部分。指标"动觉学习中的技术熟练度（RM2A-GU）""动觉学习中的自主学习（RM2A-SL）""动觉学习中的创新能力发展（RM2A-CD）"三项指标均值均大于 4，达到了较高水平，表明学生在动觉学习过程中能够达到较好的技术熟练度，并且进行较好的自主学习，达到了创新发展的目的；而"动觉学习中的协作学习（RM2A-CL）"和"动觉学习中的问题解决（RM2A-CL）"相对得分一般，表明学生在使用虚拟现实环境开展协作式动觉学习依然存在难点，并且对于问题的解决过程成为其亟待突破的部分。但是总体来说，动觉学习的五项一级指标依然达到较高水平，表明参与实验的学生能够利用虚拟现实环境开展有效的动觉学习过程。

表3-4 RM2A-GBT调查问卷的评价结果

一级指标项	二级指标项数	均值（Mean）	标准差（SD）
动觉学习中的技术熟练度（RM2A-GU）	3	4.51	0.461
动觉学习中的自主学习（RM2A-SL）	3	4.53	0.407
动觉学习中的协作学习（RM2A-CL）	3	3.87	0.719
动觉学习中的问题解决（RM2A-PS）	3	4.03	0.645
动觉学习中的创新能力发展（RM2A-CD）	3	4.32	0.564

3. 学习态度评价指标的相关性分析

为探究虚拟现实环境对学生认知发展、学生能力发展的影响及其与动觉学习的关系，对GBTLS和RM2A-GBT两套问卷进行了相关性分析，表3-5所示为相关性分析结果。结果表明，GR与GL、RM2A-GU与GL、RM2A-GU与GR、RM2A-SL与RM2A-GU、RM2A-CD与RM2A-SL、CL、PS存在较显著的正相关关系，相关性不能够指出因果关系，但通过分析表明虚拟现实环境的资源越有效，学生虚拟现实技术的学习动机越强，动觉学习中的技术越熟练，学生的学习动机和资源的有效性越强，动觉学习的自主学习过程反过来也会影响技术的熟练度，最后动觉学习中的创新能力发展促进了自主学习、协作学习和问题解决的发展。

总体来说，在虚拟现实环境中的动觉学习以技术的熟练度为基础，促进了学生对虚拟现实环境的学习动机和资源有效性，以动觉学习中的创新能力发展为关键突破点，通过促进这一能力的发展能够同时促进自主学习能力、协作学习能力和问题解决能力的极大提高。

表3-5 GBTLS与RM2A-GBT调查问卷评价指标的相关性分析结果

	1.	2.	3.	4.	5.	6.	7.
1. GL	–						
2. GT	0.155						
3. GR	0.508**	0.243	–				

续表

	1.	2.	3.	4.	5.	6.	7.
4. RM2A-GU	0.440 **	0.089	0.487 **	–			
5. RM2A-SL	0.341	0.065	0.349	0.681 **	–		
6. RM2A-CL	0.341	0.291	0.297	0.445 *	0.279	–	
7. RM2A-PS	0.416 *	-0.074	0.241	0.225	0.383 *	0.447 *	–
8. RM2A-CD	0.324	0.105	0.184	0.434 *	0.611 **	0.544 **	0.549 **

注：$* < 0.05$，$** < 0.01$。

在比较 GBTLS 和 RM2A-GBT 两套问卷的均值、标准差和相关性分析结果后发现，学生更倾向于机械学习的过程（RA1、RA2），如技术的熟练度越高，学生的学习动机和资源的有效性越强，表明在实验初期，学生需要更多的时间开展自主学习，提高其技术熟练度，进而提高学习动机和资源有效性；但是意义学习的结果在实验后期产生较大效应（MA1、MA2），如创新能力发展促进了自主学习能力、协作学习能力和问题解决能力的提高，表明以机械学习过程为基础，达到一定学习进度后，学生能够自然地适应技术和资源的支撑促进其能力的发展，但是这个过程需要较长的时间。以上结论回应了该部分研究的目标，即虚拟现实环境对学生认知发展的作用是通过机械学习促进意义学习，由技术熟练到促进学习动机和资源有效性发展，进而促进能力提高，通过创新能力发展促进其他能力的进一步提高的过程。

七、研究结论

该部分研究为虚拟现实技术与学生认知发展的联系提供了理论框架，在文献综述、认知主义学习理论的基础上提出了虚拟现实环境支持的跨学科融合知识动觉学习机制，设计了跨学科融合知识的交互模块结构、路径与软硬件实现方式，并根据学习机制与路径开展了虚拟现实环境支持的跨学科实践项目的实证研究。实证研究为美国某州立大学的 "CSS" 跨学科项目①，通过双组前后测分析得到实验组成绩高于对照组成绩，并且差异显著，实验结束后得到 GBTLS 和 RM2A-GBT 两套问卷的分析结果，表明基于虚拟现实环境的跨学科项目对学生的短期学习过程中的机械学习促进效果较好，即技术的熟练度与学生的学习动机和资源的有效性呈正相关，如果能在一个较长的学习周期中开展研究，基于虚拟现实环境的跨学科项目可以逐渐有效地促进学生开展意义学习过程，即创新能力发展促进了自主学习能力、协作学习能力和问题解决能力的提高。

该部分研究实证过程依然存在不足，通过前期三项实验积累虚拟现实技术支持的教学实践经验，"CSS" 跨学科项目的实施为 3 周，对于利用虚拟现实技术促进学生认知学习的过程来说依然具有时间局限性，在后续研究中需要进一步开展更长时间的实践研究；另外，该部分研究所提出虚拟现实技术支持的动觉学习机制模型以认知学习理论为基础，模型元素在呈现学习内容、知识内容、学习过程与技术本身的关系方面依然有待深化，因此，该模式可在国内开展针对不同学段和内容的研究，以进一步验证 RM2A 理论模型的有效性，同时也能够对基于动觉学习的学生认知促进机制开展国内外对比研究。

通过该部分研究，为虚拟现实环境和学生的认知发展提供了联系，为 VR、AR、MR 等技术对学习者的促进作用提供了理论框架并进行了验证，为国内外同类研究的教学实践提供了参考，丰富了关于虚拟现实环境对学习者动觉学习机制和认知能力发展的理论内涵和实践意义。总体来说，该部分研究在虚拟现实技术、跨学科教育、学习者认知等领域具有较高的理论价值和实践研究意义。

---

① 美国俄亥俄州立大学教育学院 "CSS" 跨学科研究项目。

第二节 跨学科教学效用机理研究

虚拟现实是一种通过视、听、动觉互动，具有交互性、沉浸性和认知性特征的技术实现方式。该研究面向跨学科的学习过程，聚焦虚拟现实技术教学效用及其因素关系进行探究，在技术接受模型（TAM）、虚拟沉浸、情绪教学理论基础上，建构了虚拟现实技术的教学效用模型（VR-E³ Model），选取六类虚拟现实技术设备对 86 名中小学一线教师开展体验式调查、访谈，通过半结构化问卷调查的方法向受访教师收集设备体验数据，应用描述性统计分析、探索性因素分析（EFA）、熵值法（Entropy Method）及相关性分析等数据统计方法，对影响虚拟现实技术教学效用的核心要素及其设备教学效果进行分析。通过分析，发现了虚拟现实技术产生教学效用的重要因素，提出了虚拟现实技术教学实施难点的解决方案，形成了中小学校开展虚拟现实技术教学的"教学需求-投入程度"双维度设备配置方案，预测了未来虚拟现实技术深度应用的方向。通过该研究对基于跨学科学习过程的虚拟现实技术教学效用模型的理论构建和数据验证，为虚拟现实技术作为一种人机交互工具向学习辅助工具转变，进而成为认知发展工具的理论推演提供了实践依据，为同类研究提供了较好的借鉴。

一、作为学习工具的虚拟现实技术综述

虚拟现实技术对学习者发挥作用的主要特征，体现在虚拟现实具有交互性、沉浸性和认知性[①]，基本特征解释了学习者利用虚拟现实技术进行人机交互、交互产生沉浸、沉浸促进认知的作用机制。虚拟现实技术首先作为一种人机交互工具提高了学习积极性，又作为一种学习辅助工具使学习者产生沉浸体验提高了教学效率，最后作为一种认知发展工具使学习者

[①] 刘德建，刘晓琳，张琰，等. 虚拟现实技术教育应用的潜力、进展与挑战 [J]. 开放教育研究，2016，22（4）：25-31.

建构知识提高了教学效果。

（一）虚拟现实技术作为一种人机交互工具

虚拟现实首先是以"The Ultimate Display"术语作为一种人机交互方式而提出的，视觉模拟（Display）是虚拟现实技术的重要人机交互中介，人机交互系统一般包含交互设备、交互软件和人的因素三方面①，硬件、软件对使用者的影响是虚拟现实技术作为一种人机交互系统的基本互动机制，一般来说，虚拟现实技术的硬件因素包含了设备形态、成本因素与技术特性，软件因素包含软件适用性、情境输入特性、学习资源等。

以使用者为中介因素，可以使学习者评价虚拟现实的适用性，这个机制可以用技术接受模型（Technology Acceptance Model，TAM）来解释。技术接受模型包含三个核心要素，即感知有用性（Perceived Usefulness，PU）、感知易用性（Perceived Ease of Use，PEU）和行为意向（Behavioral Intention，BI）。② 在 TAM 理论框架下，有学者提出以个体差异、系统特征、社群影响、便利条件、动机、经验等作为技术接受模型三要素的子因素。因此，以学习者为中心，虚拟现实技术作为一种人机交互系统包含了硬件因素和软件因素，同时学习者又在技术接受模型框架下，可以评价虚拟现实技术的有用性、易用性和行为意向。

① 孟祥旭，李学庆，杨承磊. 人机交互基础教程［M］. 北京：清华大学出版社，2010.
② LEE Y，KOZAR K A，LARSEN K R. The technology acceptance model：Past，present，and future［J］. Communications of the Association for information systems，2003（1）：752-780.

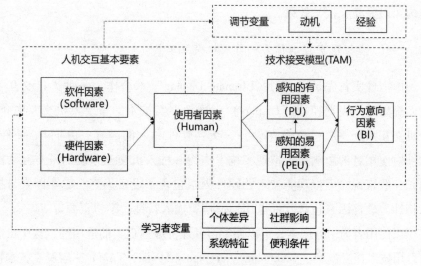

图 3-7 虚拟现实技术的交互性因素

（二）虚拟现实技术作为一种学习辅助工具

当使用者产生了较强的感知有用性和感知易用性时，他们使用该技术的行为意向则越明显，而使用者的这种感知（Perception）来自视觉（Visual）、听觉（Audio）、触觉（Haptic）所引发的示能性，示能性作为客体属性，由主体对客体的感知所触发①。虚拟现实技术辅助学习者的学习是调动了学习者的感官体验，当学习者看到、听到、触到虚拟对象，即实现了由感知到理解、再到巩固的意义建构。

在建构主义学习理论的视角下，有学者提出虚拟现实技术对学习者产生的沉浸体验程度，包含交互感（Interaction）、沉浸感（Immersion）、临场感（Presence）。② 交互感是由简单的交互机制所引发的与虚拟物体、事件、场景之间的互动，虚拟现实的交互应是现实世界的映射，让学习者通

---

① 沈夏林，张际平，王勋．虚拟现实情感机制：身体图示增强情绪唤醒度 [J]. 中国电化教育，2019（12）：8-15.

② HHUANG H M, RAUCH U, LIAW S S. Investigating learners' attitudes toward virtual reality learning environments：Based on a constructivist approach [J]. Computers & Education，2010（3）：1171-1182.

过操作（Haptic）与反馈（Feedback）的相互作用实现认知与反思；沉浸感通过由交互对象引发的动觉行为，让学习者产生某些经验或能力上的变化，制造沉浸感是虚拟现实技术发挥作用的重要方式，依据环境模拟程度的不同，可以使学习者产生由感官沉浸到意识沉浸的进阶①；临场感通过复杂场景使学习者产生对虚拟场景的拟真体验，并通过不断的感觉增强和多人互动使学习群体产生协作与分享的经验，这种临场感是人类感官与虚拟输入、输出之间的匹配，包括了空间临场感和社会临场感两种因素②。因此，虚拟现实技术作为一种学习辅助工具，通过调动学习者的感知实现知识的学习，进而又由感知向交互感、沉浸感和临场感不断进阶，交互程度不断提高，学习深度也不断加强，最终实现临场感的高阶体验。

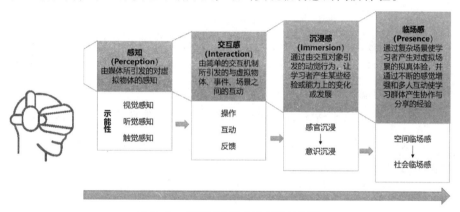

图 3-8　虚拟现实技术的沉浸性因素

（三）虚拟现实技术作为一种认知发展工具

虚拟现实技术通过调动学习者的感知，产生交互感、沉浸感、临场感的进阶，这是虚拟现实作为一种认知发展工具在认知性上的体现。有研究

①　孔少华. 从 Immersion 到 Flow experience：“沉浸式传播”的再认识［J］. 首都师范大学学报（社会科学版），2019（4）：74-83.

②　KIM S Y S, PRESTOPNIK N, BIOCCA F A. Body in the interactive game：How interface embodiment affects physical activity and health behavior CHANGE［J］. Computers in Human Behavior, 2014（36）：376-384.

者提出虚拟现实技术对学习者心理变化的影响①,在产生临场感的过程中,情绪(Emotion)发挥着重要作用,沉浸感作为由交互系统引起的外部因素与感知作为由内容引起的内部因素共同唤起(arousal)情绪的产生,再由情绪引起认知的发展,具体表现为临场感判断(Presence Judgement)和临场感评价(Presence Assessment)。情感教学理论将情绪看作人类情感产生的基本单元,作为一种可操作性的对象,情绪分为低级情绪信息(感官情绪信息)和高级情绪信息(认知情绪信息)②,而重构的虚拟世界,为学习提供了可控的感官情绪信息来源。

　　在另一项关于虚拟现实促进学习者认知的研究中,研究者提出了基于虚拟现实技术的动觉学习机制(RM2A),包含同化(Assimilation)、顺应(Accommodation)、机械学习(Rote Learning)与意义学习(Meaningful Learning)四种要素,机械学习就是对由虚拟现实技术引发的感官情绪信息输入,当同化知识与顺应知识相互作用,使得意义学习引发了学习者认知情绪信息的输入。

　　因此,虚拟现实技术教学效用的发展引起学生感知、交互感、沉浸感、临场感的产生,而情绪是感知到临场感发展的基础,动觉学习机制中机械学习与意义学习分别代表感官情绪信息和认知情绪信息的输入,从另一个侧面解释了由虚拟现实互动所引发的学习者认知的发展。

---

① DIEMER J, ALPERS G W, PEPERKORN H M, et al. The impact of perception and presence on emotional reactions: a review of research in virtual reality [J]. Frontiers in psychology, 2015 (6): 26.

② 张奇勇,卢家楣. 情绪感染的概念与发生机制 [J]. 心理科学进展, 2013, 21 (9): 1596-1604.

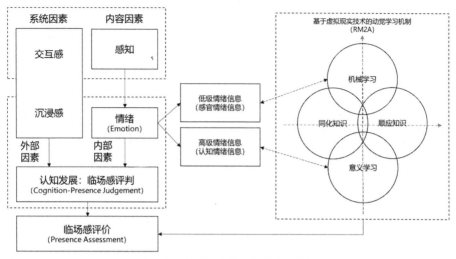

图 3-9　虚拟现实技术的认知性因素

（四）问题提出

通过对虚拟现实技术的教学研究现状分析，得知虚拟现实技术是由其自身的硬件和软件影响了学习者的使用方式，学习者利用虚拟现实设备进行学习，逐步由感知发展到交互感，再到沉浸感和临场感的产生，最终促进学生认知的发展。据此，该研究以虚拟现实技术的教学效用作为命题进行探究，提出研究问题如下：

（1）虚拟现实技术对学生的教学效用的核心因素有哪些？

（2）虚拟现实技术教学效用因素之间的关系为何？

（3）不同虚拟现实技术实现方式所产生的教学效果如何？

二、研究设计

（一）理论模型的构建

学习者使用虚拟现实技术，首先应是认识和使用其设备，其次是在设备软、硬件的指引下进行操作，最终在互动的过程中使得学生掌握资源所蕴含的知识及其意义，通过将虚拟现实技术的积极促进性、教学效率提高性、教学效果提升性三种教学效用（E^3）与其交互性、沉浸性、认知性的三项基本特征（I^3）相融合，形成了基于虚拟现实技术的教学效用模型（VR-E^3 Model），包含交互过程、沉浸过程和认知过程三个循环流程。

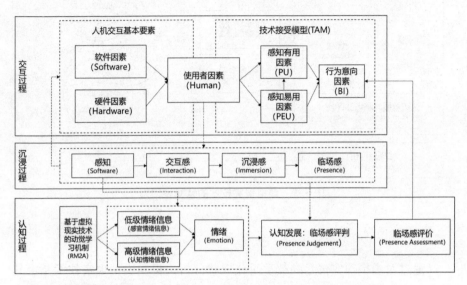

图 3-10　虚拟现实技术的教学效用模型（VR-E^3 Model）

1. 交互过程

交互过程是学生使用虚拟现实技术进行学习的第一层次，围绕着学习者这一要素，从人机交互的角度分析虚拟现实技术软、硬件因素对人的影响，又在技术接受模型（TAM）框架下，分析学习者使用具体某项虚拟现实设备所考量的感知有用性、感知易用性和行为意向三个因素。

2. 沉浸过程

沉浸过程解释了学习者使用虚拟现实技术所产生的感知变化及其发展，在人机交互过程中，学习者通过使用软、硬件产生感知，深度感知产生了交互感和沉浸感。当通过不断地操作、互动、反馈使学习者由感官沉浸发展到意识沉浸后，学习者实现了对虚拟现实技术中内容的深度学习，进而产生最高阶的学习体验，即临场感。

3. 认知过程

认知过程是从学习者使用虚拟现实设备的表象探索到内部认知的变化的过程，在情感教学理论的解释下，情绪是学生形成主观态度的基本单元。在学生由感知发展到临场感的过程中，情绪发挥着重要作用，情绪分为低级情绪信息和高级情绪信息，分别对应了无意识感官信息接收的机械学习过程和有意识认知信息接收的意义学习过程。情绪的发展变化解释了学生由人机互动发展到学习产生的内在机制，进而产生积极的态度后又能够促进交互过程的行为意向。

基于以上教学效用模型内容的梳理，该研究将虚拟现实技术的三个基本特征作为其核心影响因素，并进一步细化各类因素的具体内涵及其相互之间的作用关系。其中，学习者通过使用虚拟现实技术产生了感觉，形成沉浸过程的感知、交互感、沉浸感、临场感，再由这些感觉发生认知过程的变化，即由感觉促进学习者产生低级情绪信息、高级情绪信息，形成情绪促进认知发展，这种由交互过程—沉浸过程—认知过程的感知到认知的变化是一种单向线性的发展关系，因此不会产生反向的作用，其反作用是由认知过程的最终结果反过来去促进技术的硬件、软件设计，进而再产生了循环，因此，根据上述研究问题，提出三个研究假设如下：

假设1：基于虚拟现实的交互过程能够有效支撑其沉浸过程，即产生的教学效用促进了学习积极性；

假设2：基于虚拟现实的沉浸过程能够有效支撑其认知过程，即产生的教学效用提高了教学效率；

假设3：基于虚拟现实的认知过程能够有效支撑其交互过程，即产生的教学效用提高了教学效果。

（二）问卷设计

基于虚拟现实技术学习过程的评价，包含设备测评和使用者测评，设备测评即评测设备的基础属性，使用者测评即通过使用者的反馈、自评等方式完成①。虚拟现实的交互过程涉及感官体验、感知、情绪等主观态度，使得准确评价虚拟现实的教学效用难度较高。为有效收集数据，减少调查对象的主观性偏差，该研究设计《基于虚拟现实技术的教学效用调查》问卷，采用半结构化问卷调查（Semi-questionnaire）的方法收集数据，在虚拟现实技术教学效用模型要素框架下，具体题目参考交互性、沉浸性、认知性三类因素及其子因素进行设计（如下表所示）。

表 3-6 《基于虚拟现实技术的教学效用调查》问卷结构

问卷结构	一级因素	二级因素	题目设置
第一部分	基本情况	背景调查	性别、年龄、学历、学科、VR 使用经验、VR 教学经验
第二部分	交互性效用（Interaction）	硬件因素	硬件安装（A1）：交互硬件的安装适合教学的程度
			价格因素（A2）：对交互硬件的价格接受程度
			稳定性（A3）：交互硬件的稳定程度
		软件因素	情境输入（A4，A5）：交互软件的环境支持教学的程度
			资源支持（A6）：交互资源的数量支持教学的程度
			个体开发时长（A7）：个体开发交互资源的时间
		感知有用性	个体差异（B1）：个体有用性主观态度
			系统特征（B2）：个体系统有用性使用态度
			动机（B3）：使用动机
		感知易用性	使用经验（B4）：使用设备的经验
			教学经验（B5）：使用设备教学的经验
			社群影响（B6）：使用设备的社群驱动程度
		行为意向	便利条件（B7）：设备融入教学的程度
			理解（B8）：技术原理掌握意向
			应用（B9）：技术方法掌握意向

① 李洪修，李美莹. 基于虚拟现实环境的深度学习模型构建 [J]. 中国电化教育，2019（9）：68-73.

问卷结构	一级因素	二级因素	题目设置
第三部分	沉浸性效用（Immersion）	行为意向	教学过程（A8，A9，A10）：课前、课中、课后使用情况
			混合教学（A11，A12）：线上教学、线下教学
			教学方式（A13，A14，A15）：教学演示、实验、协作
			个体适应性（A16，A17，A18）：产生不适感的程度
		感知	视觉（C1）：视觉感知
			听觉（C2）：听觉感知
			触觉（C3）：触觉感知
		交互感	操作（C4）：设备操作性感受
			互动（C5）：设备互动性感受
			反馈（C6）：设备反馈性感受
		沉浸感	感官沉浸（C7）：辅助感官感受现象
			意识沉浸1（C8）：辅助意识理解现象
			意识沉浸2（C9）：辅助意识应用现象
		临场感	个体拟真（C10）：个体拟真体验程度
			群体拟真（C11）：群体拟真体验程度
第四部分	认知性效用（Identification）	情绪信息	感官情绪信息（D1）：感官接收到的情绪信息
			认知情绪信息（D2）：经过认知处理接收的信息
		知识建构	知识同化（D3）：融合已有知识
			知识顺应（D4）：学习新知识
		认知发展	同化知识的机械学习（D5）：提供已了解但有用的信息
			顺应知识的机械学习（D6）：提供不了解也有用的信息
			同化知识的意义学习（D7）：提供已了解需重构的信息
			顺应知识的意义学习（D8，D9）：提供不了解也需重构的信息

（三）设备分类及其研究过程

1. 虚拟现实技术的分类维度

当前，虚拟现实技术实现的技术方案存在差异，作为一种人机交互工具，虚拟现实技术的软、硬件对使用者能够产生的影响是不同的，软、硬件的设计不同对教学效果产生的作用也不尽相同。因此，为验证虚拟现实的教学效用，该研究将根据虚拟现实设备的类别进行比较，以多类型设备共同反映虚拟现实技术三类基本要素对教学效用的作用，同时也能够进一步探究不同类型设备之间存在的教学效用差异。

Wloka（1995）根据虚拟现实的人机互动方式进行梳理，提出了多维输入类（Multiple Inputs）、多维输出类（Multiple Outputs）、多维参与类（Multiple Participants）、动态虚拟世界（Dynamic Virtual Worlds）等分类[①]；也有根据使用者感官调动进行分类，提出动作捕捉（Position Tracking）、虚拟导航（VR Navigation）、视觉模拟（Visual Display）、听觉模拟（Audio Display）、触觉模拟（Haptic Display）等。

在已有文献虚拟现实技术分类基础上，对当前中小学校普遍采用的虚拟现实设备及其教学形态进行分类，根据各类别具有代表性的设备进行考量，选取虚拟现实技术类别及该研究案例设备（如下表所示），在实验过程中研究者以携带案例设备开展体验的方式进行数据收集，对受访教师开展一对一的体验指导和访谈，保证了实验数据的信度和效度。

表 3-7　虚拟现实技术类别及案例

类别	功能	特点	案例设备
虚拟现实+增强现实模拟（VR + AR Haptic Display, VAHD）	学习者通过多设备与虚拟现实，增强现实环境互动。	VR、AR、MR 等多设备组合	AR 卡、百度 AR

---

① WLOKA M M. Interacting with virtual reality [M] // RIX J, HAAS S, TEIXEIRA J. Virtual Prototyping. Boston, MA.：Springer, 1995：199-212.

续表

类别	功能	特点	案例设备
头戴式视觉模拟（Head-based Visual Display, HVD）	学习者通过头戴式监视设备，与虚拟环境互动。	头戴式沉浸感	Pico Neo VR
手机支持视觉模拟（Phone-based Visual Display, PVD）	学习者通过与手机整合的监视设备，与虚拟环境互动。	手机支持虚拟现实	Google Cardboard
视听互动模拟（Visual-Audio Interaction Display, VAID）	学习者与虚拟环境互动时，提供视听觉综合性反馈。	视听觉混合虚拟现实	Switch Labo VR
动作捕捉式模拟（Position Tracking Display, PTD）	学习者与虚拟环境互动时，捕捉学习者动作。	体感式互动、动觉学习	Leap Motion
整合式触觉模拟（Multiple Haptic Display, MHD）	学习者与虚拟环境互动时，提供综合性触觉反馈。	一体式互动平台	Z Space

该研究 VR+AR 模拟设备（VAHD）选择了陕西博物馆 AR 扫描卡和百度 AR 科学模型进行实验，该类设备具有成本低、体验好、稳定性高的特点；头戴式视觉模拟设备（HVD）选择 Pico Neo VR 进行实验，该设备是一体化头戴式 VR 设备，提供了较好的学习应用，能够为学生制造沉浸式学习体验；手机支持视觉模拟设备（PVD）选择 Google Cardboard 进行实验，该设备的优点是依托使用者的手机即可实现高端虚拟现实眼镜所制造的临场感，具有成本低、开源性高的特点；视听互动模拟设备（VAID）选择 Switch Labo VR 进行实验，该设备能够为使用者提供较好的娱乐互动性体验，应用其互动游戏可融入多种课堂活动中；动作捕捉式模拟设备（PTD）选择 Leap Motion 进行实验，该设备是一款体感互动装置，可以与虚拟现实眼镜配合使用，设备提供了开发者工具包，具有较好的开源性；整合式触觉模拟设备（MHD）选择 Z Space 进行实验，该设备为课堂提供了一体化的交互体验工具包，设备本身具有多个学段、学科的互动资源，

教学资源支持性好、互动性强。

图3-11 六类虚拟现实技术设备的实验过程

2. 研究对象与数据收集

该研究共选取了广州、深圳市幼儿园、小学、初中一线教师86人。研究过程首先向参与教师解释本次调查的研究目的，之后分别针对六个类别的设备进行解说和演示，教师个人以3个小时左右的时间分别体验六个虚拟现实设备，并对该六类设备的安装细节、资源内容、使用方式进行充分的了解，当教师完全理解其内容后，在工作人员的辅助解说下填答《基于虚拟现实技术的教学效用调查》问卷（七级李克特量表），调查对象体验虚拟现实设备的过程中，工作人员收集安装时长、体验时长、虚拟教学时长、协作时长和对设备的主观评断等数据，对数据进行无量纲化以计算其熵值。

本次实验共发放86份问卷，有效问卷86份。男教师占比25.6%，女教师占比74.4%；受访教师年龄层次30岁及以上占比55.8%，31-40岁占比34.9%，其他占比9.3%；学历层次上，本科学历占比76.7%，研究生学历占比20.9%，其他占比2.4%；教师多为小学学段（74.4%），学科包含语文（22.1%）、英语（12.8%）、数学（11.6%）、信息技术（8.1%）、科学（8.1%）、美术（7%）、音乐（4.7%）、体育（4.7%）等；多数教师体验过同类虚拟现实技术设备（67.4%），但是绝大部分教师缺乏用虚拟现实技术进行教学的经验（94.2%）。

三、研究结果

该研究在对虚拟现实技术及其教学效用文献综述和理论探究的基础上，提出虚拟现实技术教学效用模型（VR-E³），包含交互性效用、沉浸性效用、认知性效用三类因素。首先应用描述性统计及因素分析方法，分析了虚拟现实技术教学效用的因素；其次应用熵值法对六类虚拟现实设备在交互性效用上的差异进行判断，之后利用相关性分析方法分析了六类虚拟现实设备在不同类别教学效用因素上的表现及其关系。

（一）虚拟现实技术的教学效用因素分析

通过问卷调查，研究者对受访教师体验六种虚拟现实设备的教学效用进行了验证，所获得数据 Cronbach α 系数为 0.88，表明信度较高，综合六种设备的平均分，在交互性效用、沉浸性效用、认知性效用因素方面均获得较高的评价（如下表所示）。

表 11　虚拟现实技术教学效用因素描述性统计结果

一级因素	二级因素	题目设置	均值（Mean）	标准差（SD）
交互性效用	感知有用性	3	5.79	0.82
	感知易用性	4	4.28	1.31
	行为意向	2	5.73	0.96
沉浸性效用	感知	3	5.51	0.74
	交互感	3	5.65	0.78
	沉浸感	3	5.81	0.74
	临场感	2	5.98	0.78

一级因素	二级因素	题目设置	均值（Mean）	标准差（SD）
认知性效用	情绪信息	2	5.73	0.84
	知识建构	2	4.61	1.13
	认知发展	5	5.51	0.95

交互性效用方面，感知有用性和行为意向得分较高，表明受访教师在体验虚拟现实设备过程中对该设备支持其教学持肯定态度，并且具有应用该类设备开展教学的行为意向，然而感知易用性得分较低（均值为4.28），表明虚拟现实在设备适应、适配的教学资源、软件开发方面还存在难点。总体来说在促进积极性方面，通过感知有用性和积极的行为意向的态度得分，能够说明虚拟现实技术对促进使用积极性具有较好作用。

沉浸性效用方面，其各项因素均获得较高认同度（均值大于5.50），表明受访教师首先应用了虚拟现实设备进行了视听动觉感知，之后按照虚拟环境的提示进行了互动，产生交互感，逐渐由感官沉浸转化为意识沉浸，让虚拟环境帮助使用者理解相应的交互模块，最后产生模拟真实环境的个人与群体拟真体验，六类设备在沉浸性效用上均获得较高认同度。总体来说在提高教学效率方面，通过较高的感知、交互感、沉浸感、临场感的态度得分，能够说明虚拟现实技术对促进教学效率具有较好作用。

认知性效用方面，根据虚拟现实技术教学效用理论模型，学习者使用虚拟现实技术体验到沉浸感、临场感后，会产生情绪信息，调查中受访教师的情绪信息认同度较高（均值为5.73），在内部、外部因素所产生的认知发展也获得较高认同度（均值为5.51），但是在知识建构方面认同度一般（均值为4.61），一方面源于实验的时间所限不能为受访教师提供更加完整的互动知识，另一方面源于虚拟现实技术的案例设备本身资源所限，不能提供覆盖全部学科、学段的互动知识。总体来说在提高教学效果方面，通过情绪信息、知识建构和认知发展的态度得分，能够说明虚拟现实技术对促进教学效果具有较好作用。

为进一步探究所建构的模型因素对教学效用这一命题的解释度，对所得数据进行探索性因素分析，得到 KMO 测度检验值为 0.86，Bartlett 球形检验近似χ2 值为 3523.20，显著性 p 值为 0.00 小于 0.05，表明数据适合因子分析存在相关性意义，探索性因子分析得到数据解释度为 82.00%，剔除因子负荷量小于 0.6 的因素取值，得到各类因素的负荷量结果（如下表所示）。

表 3-8　虚拟现实技术教学效用因素负荷量

因素	因子负荷量与题目数		
	因素 1	因素 2	因素 3
因素 1：交互性效用，信度系数 = 0.85，均值 = 5.27，标准差 = 1.03			
感知有用性	0.75（2）		
感知易用性	0.91（2）		
行为意向	0.75（2）		
因素 2：沉浸性效用，信度系数 = 0.97，均值 = 5.74，标准差 = 0.76			
感知		0.78（3）	
交互感		0.81（3）	
沉浸感		0.80（3）	
临场感		0.77（2）	
因素 3：认知性效用，信度系数 = 0.82，均值 = 5.28，标准差 = 0.97			
情绪信息			0.69（2）
知识建构			0.71（2）
认知发展			0.79（3）

　　根据因素负荷量结果，交互性效用方面，感知易用性（0.91）负荷量高，表明受访教师真实反映了虚拟现实技术教学有用性的情况和态度；沉浸性效用方面，交互感、沉浸感负荷量高（0.81，0.80），表明受访教师在实际体验虚拟现实技术时确实产生了较高的交互体验度；认知性效用方面，认知发展（0.79）负荷量相对较高，表明受访教师对以虚拟现实技术承载媒体给学生传授知识的方式给予认可的态度。

　　总体来说，该研究所选取的六种虚拟现实设备在交互性效用、沉浸性效用、认知性效用三方因素的均值都获得了较高的认同度（均值普遍在 5.50 上下），设计问卷获得的数据对教学效用理论模型解释度为 82%，各因素负荷量在 0.7 以上，表明通过交互性效用、沉浸性效用、认知性效用的因素分析，验证了虚拟现实技术在提高使用积极性、教学效率、教学效果三方面的重要作用。

（二）虚拟现实设备的教学效用及其比较

1. 利用熵值反映不同设备类型的教学效用

虚拟现实技术在实现方式、购置成本、使用体验、资源设计、教学融入等方面都存在较大差异，很难用统一的标准进行衡量。为解决以上问题，该研究选取熵值法（Entropy method）进行客观数据测算和设备比较，该方法是一种客观赋权的方法，能够对混乱无序变量进行有条理的测算，通过计算不同指标值的差异程度确定权重系数，避免人为干扰因素的影响，能够客观地反映指标在综合体系中的重要性。熵值法的计算采用熵值（e）、数据集无量纲化（Y_{ij}）与熵权（w_j）三个公式，其中，因素的熵值越小则熵权越大，表明该因素的解释力越高。

$$e = \sum_{i=1}^{m} P_i \times ln\, P_i \tag{1}$$

$$Y_{ij} = \frac{R_{ij} - min_j\, R_{ij}}{max_j\, R_{ij} - min_j\, R_{ij}} \tag{2}$$

$$w_j = \frac{d_j}{\sum_{j=1}^{n} d_j} \tag{3}$$

由于所能计算熵值的数据更多是关于使用者行为的数据，所以只对使用者利用虚拟现实技术的交互过程数据进行熵值计算，而不能对其沉浸性、认知性过程数据进行计算，源于人的主观评断并非无序，而是经过一定的主观判断所反映出来。六类设备的熵值数据，来自受访教师体验虚拟现实技术所产生的相关数据及其对设备使用体验的评断，主要为"交互性效用"数据，包含硬件因素数据、软件因素数据及行为意向数据，软、硬件中的硬件安装、价格、稳定性、个体适应性等为客观数据，维度以百分比为记录单位，行为意向中的教学过程、混合教学、教学方式为受访教师在使用虚拟现实设备开展相应模拟动作时的时长数据，维度以分钟为记录单位。应用 Python 实现熵值计算公式，得到六类设备的熵值、熵权及其综合评价值的结果（如表3-9所示）。

根据表3-9熵值、熵权结果，在交互性效用的三类因素中，硬件因素熵权最低（0.1094）、行为意向熵权最高（0.6930），表明受访教师在使用虚拟现实设备时，软、硬件差异对教师的影响是不确定的，但教师行为意向因素具有较高确定性，教师们更倾向于确定该类设备是否能够支持其教学过程，包括课前、课中、课后的教学支持（A8/A9/A10），线上、线下的混合式教学（A11/A12）以及在课堂教学中演示（A13），实验（A14），协作（A15）等方法的支持。

在六类设备中，头戴式视觉模拟设备（HVD）综合评价得分最高（32.89），其后依次为整合式触觉模拟设备（MHD）、虚拟现实+增强现实模拟设备（VAHD）、手机支持视觉模拟设备（PVD）、视听互动模拟设备（VAID）、动作捕捉式模拟设备（PTD）。根据设备的交互性熵值因素分析可知，虽然六类设备在硬件、软件等因素存在差异，但权重占比低，教师们关注的是该设备是否能够真正辅助教师的教与学生的学，但是软硬件因素虽然具有不确定性，也不代表该类因素不重要，设备的易用性、提供的教学资源都是支持教学过程的有效因素，尤其在提高使用积极性方面，交互性因素具有重要作用，因此，在确定交互性效用的基础上，有必要进一步探究虚拟现实技术在其他两项特性上的教学效用。

表3-9　六类虚拟现实设备教学效用熵值及其熵权数据

设备类型	硬件因素				软件因素					行为意向因素									综合评价
	A1	A2	A3	A4	A5	A6	A7	A8	A9	A10	A11	A12	A13	A14	A15	A16	A17	A18	W_j
VR+AR模拟-VAHD	1.00	1.00	1.00	1.00	0.75	1.00	0.61	0.86	0.63	0.60	0.72	0.71	0.73	0.69	0.60	0.66	0.60	0.60	29.05
头戴式视觉模拟-HVD	0.65	0.77	0.75	0.80	0.78	0.75	1.00	1.00	1.00	0.98	1.00	0.86	0.97	0.94	1.00	1.00	1.00	1.00	32.89
手机支持视觉模拟-PVD	0.69	0.71	0.68	0.67	0.74	0.61	0.63	0.73	0.60	0.78	0.60	0.60	0.60	0.60	0.63	1.00	0.98	0.91	28.56
视听互动模拟-VAID	0.69	0.60	0.62	0.60	0.60	0.61	0.86	0.75	0.67	0.92	0.87	0.84	0.83	0.72	0.65	0.62	0.61	0.72	27.86
动作捕捉式模拟-PTD	0.60	0.69	0.60	0.71	0.89	0.60	0.60	0.60	0.63	0.76	0.78	1.00	1.00	0.96	0.81	0.61	0.62	0.66	27.68
整合式触觉模拟-MHD	0.69	0.60	0.66	0.77	1.00	0.70	0.93	0.92	0.97	1.00	0.98	0.91	1.00	1.00	0.89	0.60	0.60	0.67	30.07
设备熵权	0.04	0.04	0.04	0.05	0.06	0.03	0.06	0.07	0.05	0.08	0.07	0.07	0.09	0.07	0.05	0.05	0.05	0.05	1.00
	0.1094				0.1977					0.6930									1.00

2. 虚拟现实技术设备与教学效用因素的相关性分析

描述性统计分析中分析了教学效用三类因素中的各个子因素，同时，选取的六类虚拟现实技术设备的教学效用也存在差异，但各类因素与不同设备类型之间的关系有待确定。该研究采用相关性分析，进一步探究了不同设备在教学效用因素上的表现（如下表所示）。

表 3-10　虚拟现实技术教学效用因素相关性分析结果

	交互性效用	沉浸性效用	认知性效用
VR+AR 模拟-VAHD	0.143	0.298**	0.212*
头戴式视觉模拟-HVD	0.270*	0.271*	0.282**
手机支持视觉模拟-PVD	0.279**	0.323**	0.316**
视听互动模拟-VAID	0.209	0.151	0.237*
动作捕捉式模拟-PTD	0.338**	0.343**	0.226*
整合式触觉模拟-MHD	0.268*	0.333**	0.298**

注：显著性的表示中 $* < 0.05$，$** < 0.01$

根据相关性结果，六种类别设备在三个特征的教学效用方面大部分存在相关关系，以显著性标记（$* < 0.05$，$** < 0.01$），带"$*$"及"$**$"表示具有相关性。其相关性系数介于 0.2 至 0.3，表示指标间相关性一般，但依然能够从显著性上分析到，在各类设备体验过程中，VR+AR 模拟类虚拟现实以 AR 卡片与智能手机相配合的方式进行体验，不会涉及太多软件、资源方面的使用过程，与交互性效用具有非相关关系，与沉浸性、认知性效用具有高相关关系；头戴式视觉模拟能够为使用者提供更加沉浸性的体验，所以在三种效用方面都有相关性，尤其是认知性效用方面，相关性较高；手机支持视觉模拟设备由简易的头戴式框架和智能手机组成，降低了购置成本，与交互性、沉浸性、认知性效用存在高度相关性；视听互动模拟以视听觉互动为主，该研究选取 Switch labo VR，由于其封装性的缘故，缺乏合适的教学资源，在交互性、沉浸性上不具有相关性，但其互动体验方式能够提供较好的认知学习过程，与认知性效用存在

相关性；动作捕捉式模拟以体感互动技术为主，更多的时候可以与虚拟现实眼镜配合使用，单独使用也能够为体验者提供较好的沉浸互动，因此与三种特性的教学效用具有高度相关性；整合式触觉模拟整合了虚拟现实、增强现实、体感技术等多种互动方式，提供了整合性的互动体验，在三种特性方面具有高相关性。

综上，按虚拟现实技术的实现方式不同，各类型设备都与认知性效用存在相关性，因此，站在一线教师的角度，他们认同"只要是能为学生所使用的虚拟现实技术都具有教学指导作用"的观点，然而由于实现方式的不同，导致某些设备类别与教学效用特性存在弱相关或非相关，这些是由于受到技术实现方式本身和教师所处校园环境等因素的影响而导致的情况。

（三）对研究结果的讨论

1. 虚拟现实技术产生教学效用的重要因素

教学效用因素分析结果验证了该研究提出的研究假设一和假设二，发现了影响虚拟现实技术教学的核心因素及其相互作用关系。虚拟现实技术产生教学效用的首要因素是教师的教学行为意向，在对六类虚拟现实设备的使用数据进行熵值计算后，得到教师的行为意向熵权最高（69%），表明在综合各种软硬件数据计算后，教师能够应用该设备开展教学才是真正能让虚拟现实技术发挥作用的因素；然而，根据虚拟现实技术教学效用模型（VR-E^3 Model）的内容，使用该设备开展教学的行为意向也受到感知有用性（因子负荷量 = 0.75）及感知易用性（因子负荷量 = 0.91）的影响；其次，当使用者开始体验虚拟现实设备时，根据其实现方式的不同，将产生不同程度的由感知到交互感、沉浸感、临场感的交互体验（因子负荷量分别为 0.78、0.81、0.80、0.77）；最后，由沉浸感和临场感导致使用者情绪的产生（因子负荷量 = 0.69），情绪成了学习者知识建构（因子负荷量 = 0.71）和认知发展（因子负荷量 = 0.79）的学习基础。

2. 虚拟现实技术产生教学效用的实施难点及其解决

虚拟现实技术由于硬件因素和软件因素的不同，导致使用者的使用方式不同，进而产生不同的交互体验，在对虚拟现实设备教学效用数据开展熵值计算时，具有较大不确定性的因素是硬件因素（熵权＝0.1094）和软件因素（熵权＝0.1977），在实际访谈中研究者也发现，受访的一线教师普遍关注的是虚拟现实技术如何应用于课堂，硬件安装、价格因素、稳定性、资源支持、开发难易度直接影响着教学者的行为意向，这成为虚拟现实技术产生教学效用的实施难点。

熵值结果及不同类型设备与教学效用相关性分析的结果，验证了该研究提出的研究假设三，探究了不同设备类型教学效用效果程度的差异。相关性分析结果为以上实施难点的解决提供了较好的答案，通过各类别数据相关性分析发现，虚拟现实设备在不同程度上对学生都能够产生较高的认知性效用（各类别设备与认知性效用具有高相关性），因此，可以选择购置成本低、开发难度低、稳定性高的类型设备，如 VR+AR 模拟类别的 AR 扫描教学卡，或者手机支持视觉模拟类的 Google Cardboard 纸盒眼镜，这类设备都具有低成本、易开发的特点，同时与其他类别设备在认知性教学效用方面具有类似效果。

3. 学校开展虚拟现实技术教学的设备配置方案

按照对虚拟现实技术数据的熵值计算结果，各类别设备综合评价得分由高到低依次为头戴式视觉模拟设备（熵值综合评价值 $wj=32.89$）、整合式触摸模拟设备（$wj=30.07$）、VR+AR 模拟设备（$wj=29.05$）、手机支持视觉模拟设备（$wj=28.56$）、视听互动模拟设备（$wj=27.86$）、动作捕捉式模拟设备（$wj=27.68$），同时以上六类设备都与认知性效用具有高相关性，因此按其购置成本、开发性、资源支持的软硬件因素考量，形成教学配置方案。

配置方案将学校开展虚拟现实建设情况分为教学需求与投入程度两种维度，按两种维度程度的高低分为四种类别。对于具有低教学需求、低投入的学校，可首先购置 VR+AR 模拟设备，其成本低、互动性好，能够为学生提供基本的虚拟现实学习体验；对于具有高教学需求、低投入的学校，虽然能够发现虚拟现实技术的促进作用，但是由于经费限制不能购入

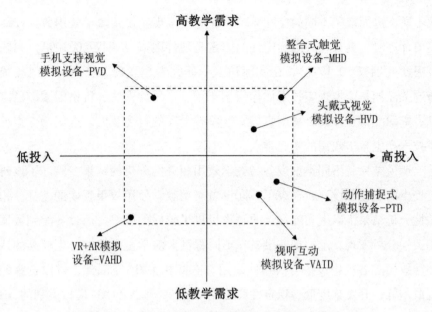

图 3-12　开展基于虚拟现实技术教学的设备配置方案

更多设备，可考虑采用手机支持视觉模拟设备开展教学，利用虚拟现实的外部框架与教师、学生或学校配备的智能手机相结合，可以实现基本的虚拟现实沉浸体验；对于低教学需求、高投入的学校来说，这些学校虽然具有充足经费，但却缺乏系统的虚拟现实技术配置方案，这类学校可首先考虑采购稍有一定成本的动作捕捉式模拟设备、视听互动模拟设备，这类设备虽然成本稍高，但具有一定开源性或娱乐性，能够支撑未来的互动资源开发或课堂活动扩展；对于具有高教学需求、高投入发展的学校，可考虑购置头戴式视觉模拟设备或整合式触觉模拟设备，这类设备本身虽然成本较高，但开发公司已经提供了较好的教学支撑资源或教学支持方案，能够利用虚拟现实技术有效帮助教师解决学科教学中的重点、难点问题。

4. 未来虚拟现实技术应用的方向预测

教育部在《教育信息化"十三五"规划》中提出，"利用虚拟现实等技术，解决实际教学中'进不去、看不见、动不了、难再现'的教学重点、难点问题"，这是虚拟现实技术发挥作用的基本特性。该研究通过半结构问卷调查和访谈，对当前多数学校购置的虚拟现实技术设备进行了分析，多数设备存在闲置于实验室的现状，因此，对虚拟现实技术由"买进来"向"用起来"转变，是未来一段时间提高虚拟现实技术教学效用的关键问题，而"用起来"的关键是应用合适的技术解决合适的教学问题。

首先，虚拟现实技术具有视听动觉互动的交互性特点，在物理课、化学课、生物课、美术课、体育课等学科中应用虚拟现实技术，可以再现、重现、复盘、演练、模拟、模仿课程中的知识难点；其次，虚拟现实技术具有模拟感知的沉浸性特点，在线上教学尤其是疫情防控期间，为班级创建虚拟课堂，能够进一步活跃课堂气氛，提高学生疫情防控期间在线学习投入度；最后，虚拟现实技术具有知识重构的认知性特点，在学前教育、职业教育等领域，更能够发挥其重要作用。

四、研究结论

教学效用是衡量技术能否发挥教学效果及其效果程度的指标，具体包含提高使用的积极性、提高教学效率、促进教学效果。该研究选择虚拟现实技术作为考察对象，基于该技术在互动性、沉浸性、认知性所具有的三个核心特点，将虚拟现实技术界定为一种人机交互工具、学习辅助工具和认知发展工具，在相关文献综述和理论探究的基础上，提出了基于虚拟现实技术"I^3"特性的教学效用模型（VR-E^3 Model）。

虚拟现实技术教学效用模型包含三个部分，交互性效用、沉浸性效用和认知性效用。其中交互性效用包含软件因素、硬件因素、感知有用性、感知易用性、行为意向、学习者特征等因素；沉浸性效用包含感知、交互感、沉浸感、临场感四类因素；认知性效用包含情绪信息、知识建构、认知发展三类因素。

为验证理论模型的要素及其关系，该研究选取广东省中小学86名一线教师，开展半结构化问卷调查，选取六类虚拟现实设备进行体验式调查，收集相关数据，对数据进行探索性因素分析、熵值计算、相关性分析。通过因素分析发现了行为意向是虚拟现实技术交互性效用的首要因素，其次是感知有用性和感知易用性，以及沉浸性效用、认知性效用的关键因素，通过熵值计算、相关性分析，确定了设备教学效用及不同类别设备之间的相关关系。基于以上数据结果，该研究提出了学校开展虚拟现实技术教学的设备配置方案及未来虚拟现实技术应用的发展方向。

　　然而该研究依然存在不足，在样本量方面，应进一步扩大受访教师数量及其所处学科、学段类别，以提高该研究分析、讨论结果的效度；在理论模型的验证方面，该研究依然需要利用更多维的手段收集相关数据，以支撑数据分析的结果。综上，该研究从行为主义到建构主义的联结解释了虚拟现实技术如何从使用到发展认知的过程，为相关研究提供了新的视角，对虚拟现实技术理论与实践研究具有较好的借鉴意义。

第四章 跨学科教育中观课程层面的实践

面向高等教育的 STEAM 教学研究设计了跨学科的整合性项目教学模式，该模式不仅能够通过实践学习过程促进学生实践能力发展和创新思维培养，更能够以项目式学习的过程促进学生对多学科知识的深度理解和应用，是实现创新人才培养的重要途径。该部分研究以跨学科整合为实施理念，聚焦于 STEAM 教育对当前我国新时代背景下人才培养的必要性和优势，为解决学科知识单一性的缺点，设计了跨学科整合性项目教学模式，在跨学科融合的理念下开展"学科分析—整合设计—实验项目—作品制作—完善优化"五个步骤的整合性项目式教学环节。该部分研究根据模式内涵，设计了"看云识天气"跨学科整合性项目教学案例，选取粤港澳大湾区内某高校的 21 名志愿者参与该项目，通过研究得到结论，参与该项目的学生均达到了较高的指标得分，并且根据专家得分使得他们认同现有水平与期望水平具有一定差距，确保了较好的实验效果。通过该部分研究的理论与实践过程，既能够在跨学科理念的指导下提出学科融合的整合性项目式教学模式，丰富了跨学科、STEAM 教育的理论内涵，又能够在项目式教学过程中提高学生的学习动机和促进创新思维等发展，具有较好的实践意义。

第一节 跨学科整合性项目教学模式设计

一、研究背景

人才是实现民族振兴的战略资源，创新是赢得国际竞争主动权的关键所在。十八大以来，习近平总书记对教育工作提出了一系列重要论述，关键在于新时代背景下要围绕培养什么人、怎样培养人、为谁培养人的根本问题开展教育工作，即人才培养工作的方向和内容。党的十九大报告指出，"加快建设创新型国家，应培养造就一大批具有国际水平的战略科技人才、科技领军人才、青年科技人才和高水平创新团队"，可见"创新能力"是人才培养的主要目标。2017 年，教育部根据当前国家科技研究和实践发展需要，发布了《新工科研究与实践项目指南》（即"北京指南"）①，指出"提升学生工程科技创新、创造能力，应更加注重模式创新，开设跨学科课程"，通过多学科融合的教学过程，开展模式设计与应用研究，能够促进学生实践创新、创造能力的发展。实现民族振兴主要靠人才，赢得国际竞争主动权关键在于创新人才的培养，而创新人才的培养路径在于实施跨学科教育。

对于跨学科教育的开展，美国一直以来主张在教学中实施 STEM（或 STEAM）的教育理念，通过在 STEAM 教育中将多个学科进行融合，提高学生的跨学科思维和实践应用能力，进而促进科技创新发展，提高国家竞争力。我国在《教育信息化"十三五"规划》中也指出，"积极探索信息技术在 STEAM 教育等新的教育理念中的应用，着力提升学生的信息素养、创新意识和创新能力，养成数字化学习习惯，促进学生的全面发展"，其着眼点在于通过融入信息技术的 STEAM 教育能够促进学生的核心素养发

---

① 林健. 深入扎实推进新工科建设——新工科研究与实践项目的组织和实施 [J]. 高等工程教育研究，2017（5）：18-31.

展，进而促进其全面发展①，因此，在我国有效实施以 STEAM 教育为代表的跨学科课程，是实现创新人才培养的重要途径。

二、跨学科教育实现创新人才培养目标

（一）美国以提高全球竞争力为目标开展 STEAM 跨学科教育

1. 以 STEAM 为代表的跨学科教育内涵

"跨学科教育"（interdisciplinarity）最早由美国哥伦比亚大学心理学家伍德沃斯教授于 1926 年提出，是相对于专业化的分科教育而言的学科融合教育形式②，是针对某一现实问题将多个学科的知识融为一体以实施教学、解决问题的过程，STEAM 教育是跨学科教育的主要代表。

STEAM 教育是一种重视实践的多学科融合的教育理念，"STEM" 分别是科学（Science）、技术（Technology）、工程（Engineering）、数学（Mathematics）四个英文的缩写，突出表现 STEAM 的跨学科教育优势与特点，该理念最初由 Yakman 于 1990 年在美国国家科学委员会（NSF）上提出③④，旨在加强美国基础教育阶段学生在跨学科科目方面的素质和能力。早在 20 世纪 60 年代，源于美国与苏联的军备竞赛，以及以苏联发射载人飞船为代表事件，激发了美国在全国范围内的各个学段深入开展以理工科人才培养为目标的科学教育⑤。1958 年，美国国会通过《国防教育法》，主张美国青年应加强以科学、数学和科技训练为代表的学科学习，从而为

---

① 任友群，郑旭东，吴旻瑜，等 . 深度推进信息技术与教育的融合创新——《教育信息化"十三五"规划》（2016）解读 [J]. 现代远程教育研究，2016（5）：3-9.
② 陈涛 . 跨学科教育：一场静悄悄的大学变革 [J]. 江苏高教，2013（4）：63-66.
③ AGUILERA D, ORTIZ-REVILLA J. STEM vs. STEAM Education and Student Creativity：A Systematic Literature Review [J] . Education Sciences, 2021（11）：1-13.
④ 李小涛，高海燕，邹佳人，等 ."互联网+"背景下的 STEAM 教育到创客教育之变迁——从基于项目的学习到创新能力的培养 [J]. 远程教育杂志，2016，34（1）：28-36.
⑤ PERNA L, LUNDY-WAGNER V, DREZNER N D, et al. The contribution of HBCUs to the preparation of African American women for STEM careers：A case study [J]. Research in Higher Education，2009（1）：1-23.

美国培养尖端科技人才①。

进入 21 世纪，为加强 STEM 教育与其他学科的整合性，在 STEM 中加入了人文艺术（Art）的学科理念②，使 STEAM 教育成为一种能够融入多种学科知识的教学理念。STEAM 教育具有跨学科、趣味性、体验性、情境性、协作性、设计性、实证性、技术增强性等特征，该理念强调整合的教学方式，注重实践和过程、解决真实问题、知识与能力并重，倡导"做中学"、创新与创造力培养、知识的跨学科迁徙及其与学习者之间的关联③。如今，学生缺乏足够的技能训练，使得人们越来越关注 STEAM 的学业成就，因为对具有科学素养的人才需求无处不在④，而全球 75%高速发展的企业也急需具备 STEAM 相关技能和知识的人才⑤，主要在于 STEAM 教育的特点是学科融合和促进实践能力发展。

2. STEAM 教育的优势与不足

如前所述，在国家层面，STEAM 教育的优势主要体现在三个方面，即提高人才薪资待遇、促进科技发展、提升国家全球竞争力。在宏观政策上，以美国为代表的诸多发达国家也先后出台了系列政策，以促进本国的 STEAM 教育发展。

美国将 STEAM 教育作为基础教育领域的教育强国战略，直接目标为培养具有全球竞争力的美国人，最终目标是提高国家竞争力以及保持美国

---

① 张燕军，李震峰.21 世纪美国高等教育科学、技术、工程和数学教育的问题及其应对 [J].比较教育研究，2013，35（3）：19-22.

② AGUILERA D，ORTIZ-REVILLA J. STEM vs. STEAM Education and Student Creativity：A Systematic Literature Review ［J］.Education Sciences，2021（11）：1-13.

③ 王娟，吴永和."互联网+"时代 STEAM 教育应用的反思与创新路径 [J].远程教育杂志，2016，35（2）：90-97.

④ HOGAN J，DOWN B. A STEAM School using the Big Picture Education（BPE）design for learning and school-what an innovative STEM Education might look like [J].International Journal of Innovation in Science and Mathematics Education（formerly CAL-laborate International），2016（3）：47-60.

⑤ MATTERN K，RADUNZEL J，WESTRICK P. Development of STEM readiness benchmarks to assist career and educational decision making（ACT Research Report 2015-3）［M］.Iowa City，IA：ACT，Inc，2015：2-3.

的全球战略优势。随着美国多个州提出促进 STEAM 教育的倡议，STEAM 教育越来越受到重视。可见，STEAM 教育的三方面优势归根结底还是促进创新人才的培养。

然而，STEAM 教育实施以来，一直被更多地理解为五个独立、分离的学科的教学过程，且在具体的科学课程教学中，依然存在 STEAM 诸学科相互分离的现象。有学者通过对美国多个学校的考察发现，其 STEAM 教育项目重点在工程、技术方面，而数学的体现明显薄弱。[①] 在国内，也有学者提出 STEAM 教育存在缺乏可行的实施方案、缺少融合的教育资源、专业师资及培养机制匮乏、资金及硬件设施不足等问题。

（二）我国开展跨学科教育实现创新人才培养的实施路径

我国学者逐渐关注 STEAM 教育的发展，源于 STEAM 教育对拓展学生创新思维、激发学生学习兴趣、提升学生科学素养具有重要作用[②]，STEAM 教育更能体现学科探究的实践性和学科知识的关联性[③]。基于对跨学科教育内涵及其优势的综述，提出我国开展跨学科教育实现创新人才培养的实施路径主要包括三个方面。

1. 以教育信息化促进开展跨学科教育

促进创新能力发展，必然离不开信息技术与信息化元素的介入，当前主要发达国家均已意识到新形势下教育变革势在必行，分别从国家层面发布教育创新发展战略，设计教育改革发展蓝图，积极探索新模式、新技术支持下的教育教学创新实践。我国教育部于 2018 年发布了《教育信息化 2.0 行动计划》，指出了智能环境不仅改变了教与学的方式，而且已经开始

---

① 杨凤娟. 对美国 K-12 学段"STEM"教育的观察与思考——从物理教学的视角阐释 [J]. 北京教育（普教版），2013（7）：21-24.

② 叶耀词. 浅谈基于 STEM 理念下的初中物理教学策略 [J]. 课程教育研究：新教师教学，2015（15）：201.

③ 王玥月，陆建隆. 凸显 STEM 教育的初中物理教学设计初探——以"浮力"教学为例 [J]. 物理教师，2017，28（2）：41-43.

深入影响到教育的理念、文化和生态①。以教育信息化促进开展跨学科教育，旨在发挥信息技术的优势，变革传统教育模式和评价模式，推进新技术与教育教学的深度融合，实现从"建设、应用"的教育信息化 1.0 时代向"融合、创新"的 2.0 时代发展。在跨学科教育中引入信息化工具，促进多学科的融通性②，支持知识的有利转化机制，进而促进学生深度理解、应用知识，在跨学科教育的框架下实现创新思维培养和创新能力发展。

2. 以整合性项目式教学开展跨学科教育

为发挥 STEAM 教育的作用，加强各学科之间的融合③，STEAM 教育本身就是一种学科融合式的教育理念，但是在实践过程中过多地强调了 STEAM 本身，而没有关注整合性的本质，例如美国在实施 STEAM 时存在重科学、技术，轻工程、数学的现象，而我国实施的 STEAM 更多关注的是以软、硬件学习或者主科学习为目标的跨学科教育过程。对于跨学科教育的有效整合方式应是以横向整合或者纵向整合为主④⑤，以发现问题、实践操作、解决问题、提高能力为目标，促使学生在生活中发现问题，利用多学科的知识来解决问题，实践操作提高创新应用能力，最终回归到学生对现实问题的理解。

学科整合的实施途径应以项目式的教学过程为主，一方面跨学科教育本身具有"做中学"和实践教学的实践趋向，另一方面跨学科教育中的多学科知识，需要以整合性项目的形式呈现，学生在项目式学习过程中能够进一步对多学科知识内容进行深度的理解和应用。

---

① 王珠珠. 教育信息化 2.0：核心要义与实施建议 [J]. 中国远程教育，2018（7）：5-8.

② 唐烨伟，郭丽婷，解月光，等. 基于教育人工智能支持下的 STEM 跨学科融合模式研究 [J]. 中国电化教育，2017（8）：46-52.

③ 张红洋，杨艳妮. 美国中小学 STEM 教育对我国基础教育的启示 [J]. 新课程研究（下旬刊），2014（8）：15-17.

④ 李春密，赵芸赫. STEM 相关学科课程整合模式国际比较研究 [J]. 比较教育研究，2017，39（5）：11-18.

⑤ 谢丽，李春密. 物理课程融入 STEM 教育理念的研究与实践 [J]. 物理教师，2017，38（4）：2-4.

3. 面向核心素养培养开展跨学科教育

聚焦学生核心素养，培育具有创新能力的复合型人才，应将跨学科融合的思想融入学科课程，将抽象的知识与真实问题相结合，形成超越知识本位的发展模式，从"知识传授"向"素养培育"转变。[①] 为应对21世纪对人才的挑战、适应全球经济形势的变化，美国提出21世纪技能，从学习与创新、数字素养技能、职业生活技能等角度诠释核心素养。[②] 2014年，为落实立德树人根本任务，促使学生适应自身发展和社会需要，我国教育部发布《关于全面深化课程改革落实立德树人根本任务的意见》，提出各学段学生发展核心素养体系的关键能力，包括文化基础、自主发展、社会参与等方面内容。然而，针对核心素养中人文底蕴、科学精神、学会学习、健康生活、责任担当、实践创新的内容，涉及能力发展、思维品质培育和价值观培养[③]，难以在现行单科课程体系中进行综合培养，因此开展跨学科整合性项目式教学能够将现实情境以多种学科知识作为内容、以项目式学习过程进行呈现、以实践操作为活动、以能力发展为导向，其有效实施能够满足当前国际国内对学生核心素养培养的基本需求。

三、跨学科整合性项目教学模式设计

（一）跨学科整合的理论基础

跨学科教育具有多学科融合的特点，但是现行的跨学科教育大多存在学科分离或部分整合的现象，使得跨学科课程与原有的课程体系区别不大，没有跳脱出单一学科的局限性，也难以突破应试教育的桎梏。根据对相关文献的综述发现，跨学科教育的横向整合与纵向整合或情境整合与内

---

① 陈明选，苏珊 . STEAM 教育视角下教育技术学人才培养的思考［J］. 电化教育研究，2019，40（3）：27-33.

② 张义兵 . 美国的"21世纪技能"内涵解读——兼析对我国基础教育改革的启示［J］. 比较教育研究，2012，34（5）：86-90.

③ 柳夕浪 . 从"素质"到"核心素养"——关于"培养什么样的人"的进一步追问［J］. 教育科学研究，2014（3）：5-11.

容整合的实施方向，其都应该体现学生学习的实践性、体验性、情境性等特征，即课程问题能够来自现实生活，学生探究能够产生真实问题，学生操作能够发展真实能力，具有整合性的 STEAM 教育应首先以项目作为实施起点[①]，在项目中融合 STEAM 的科学、技术、工程、艺术、数学等理念，学生通过动手实践进行知识理解和应用，而非普遍理解的 STEAM 教育中硬性地加入数学、工程等环节[②]。

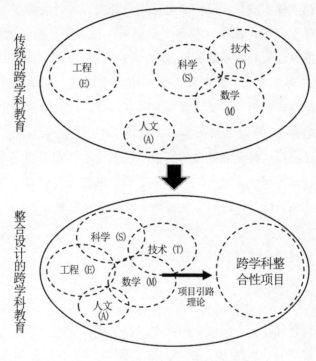

图 4-1 跨学科整合性项目的设计

以创新应用为任务驱动，揭示跨学科理念在项目式教学过程中的活动

---

① 熊小菊，廖春贵，熊开宏. STEAM 教育理念在中学地理教学中的运用 [J]. 教学与管理，2019（15）：115-117.

② CORLU S, CAPRARO R, CAPRARO M. Introducing STEM Education：Implications for Educating Our Teachers For the Age of Innovation. Egitim ve Bilim [J] . 2014（39）：74-85.

规律，借鉴全球实施 STEAM 教育的项目引路计划①和 STEAM 实践模型框架②。该部分研究以项目引路理论为基础设计跨学科整合性项目教学模式，项目引路理论包括三个过程，即基于问题的学习过程（Problem-based Learning）、基于项目的学习过程（Project-based Learning）和基于活动的学习过程（Activity-based Learning），通过问题、项目、活动将多学科知识进行整合，以问题引出主题，以项目整合知识，以活动解决问题，形成跨学科整合性项目教学的关键要素。

（二）跨学科整合性项目教学模式

基于项目引路理论开展跨学科整合性项目设计，该部分研究设计整合性项目教学模式基于项目式教学（PBL）的一般流程，即内容分析、项目设计、项目实施、项目完善四个步骤③，融入项目引路理论"问题""项目""活动"的核心要素进行融合设计。

问题引导方面，以真实问题引入主题，以促进项目教学过程发展与现实经验积累和学生能力发展为目标，根据跨学科知识的基本理论和多个学科的共通概念，聚焦实际问题进行学科分析；项目引导方面，以整合性的项目开展教学，以结合真实性和情境性的教学内容进行整合设计，开展项目实施工作；活动引导方面，学生在项目中以"活动"作为主要学习方式，注重实践性是对学生融入项目、完成作品的辅助，最后根据项目的实施经验不断完善项目的设计。

1. 学科分析

我国基础教育开展学科教学是依据教学大纲、教材和学生特点进行教

---

①　钟柏昌，张禄. 项目引路（PLTW）机构的产生、发展及其对我国的启示［J］. 教育科学研究，2015（5）：63-69.

②　WALTMAN S H, HALL B C, MCFARR L M, et al. Clinical Case Consultation and Experiential Learning in Cognitive Behavioral Therapy Implementation：Brief Qualitative Investigation［J］. Journal of Cognitive Psychotherapy，2018（2）：112-126.

③　刘景福，钟志贤. 基于项目的学习（PBL）模式研究［J］. 外国教育研究，2002（11）：18-22.

学设计的，在当前核心素养引导下更加注重对学生实践能力、创新思维和价值观的培育。跨学科整合性项目教学以当前学科教学大纲为基础、以核心素养为培养目标进行综合性的学科分析，首先依据本学科基本理论为框架进行内容整合，再以主科为主体的前提下吸收跨学科的共通概念，从不同学科的角度诠释共通概念促进学生对基本原理的深度理解，最后整合学科知识以实际问题出发，体现学科的整合性以及项目学习与实际生活的联系性，引发学生思考和探究意识，提高学生介入该项目的兴趣和积极性。

2. 整合设计

项目的整合设计首先以学科核心素养为依据，随着跨学科内容的难度逐渐提高，体现整合性项目的共同表现期望①，明确学生在项目实施的各个阶段所表现出的设计者期望，在项目实施的各个阶段的不同学习目标中以具体情境进行知识引入②，"由易到难"分阶段地提高学生自主学习和协作学习的投入程度，最后根据情境整合进行内容整合③，更加具体地吸收跨学科知识形成项目整体。

3. 实验项目

在实验项目的具体实施阶段，促进学生进行"参与、探索、解释、工程、深化、评价"的 6E 环节。④ 参与（Engage）阶段，教师通过引入问题、引入情境促进学生对基本跨学科概念的整体理解，提高学生同伴间探讨的兴趣；探索（Explore）阶段，教师通过连续发问、鼓励参与等策略促进学生建构跨学科知识体系，组建探究团队以制定学习目标；解释（Explain）阶段，教师通过解释学生迷思、提供合适资源的策略促进学生进一步了解学科基本原理和运用跨学科知识解决问题；工程（Engineer）阶段，

① 熊国勇. 美国《下一代科学标准》核心内容与特征分析［J］. 基础教育，2016，13（2）：97-103.

② 许红梅. 小学数学"做中学"情境整合教学简介［J］. 上海教育科研，2014（12）：79-81.

③ 何文涛，张新明. 基于微课程的电子课本内容整合及其教育应用［J］. 中国电化教育，2013（12）：89-95.

④ 黄桦. 基于 STEM 教育理念的科学教学［J］. 教学与管理，2018（7）：109-112.

教师通过引导学生规划学习程序以对项目的主要问题进行建模，提出解决问题的方案并开展实施工作；延伸（Enrich）阶段，教师通过提供探究性信息化工具促使学生在原有项目跨学科知识框架外，开展探究性的知识延伸，学生分阶段进行适当的研究；最后评价（Evaluate）阶段，教师通过形成性评价和多元评价工具的使用帮助学生对项目的学习过程形成个性评价，以促进学生价值观的培育。

4. 作品制作

作品是评价学生学习成果的具象体现，学生在"实验项目"阶段也许已经开展了作品制作的相关工作，但是作为项目评价的核心要素，作品制作成为项目实施的重要指标，学生以小组为单位在整合性项目的主题下自主选择具体的作品，学生所选择的项目能够体现部分跨学科知识内容，同时借助信息化工具的辅助作用进行工具选定，最后学生分组进行作品的自评和互评。

5. 完善优化

完善优化部分要求教师观察学生在学科分析、整合设计、实验项目、作品制作各阶段的表现，吸收实践教学经验进行整合性项目的更新迭代，通过不断的实践探索促进学科理论的不断优化，进而解决整合性项目中所呈现的真实问题，完成学科教学大纲的教学流程和目标，进而促进学生核心素养的发展。

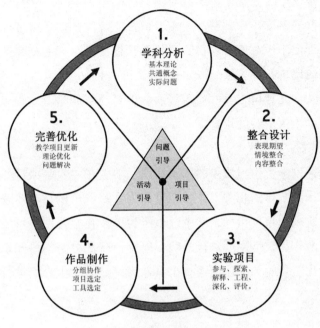

图 4-2　跨学科整合性项目教学模式

第二节　面向科学态度的跨学科整合性项目教学

一、案例："看云识天气"

(一) 学科分析

为进一步验证跨学科整合性项目教学模式的实践效果，该部分研究以"地基 GPS 气象学"课程为主体框架设计了"看云识天气"整合性项目，面向大气科学和物理学专业本科生，促进该专业学生能够利用 GPS 理论和技术遥感地球大气，进行气象学的理论和方法研究，如利用 GPS 测定大气温度、检测水汽含量、检测大气变化等。在引入 GPS 系统知识前，学生首先需要具备基本的大气知识，尤其是关于云层类型的识别和应用，这成为该课程的核心基础知识。项目以"地基 GPS 气象学"的云层知识为基础，引入了大气温度、大气压、大气密度和水汽含量的气象学知识，跨学科引入了物理中的大气压、空气动力学知识，化学中的水雾变化知识，工程学中流体动力学知识等。

（二）整合设计

该整合性项目以学生能够识别现实中的云层并应用云层知识识别天气为目标。根据气象学基本理论，知晓云层包含 3 个类别，即高云族、中云族和低云族，具体包括 10 种云层类型，即卷云（Ci）、卷层云（Cs）、卷积云（Cc）、高层云（As）、高积云（Ac）、积雨云（Cb）、雨层云（Ns）、层积云（Sc）、积云（Cu）、层云（St）。在项目设计中提供多种云图和天气图片引导学生训练识别云层类型的基本知识，以跨学科内容整合的方式为学生讲解云形成的原理、云类别的成因，辨析地理位置与云的关系、纬度对云的影响、经度对云的影响等。

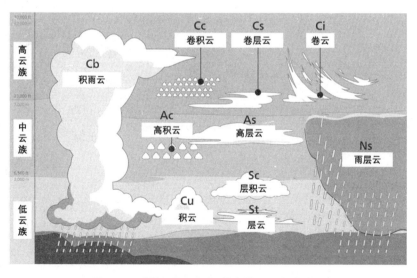

图 4-3　"看云识天气"整合性项目教学案例

（三）实验项目

该整合性项目教学案例在粤港澳大湾区内某高校开展，选取了 21 名本科生志愿者参加本次实验，项目实施周期为 6 个课时。首先，能够引导学生对"看云识天气"的主题进行参与和探索，引导学生对云形成的原理具有基本的理解和基本的概念；其次，能够利用技术手段，尤其是 GPS 技术对气象图进行查看和辨析，以解释现象形成的原因，进而能够利用工程手段在计算机中模拟大气现象；最后，能够进一步深化知识，进而进行评价，对典型事件和典型案例进行具体分析，制定解决方案。

（四）作品制作

面向学生实践能力发展，以云层知识为基础的"看云识天气"作品制作，以天气变化与云的形成关系为基础进行拓展主题探究，通过媒体资料、图像采集、虚拟现实技术模拟，用图形技术来分析、解释、展示天气变化对云形成的影响，其中涉及云形成的原理、云的类别、地理位置与云

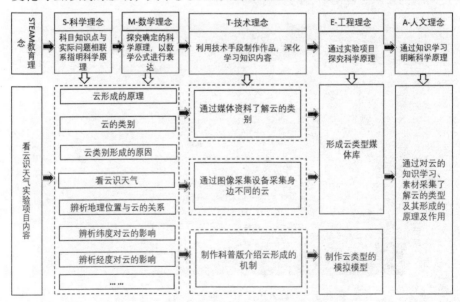

图 4-4　"看云识天气"整合性项目教学案例

的关系、经纬度对云形成的影响等知识，让学生通过该问题的学习过程，对现实生活中容易产生问题的现象形成较清晰的认知和问题解决意识。

（五）完善优化

最后，根据该部分研究实施的"看云识天气"整合性项目实施过程，发现该项目能够促进学生对云层知识的理解，进而能够应用知识解决现实问题，但是难点在于本项目与GPS技术相结合开展深度学习，在后续项目实施中，应加入利用GPS的空间定位功能测量气象形态、利用地基GPS接收测量整层大气状态等内容。

图4-5 利用GPS遥感技术形成的主题探究作品

二、"看云识天气"整合性项目的评价

为验证该部分研究整合性项目实施的有效性，项目开展前，研究者向学生发放态度调查五维量表进行前测，该问卷根据CLASS科罗拉多科学学习态度调查量表与计算思维评价相关量表[1]进行设计。科罗拉多州立大学研制的"学习科学态度"调查问卷（Colorado Learning Attitude about

---

① 刘敏娜，张倩苇. 国外计算思维教育研究进展［J］. 开放教育研究，2018，24（1）：41-53.

Science Survey）能够有效探究学生的科学学习态度和变化①，主要聚焦于学生对科学概念的习得和理解，包括真实世界的关联、个人兴趣、努力程度、概念的关联、概念的应用、解决一般问题、解决问题的信心、解决复杂问题 8 个类别②，根据其对资源学习动机、课程学习动机、硬件学习动机、原理学习动机、教师求助动机、同伴求助动机、应用实践动机、问题解决动机、小组协作动机、小组分享动机、知识迁移动机、知识深化动机的相关指标进行测量。研究设计问卷共 8 个类别 40 道问题，以较全面的角度审视学生在整合性项目教学模式指导下所能够得到促进的具体方面。

表 4-1　问卷设计指标及参照

CLASS 问卷体系指标	该部分研究问卷指标	问题序号
真实世界的关联 （Real World Connection）	知识迁移动机	28、30、35、37
个人兴趣 （Personal Interest）	资源学习动机、课程学习动机、硬件学习动机	3、11、14、25、28、30
努力程度 （Sense Making/Effort）	教师求助动机、同伴求助动机	11、23、24、32、36、39、42
概念的关联 （Conceptual Connections）	原理学习动机	1、5、6、13、21、32
概念的应用 （Applied Conceptual Understanding）	应用实践动机	1、5、6、8、21、22、40
解决一般问题 （Problem Solving General）	问题解决动机	13、15、16、25、26、34、40、42
解决问题的信心 （Problem Solving Confidence）	小组协作动机、小组分享动机	15、16、34、40

---

① ADAMS W K, PERKINS K K, PODOLEFSKY N, et al. New Instrument for Measuring Student Beliefs about Physics and Learning Physics：The Colorado Learning Attitudes about Science Survey.［J］. Physical Review Special Topics Physics Education Research，2006（1）：87-92.

② 鲁志祥，董翠敏，冯秀梅，等. 物理学习态度与成绩的关联研究［J］. 中学物理教学参考，2015，44（18）：2-4.

CLASS 问卷体系指标	该部分研究问卷指标	问题序号
解决复杂问题 （Problem Solving Sophistication）	知识深化动机	5、21、22、25、34、40

该整合项目结束后向学生发放同类量表进行后测测试，其中除学生的平均分外，还向学生询问作为专家的态度，以了解学生所能认识到的自身水平与期望水平的差距。

表4-2　"看云识天气"评价指标得分

评价指标项	非常不同意（1）	不同意（2）	中立（3）	同意（4）	非常同意（5）	学生得分	专家得分
资源学习动机	0	0	1	13	7	4.29	4.43
课程学习动机	0	0	1	13	7	4.29	4.33
硬件学习动机	0	0	1	16	4	4.14	4.19
原理学习动机	0	0	3	11	7	4.19	4.38
教师求助动机	0	0	1	16	4	4.14	4.38
同伴求助动机	0	0	0	15	6	4.29	4.24
应用实践动机	0	0	6	13	2	3.81	4.43
问题解决动机	0	0	0	16	5	4.24	4.57
小组协作动机	0	0	2	16	3	4.05	4.43
小组分享动机	0	0	4	14	3	3.95	4.10
知识迁移动机	0	1	3	13	4	3.95	4.38
知识深化动机	0	0	7	11	3	3.81	4.38

根据调查结果，学生平均分均能达到4及以上水平，其中应用实践动机、小组分享动机、知识迁移动机和知识深化动机小于4，表明该类调查指标主要涉及较高层次的知识理解、深化、应用方面，学生很难在短时间内达到较高水平；而专家得分方面，其得分普遍高于学生自身平均分，表明从学生的角度上认为其自身发展与期望水平存在差距，证明其具有较好

的学习动机，另外针对"同伴求助动机"指标项，其专家得分低于学生平均分，表明从学生的角度上认为同伴求助表现会高于专家，表现出了较高的研究信度和效度。

三、研究结果

该部分研究聚焦于跨学科促进创新人才培养的内涵，通过实践学习过程促进实践能力发展和创新思维培养，更能够以项目式学习的过程促进学生对多学科知识的深度理解和应用，是实现创新人才培养的重要途径。该部分研究以美国开展 STEAM 跨学科教育内涵和特征为基础，阐述我国以教育信息化、整合性项目式教学、面向核心素养培养的实践路径开展跨学科教育的过程。在项目引路理论的指导下，整合跨学科知识内容，设计了跨学科整合性项目教学模式，包括学科分析、整合设计、实验项目、作品制作、完善优化五个流程，根据模式内容，设计了"看云识天气"整合性项目教学案例。

该部分研究面向大湾区某高校 21 名本科生志愿者开展"看云识天气"STEAM 项目，通过前后测对比研究，发现参与该项目实践的学生均达到了较高的评价指标，学生的资源学习动机、课程学习动机、硬件学习动机、原理学习动机、教师求助动机、同伴求助动机、应用实践动机、问题解决动机、小组协作动机、小组分享动机、知识迁移动机和知识深化动机均得到较大的提升，并且根据专家得分使得他们认同现有水平与期望水平具有一定差距，表明后续研究依然能够确保参与学生保持较强的学习动机与学习期望，确保了较好的实验效度。通过以上关于跨学科整合性项目教学模式理论和实践研究，形成了基于跨学科理念的整合性项目教学模式及其实施流程，并且通过研究案例进行了实证研究，既能够在 STEAM 教育理念的指导下提出学科融合的项目式教学模式，丰富了 STEAM 教育的理论内涵，又能够在项目式教学过程中提高学生的科学学习态度和创新能力等核心素养，对实现创新人才培养目标具有实践意义。

第三节 面向计算思维的跨学科整合性项目教学

一、项目设计

为验证基于跨学科教育理念的整合性项目教学模式对学生信息素养、创新意识和创新能力的促进作用，开展应用效果研究。该研究在整合性项目教学框架下，创建了以智能硬件和物联网为主题的教学项目案例，选择Arduino 单片机作为主要硬件，该芯片具有模块化的特点，能够与各种传感器进行组合，促进学生开展协作学习，根据 Arduino 单片机设计四套项目案例：

（1）基于温度传感器的空气净化器；

（2）基于感光传感器设计的感应灯系统；

（3）基于动作传感器设计的家庭智能防盗系统；

（4）基于火焰传感器的智能火灾报警系统。

每一套案例都体现了跨学科教育的整合理念，包含了科学知识和工程技术实践方法，以项目式教学流程展开，分别以整合性项目教学的"学科分析—整合设计—实验项目—作品制作—完善优化"五环节流程完成教学项目。

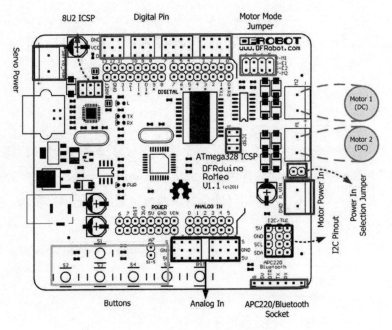

图 4-6　Arduino 单片机图示

　　四个案例将包含多种学科的整合性学科知识，例如技术（T）方面，需要应用到多种传感器，包括光线传感器、温度传感器、湿度传感器、超声波传感器、弯曲传感器、火焰传感器、六自由度传感器、单项倾角传感器、蜂鸣器、土壤湿度传感器等。对于以上传感器的学习与应用，首先为学生介绍传感器所基于的科学知识和数学原理，结合不同传感器的技术特点，进行不同传感器的项目式学习。

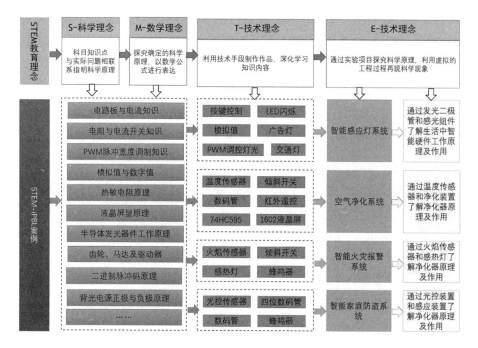

图 4-7　智能感应灯案例设计

二、项目实施

该研究选取粤港澳大湾区某高校的 22 名学生作为研究对象，开展跨学科教学模式的智能感应灯学习项目。该案例实验周期为四周，学生以两人为一组，每组配了一套 Arduino 学习套件和相关学习资料，学生课下以自主学习和协作学习为主，教师和助教在每周的周末都要对学生进行访谈，了解学生学习情况和下一周的学习计划，确保该实验的有效进行。

第一周任务为熟悉 Arduino 软硬件及智能灯组设计原理，开展学科分析，达到知识理解和应用的目的；在课上，首先向学生介绍本案例基本情况和要求，引导学生自主发现问题，根据问题汇总确定以智能感应灯为基本问题导向，开展智能感应灯的学习与设计项目，该项目活动包括自主学习活动、协助学习活动和群体探究活动。

第二周任务为检查学生对 Arduino 智能灯组、灯组设计、传感器的学习情况，进行智能灯整合设计，并进行记录，同时学生需要对学习过程中产生的问题进行自我探究和同伴协作，达到对知识和技能的应用、分析、综合的目标。

第三周任务为项目实施阶段，学生通过协作学习，协助解决软硬件问题，并开展空间智能灯组的整合设计，在空间智能灯组整合设计过程中需要体现学生之间的创造性，能够创造性地应用所学知识，达到知识的分析、综合、评价的目标。

第四周任务为完善优化阶段，学生需要完成四周的实验报告，对实验操作过程进行音视频记录，向教师和助教进行学习汇报，并提出问题，从而实现知识的进一步深化理解。

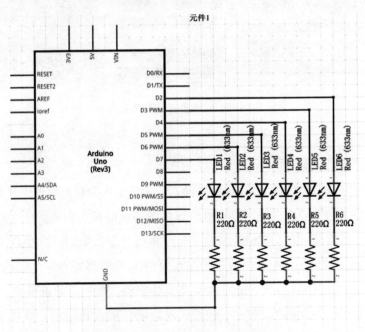

图 4-8　智能灯多路灯组电路图

在实验完成后，教师需要对学生的学习情况进行评价。该研究为有效评价整合性教学项目的实施效果，综合了多种量表进行量规设计，将科罗拉多 CLASS 问卷系统、科学学习态度问卷①②③、STEAM 与创客学习过程评价的相关量表④⑤进行综合，量规内容包括：科学学习态度方面的 2 个指标、32 个调查问题，STEAM 与创客学习过程评价方面的 7 个指标、49 个调查问题。

三、项目效果

学生科学学习态度量表根据 CLASS 量表设计，采用五维双向量表，旨在调查学生在项目学习过程中对科学知识与素养提升的态度；STEAM 与创客学习评价量表在文献研究基础上设计，采用四维单向量表，旨在调查学生项目学习过程中的学习活动评价。两份量表在课程完成后向学生发放，考虑篇幅所限，调查结果仅展示各二级指标的累计频次和 Fi 值（由于每个指标题目数量不同，故累计频次相加数量也不同）。

---

① ARTHURS L, TEMPLETON A. Coupled collaborative in-class activities and individual follow-up homework promote interactive engagement and improve student learning outcomes in a college-level Environmental Geology course [J]. Journal of Geoscience Education, 2009, (57): 356-371.

② LARK A. Implementation of Scientific Community Laboratories and Their Effect on Student Conceptual Learning, Attitudes, and Understanding of Uncertainty [J]. Dissertations & Theses-Gradworks, 2014, (4): 168-179.

③ ADAMS W K, PERKINS K K, DUBSON M, et al. The Design and Validation of the Colorado Learning Attitudes about Science Survey [C]. College Park, MD: AIP Conference Proceedings, 2005: 45-48.

④ 王丹丹. Arduino 创客项目计算思维特征研究 [D]. 上海：上海师范大学，2016.

⑤ ADAMS W K, PERKINS K K, PODOLEFSKY N S, et al. New Instrument for Measuring Student Beliefs about Physics and Learning Physics: The Colorado Learning Attitudes about Science Survey. [J]. Physical Review Special Topics Physics Education Research, 2006 (1): 87-92.

表4-3 学生科学学习态度评价量表

调查指标项	非常不同意（-2）	不同意（-1）	中立（0）	同意（1）	非常同意（2）	Fi值
STEAM实践创新项目学生学习态度	1	13	104	404	108	0.48
专家、教师态度（学生角度）	0	0	50	332	248	0.66

表4-4 学生创客学习过程评价量表

调查指标项	差（1）	中（2）	良（3）	优（4）	Fi值
Arduino套件学习态度	1	32	145	62	0.72
算法能力提升态度	6	54	78	22	0.68
编程与开发能力提升态度	3	50	71	16	0.68
数据与数据表示能力提升态度	7	25	77	11	0.69
硬件与处理能力提升态度	5	22	81	32	0.75
通信与网络使用态度	0	10	44	26	0.80
信息技术素养提升态度	1	23	63	13	0.72

根据所得调查结果，学生在整合性项目教学项目中的学习态度较积极（F1=0.48>0），与之比较，学生认为专家、教师会比学生表现更好（F2=0.66>0.48>0），因此，学生在科学学习态度方面具有较高的学习期望。学生在STEAM与创客学习过程评价中，Fi值普遍高于0.5，表明在过程评价的七个方面，学生认同能够有较积极的表现，尤其在Arduino套件学习态度（F3=0.72>0.5）、硬件与处理能力（F8=0.75>0.5）、通信与网络使用（F9=0.80>0.5）、信息技术素养（F10=0.72>0.5）四个方面；而算法能力（F4=0.68>0.5）、编程与开发能力（F5=0.68>0.5）、数据与数据表示（F6=0.69>0.5）略低于其他四项，这也在另一个维度上印证了该研究整合性项目教学的难点确实在算法与编程方面，这也将在后续研究中进一步

加强。

四、项目结论

研究聚焦于跨学科教育理念内涵，解决跨学科教育在实施过程中出现的诸多问题，指出了跨学科教育的重要教学优势是学科整合和项目式教学，设计了基于跨学科教育理念的整合性项目教学模式，选择粤港澳大湾区某高校"信息技术与课程整合"课程作为案例，进行应用研究和效果验证，通过为期四周的"智能感应灯系统"项目式教学过程，开展课堂教学与网络指引相结合、教师指导与学生同伴辅助相结合的教学过程，让学生在"学科分析—整合设计—实验项目—作品制作—完善优化"五个步骤的项目式学习环节中进行充分的自主学习和协作学习，达到对融合性学科知识的理解和创新应用。研究结果表明，学生的学习态度得到较大提升，同时在 Arduino 套件学习态度、数据与数据表示能力、硬件与处理能力、通信与网络使用、信息技术素养的五个方面得到有效提升，而在算法能力、编程与开发能力方面有待进一步加强。通过该研究的理论与实践过程，既能够在 STEAM 教育理念的指导下提出多学科融合的项目式教学模式，丰富了跨学科教育的理论内涵，又能够在项目式教学过程中提高学生的学习态度、信息意识、创新能力，具有一定实践意义。

第五章 跨学科教育宏观管理层面的实践

实践共同体是实现教师专业化发展和各级各类学校跨区域协同发展的有效实施路径。该部分研究为探究实践共同体作为一种跨区域协同教学实践的组织形式对教师和学校发展的促进作用，基于面向跨学科教育，首先对实践共同体的相关理论进行了研究，即实践共同体的本体论、知识论、活动论①；之后开展评价模型建构研究②，对基于粤港澳大湾区的跨学科教育实践共同体项目的 335 名教师进行问卷调查，通过探索性因子分析（EFA）和结构方程模型（SEM）验证了实践共同体评价的理论模型及其因素关系，对实践共同体评价的"信息化支撑""教学应用""实践共同体发展"三个类别共 24 个因素开展因子探索，根据数据分析形成了实践共同体评价模型，提出了实践共同体促进个体发展的"双维张力"机制、实践共同体促进群体发展的"差异互动"机制和实践共同体本身实现发展的"无边界发展"机制，验证了实践共同体发展的影响因素，建构了实践共同体评价模型，提出了实践共同体中个体与群体的交流互动机制，不仅有利于实践共同体项目的推动，同时为基于网络环境的跨区域组织协同与教师专业发展的相关理论提供了借鉴。

---

① 黄桂芳，杨明欢，邬丽萍，等. 跨越与联结：跨区域教学实践共同体的本体论、知识论与活动论 [J]. 中国教育信息化，2020（19）：1-10.

② 华子荀，许力，杨明欢. 面向教师专业发展的实践共同体评价模型研究 [J]. 中国电化教育，2020（5）：101-110.

第一节 跨学科教育实践共同体评价理论研究

一、实践共同体的本体论

（一）实践共同体内涵

共同体，是一种多元、民主而平等的开放式学习环境，共同体实践不仅能提高学习者认知的发展，同时也能够提高学习者的主体性，进而提高学校、课堂教学实践的质量。共同体是基于虚拟社区网络平台的一种群体构成，通过线上线下混合模式能够借助当前信息技术手段促进共同泛在协作学习。在共同体的活动中，学生、技术、资源、环境是共同体交互的重要因素，而仅仅拥有技术是不够的，因为技术还应与人、资源、环境相互配合；另外在共同体中，学生唯有关注信息的内容，才会实现习得，因此交互的过程是否有效，取决于共同体讨论的内容对学生的吸引力，而内容对学习的吸引力，往往又因课堂活动的质量所决定。

实践共同体的发展历程大致分为三个时期：早期阶段为 1991 至 1995 年，主要建构在莱夫和温格对情境学习的描述和群体合法的边缘性参与等群体学习理念上；中期阶段为 1996 至 1999 年，主要建构在温格关于群体学习、意义学习和认同的理念上；后期阶段为 2000 年至今，主要建构在通过知识管理和信息技术的基础上促进共同体的形成等理念上①。

（二）实践共同体新形态：互联网+支持的合法边缘性参与过程

对于实践共同体概念的提出，多数学者认同是 1991 年由吉恩·莱夫（Jean Lave）和艾蒂安·温格（Etienne Wenger）在合著的《情境学习：合

---

① 李子建，邱德峰. 实践共同体：迈向教师专业身份认同新视野［J］. 全球教育展望，2016，45（5）：102-111.

法的边缘性参与》（*Situated Learning*：*legitimate peripheral participation*）一书中首先提出的①，虽然该书并没有明确提出"实践共同体"的概念，但是已经描绘出实践共同体的雏形和重要理念，尤其是对于参与者老手（Old-timers）和新手（Newcomers）关系及其活动的描述②，成为实践共同体的重要组成部分。该研究在莱夫和温格提出的合法的边缘性参与模型（LPP）基础上，引入了互联网+的核心要素，形成"互联网+合法的边缘性参与实践共同体模型"（Internet+LPP），使得实践共同体本体理论在群体互动和知识转化过程中加入了互联网+的变量，突出了相关活动的信息化特点。

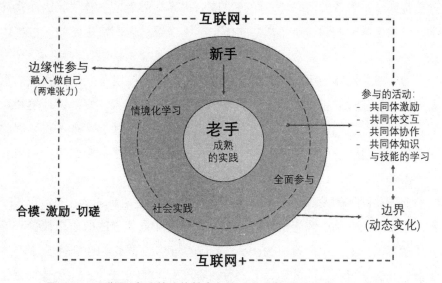

图 5-1　互联网+合法的边缘性参与实践共同体模型（Internet+LPP）

1. 新手：边缘性的参与者

新手是实践共同体的重要组成部分，由于其最初加入共同体缺乏成熟的技能，因此新手处于共同体的边缘，但是可以根据新手之间的差异使得共同体的边界不断变化，通常新手的具体活动包括情境化学习、社会实践

---

① 谢幼如. 网络环境下基于问题学习的课程设计 [J]. 电化教育研究, 2007 (7): 58-62.
② 李党辉. 我国教师培训模式文献综述 [J]. 继续教育研究, 2014 (11): 59-61.

和全面参与。对于新手来说存在"两难张力"，即一个难题是新手一般能够保有自己的知识基础加入共同体中，但是另一个难题是老手及其他新手同伴要新手能够融入群体中，这就需要新手做出一定改变，为了解决"两难张力"，共同体理论认为可以通过引入参与性活动来提高新手的参与度，其活动包含四种类型：（1）共同体激励；（2）共同体交互；（3）共同体协作；（4）共同体知识与技能的学习。

在互联网+支持下，依托网络平台所形成的实践共同体能够开展基于混合协作模式的参与活动。首先，对于共同体激励来说，慕课、私播课等网络课程为加强学习者的学习黏性引入了数字徽章机制、学分认证机制、证书认证机制。这些机制都是通过一种象征性的代币（token）来吸引学习者不断关注群体活动，已经有研究证明对代币的追求是出于人类乃至动物的本性，因此在网络学习中引入以代币为表现的激励措施是能够极大调动参与者的积极性的。其次，基于互联网的共同体交互是被普遍接受的能够最直接应用于群体沟通的技术，群体可以基于通信工具建立网络虚拟互动群体，跨越空间进行信息交流与互动，而且也可以基于网络社区建立具有组织结构的共同体，以完成更加复杂的任务。共同体协作是相对于交互更加复杂的交互任务，当群体面对同一任务时，借助互联网的支持可以跨区域地协作完成任务。共同体协作是当前教育信息化教学应用实践共同体的突出表现形式，旨在能够将多个区域的虚拟组织组成共同体完成任务，例如在虚拟群体组织工具中加入分任务模块或者项目模块，能够将群体中的不同成员进行再组织，进而完成分支任务，这个过程既有利于增强共同体的凝聚力，也有利于不断打磨共同体的协作程度，同类的还有跨群体协作、跨学科协作等。最后，新手在共同体的激励、互动、协作过程中不断积累知识与技能进而成为老手，这一过程是共同体存在的最终诉求，而互联网的存在极大支持了共同体中新手的学习与进步，基于联通主义学习理论的启发，使得人的学习与知识的组织出现了相互联通的趋势，在基于网络而存在的虚拟共同体中，成员之间以学习为目的进行协作，在协作过程中又产生了知识，这个过程既是知识对新手的隐性与显性不断转化的过程，也是群体中知识由共享到共生的过程。以上关于共同体激励、互动、协作、学习的过程，构成了共同体知识论、活动论、互动机制和实施路径的基础。

2. 老手：成熟的实践者

实践共同体的核心是老手，老手即具有成熟的实践知识与技能的共同体成员，在共同体中老手的数量不一定越多越好，但是老手的核心任务一定是通过情境化学习、社会实践、全面参与等活动指导新手逐步成为老手。在共同体中，老手的艰难任务是如何消化新手的两难困境，既能够保持新手自身的独特性又能够促进新手融入群体中进行学习，在互联网+合法的边缘性参与实践共同体模型中，老手能够采取三种措施进行新手训练，包括：（1）对新手的合模；（2）对新手的激励；（3）新手之间的切磋。

首先，对新手的合模，即指导新手通过情境化学习、社会实践或全面参与等活动不断融入共同体当中，在引入互联网+的变量之后，新手的活动变得更加多维而有效，利用多媒体支撑、虚拟现实技术、增强现实技术等手段可以引入更加生动的"宏情境"，基于信息技术创建一个完整、真实的问题情境，呈现编制好的问题，不断适应新手的认知特点。针对社会实践和全面参与的活动，互联网支持的技术能够将虚拟群体进行动态分组，进而完成对新手的群体边缘性参与任务的划分，以虚拟组织的形式锚定了新手印象中边缘性参与群体，以锚定效应提高群体协作的效率，同类的还有技术的宏情境、资源的宏情境、知识的宏情境。

其次，对新手的激励与共同体激励概念一致，即通过激励的手段提高新手在共同体中交互、协作的积极性。但是在老手角度上的激励措施存在一个动态变量，即在共同体的新手群体中其能力是有差别的，激励措施也不尽相同。在信息技术支持下，行为主义学习理论的相关激励强化措施具有了新的手段，即以数字徽章、积分为表现形式的正强化激励手段，或者以群体成员行为痕迹分析为基础进行行为预警与干预的负强化激励手段，进而形成新手个人与新手群体的组合式正负强化的激励措施。

最后，新手之间的切磋，即新手之间在老手的指导下，以竞赛、活动、协作等形式进行知识与技能的切磋的过程，集中表现在以作品、论文、课题、项目、报告等为形式的内容切磋，新手在群体中获得的隐性知识以这种形式的显性知识呈现，从一个侧面检验新手隐性知识的建构程度。例如，针对共同体主题下某一具体课题，选择项目式案例设计的形式进行切磋，新手在该项目式案例设计报告中将整合进自己的认知、知识和技能。在信息技术支持下，新手产出的形式将更加多样，而且具有可追踪、可量化的特点，便于事后新手的进一步提高。

表 5-1　实践共同体不同角色的参与活动与实施策略

角色	参与活动	实施策略
新手	共同体激励	·数字徽章 ·学分认证 ·证书认证
	共同体交互	·网络信息交流 ·网络资源共享 ·网络任务交互
	共同体协作	·跨区域协作 ·跨群体协作 ·跨学科协作
	共同体知识与技能的学习	·知识内部联通 ·网络知识结构联通 ·群体知识建构联通
老手	对新手的合模	·技术的宏情境 ·资源的宏情境 ·知识的宏情境
	对新手的激励	·正强化激励 ·负强化激励
	新手之间的切磋	·隐性知识与技能的切磋 ·显性知识与技能的切磋

二、实践共同体的知识论

关于实践共同体的新手和老手角色中，不论是新手还是老手，其主要的群体性参与活动都是以知识的学习、应用、建构和传授形成的，所以针对新手的共同体知识与技能的学习活动或者针对老手的引导新手之间切磋的活动，对知识在共同体中的流变是需要着重探讨的方面。

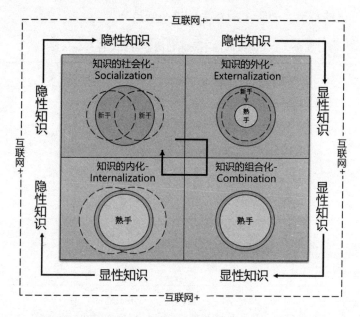

图 5-2 互联网+实践共同体的知识螺旋模型（**Internet+SECI of Communities**）

知识流变的机制普遍被学界接受，概念模型是知识转化螺旋模型（SECI 模型），该理念模型首先由野中郁次郎（Ikujiro Nonaka）和竹内弘高（Hirotaka Takeuchi）于 1995 年在其合著的《创新求胜》（*The Knowledge-Creating Company*）中提出[1]，描述了知识包括隐性知识和显性知识两种类型，其中隐性知识所表达的意思是建构于个体认知的社会经验和行为模式，显性知识所表达的意思是个体将认知的知识理论化地显性表达出来，以支持

---

① DUBBERLY H, EVENSON S. Design as learning-or "knowledge creation"-the SECI model [J]. Interactions, 2010（1）：75-79.

和促进其他个体的知识建构，而两种类型相互之间的转化包括了社会化（Socialization）、外在化（Externalization）、组合化（Combination）和内隐化（Internalization）四个过程①。

借助当前互联网+对实践共同体的支撑，使得知识转化螺旋跳出了个人的局限，使知识能够在群体中不断转化和螺旋。SECI 模型解释了实践共同体中不同新手的知识学习程度以及老手对新手的知识训练、研修过程，进而形成了互联网+实践共同体的知识螺旋模型（Internet+SECI of Communities）。

（一）个体隐性知识构成共同体边界

隐性知识是个体固有的知识结构，当个体不断组成共同体时，每个个体的知识总和就构成了该共同体的边界，这个过程也可以称之为知识的社会化过程。

知识的社会化（Socialization）表示隐性知识向隐性知识的传播、转化，即建构个体认知的行为经验或知识理解通过组织、群体交互、协作的渠道进行交流。而在实践共同体的视域下则表示新手之间在共同体的群体中对知识进行交流、传播、转化，新手在加入实践共同体的初期仍然保有自身的学习认知，而这种认知对于其他新手来说有可能是一种新知，在新手对彼此认知的磨合过程中逐渐形成的实践共同体的组织化认知边界，构成实践共同体最初的形态。

信息技术及互联网+支持的实践共同体知识的社会化体现在通过信息化工具帮助新手之间、新手对老手的观察、模仿和亲身体验等途径传递知识，例如对名师网络课堂的观摩、网络学习空间支持教师设计思维发展、动态分析视频课例来模仿优秀教师的教学行为、通过网络磨课评课方式亲身体验专业技能研修过程等。

---

① HOSSEINI S M. The application of SECI model as a framework of knowledge creation in virtual learning [J]. Asia Pacific Education Review, 2011 (2): 263-270.

（二）知识整合的新手共同体向老手转化

当新手在共同体中不断进行边缘性参与时，他们学习到了共同体的隐性知识而不断成为老手，同时促进了隐性知识向显性知识转化，通过共同体的支撑促进其由新手转化为老手，该过程即知识的外化过程。

知识的外化（Externalization）表示隐性知识向显性知识的转化，即建构个体的认知经验通过组织化的整理显性地向群体传递、交流的过程。在实践共同体的视域下表示两层含义，一层含义是老手将个人隐性知识认知通过显性化的整理向新手传递，另外一层含义是新手通过不断观察、模仿、训练将内隐的知识进行显性化的整理向其他新手同伴传递。在有限的共同体边界范围中，老手和新手将认知贡献于共同体知识库，使得共同体能够以固定的知识结构向所有新手进行传播，以培养新手变为老手。

互联网+支持的实践共同体的知识外化主要是利用信息化工具比较、演绎、整理、推理隐性知识形成显性知识，例如利用电子笔记化工具将个体碎片化的认知进行整理，利用视频整理工具将零散的课堂观察整合为一，利用思维导图辅助工具将认知结构显性地表达等。

（三）老手的知识体系构成实践共同体

当新手不断成为老手，其知识也由个体的显性知识转化为共同体的显性知识，由知识内涵的变化促使共同体的成员成为老手，该过程即知识的组合化过程。

知识的组合化（Combination）表示显性知识向显性知识的转化，即个体将已经演绎、整理好的显性知识进行再次地整合、归纳、总结，以实现知识向理论层面升华的目的。在实践共同体的视域下则表示新手基于知识的社会化过程学习新知或重新认知旧知，通过知识外化的过程整理个人知识，这样新手在类似于情境化学习、社会实践和全面参与的过程中将认知进行了理论升华，逐渐在共同体认知范围内成为老手，认知结构基本达到共同体的认知边界。

互联网+支持的实践共同体的知识组合化主要是利用信息化工具归纳、整合、升华显性知识，使得该知识具有普遍适用性和理论指导性，例如利用知识管理系统将碎片化的知识进行整合，以形成理论报告、论文、专著的过程，或者建立整合共同体中所有优秀教学案例成果形成具有内在逻辑和资源分类管理系统的知识库。

（四）成熟的共同体知识影响力向外扩展

由老手组成的共同体，其知识结构也成为共同体的显性知识，成熟的共同体具有足够的知识影响力向外扩展，不断吸收新手，扩展共同体边界，使新的新手获得由共同体的显性知识转化为新手所理解的隐性知识，这个过程即知识的内化过程。

知识的内化（Internalization）表示显性知识向隐性知识的转化，即个体将归纳、整理的理论知识向其他新手传播的过程，该过程将有助于个体对知识具有新的理解。在实践共同体的视域下则表示成熟的共同体通过成熟的知识体系影响外界，影响非共同体成员使得他们能够加入其中，扩大共同体的已有边界，也促使新手获得对已有显性知识的隐性理解，扩大了共同体知识的边界。

互联网+支持的实践共同体的知识内化主要是利用信息技术工具的传播、扩散、影响的手段使个体或共同体的显性知识转化为其他个体的隐性知识或共同体新的隐性知识边界。例如利用网络课堂、双师课堂等形式将教师的教授过程传播给其他新手教师观摩，使得新手教师能够获得老手教师关于教学组织、教学法、信息工具应用等方面的隐性理解，促使其加入该共同体，贡献自己的隐性知识。

综上，通过互联网+背景下实践共同体的知识论描述了知识作为隐性和显性的两种形态在共同体中传播、转化的过程，其中有一个重要的因素就是信息技术支持的相关活动，因此，有必要对互联网+背景下实践共同体的活动论进行描述。

三、实践共同体的活动论

当前，关于实践共同体的理论与实践研究都聚焦于对共同体内部知识管理、活动设计和信息技术支持的共同体构建研究，尤其进入 21 世纪以后，随着信息技术、互联网的发展，出现的信息技术工具能够在极大程度上使得共同体的活动跨越时间和空间的局限，促使共同体内部成员进行更加有效的跨区域、同步、异步的互动。

根据实践共同体的本体论中关于学习活动的描述指出，新手在共同体中可以进行情境化学习、社会实践或全面参与等实践活动，这为实践共同体本体的形成和实践共同体的知识转化提供了实践的过程。教师在网络研修等理论的指导下，通过实践共同体的构成和活动策略设计了互联网+背景下实践共同体活动模型（Internet+Practical Community Activities Model，I+PCAM）。

（一）实践共同体的本体活动论

实践共同体的本体活动以活动目标为核心，围绕着活动目标开展活动任务，通过共同体内成员个体的不同组织方式、角色分工、评价规则、评价方式、活动方式等共同对活动任务进行开展和评价，同时以此评估共同体活动的目标完成度。通过共同体活动本体的框架构想，可以为共同体在活动的角度上明确共同体建构和共同体内知识流变的具体实施路径。

1. 组织方式：混合无缝联结的组织形式

在实践共同体中引入互联网+的环境，使得共同体成员能够借助互联网辅助开展线上线下的混合协作模式，区别于仅存在于现实空间的共同体协同，基于网络的实践共同体能够利用信息化工具进行交流与协作，进而形成一种跨区域的泛在网络，支持共同体组织协同的无缝联结。

2. 角色分工：各展所长的参与成员

利用实践共同体的组织形式所发挥的突出作用是能够凸显共同体成员的特色，通过长期的共同体协作能够促使共同体成员各展所长，进而利用互联网的支持使得每个成员所能发挥的作用被不断放大，影响、促进共同体的构建与优化。

3. 评价的规则与方式：智能化过程性评价

在长期的实践共同体理论与教学研究中，很难对共同体行为进行量化，也很难评价共同体在交流、协作过程中的实施效果，但是借助互联网建构虚拟实践共同体的同时，能够借助云计算、大数据等人工智能技术对共同体成员的行为进行过程性记录、分析和评价，使得共同体行为可量化、可分析，建构的评价规则和方式不仅评价了共同体的实施过程，也能够形成反馈策略进一步优化共同体的组织方式和实施模式。

4. 活动方式：以活动对象为主的自组织活动

以实践共同体作为组织形式的网络社群区别于一般的网络组织，共同体具有共同的目标和共同的任务，基于共同的使命使得共同体具有更高的向心力，所以对于共同体中参与成员的凝聚式活动方式，是共同体活动的主要路径，只有关注到共同体中每一个成员的成长，才能发挥共同体成员的潜能和特长，进而促进共同体的形成和优化。

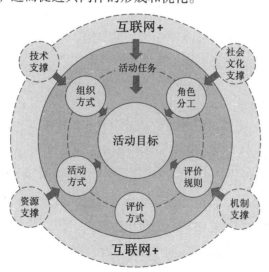

图 5-3　互联网+背景下实践共同体活动模型（I+PCAM）

（二）实践共同体活动的外部支撑论

信息化环境支撑的共同体具有较好的外部技术支撑，而在当代实践共同体研究中，处于第三阶段的共同体外部技术支撑的研究相对数量较多，同时基于教育信息化 2.0 背景下互联网+教育生态体系的形成，信息化工具和环境对共同体的支持也达到了非常高的程度，能够开展全面的无缝对接的线上、线下联结活动，在互联网+背景的实践共同体活动模型（I+PCAM）中，互联网+环境作为一种外部技术支撑，支持了实践共同体的活动任务开展和活动目标达成，包括技术支撑、社会文化支撑、机制支撑和资源支撑，形成了完善的创新共同体外部环境支撑体系，较好地保障了共同体活动的全面开展。

1. 技术支撑：教育信息化 2.0 支撑创新发展

教育信息化 2.0 行动计划的提出为我国教育信息化向"融合""创新"阶段发展提出了具体举措，当前教育基础设施基本完善，但是已经建成的教育信息化环境如何与教育教学深度融合成为关键问题。互联网+支持的实践共同体的实施为信息技术与教育教学的深度融合提供了可行的实施路径，利用互联网建构起来的共同体一方面能够充分利用信息技术优势开展跨区域协作，另一方面也促进了共同体内部成员的交流、协作以及智能化评价。

2. 社会文化支撑：社会建构主义

杜威著作《国民教育》中提出教育离不开具体的社会情境，学生的学习也离不开具体真实问题，所以提出了建构主义关于"做中学"的项目式学习理论，随着建构主义的不断发展，当前出现了社会建构主义的理论。共同体是一种基于某一特定的社会结构而自组织形成的学习群体，具有相当大的社会文化支撑性，在具有相同社会属性、相同活动目标的共同体中开展活动能够促进群体成员知识的建构、成员个体的建构、共同体的建构乃至社会文化的建构。

3. 机制支撑：跨区域、跨学科协同机制

在具有同质社会文化背景的共同体以自组织的方式进行建构时，也需要相应的机制支撑，通过全国、省、市区、镇街、学校各级各类的组织进行共同体建构，使得实践共同体能够发挥跨区域、跨学科协作的较好效果。所以来自教育管理部门以及学校的机制支撑一方面能够促进共同体形成，另一方面也能够为社会组织运行提供机制上的优化策略。

4. 资源支撑：产出式共同体建构

当前，我国通过"三通两平台""一师一优课，一课一名师"等活动积累了大量的教与学的支撑资源，同时教育信息化 2.0 行动计划也提出"三全两高一大"目标，提出教育资源覆盖全体教师、学习资源覆盖全体学生。因此，资源的充分支撑能够促进共同体以资源的学习、分析、开发、评价为活动形式开展产出式共同体建构，形成了利用资源支撑共同体活动，也通过共同体活动产出优质教育资源的双向融合机制。

第二节　跨学科教育实践共同体评价模型研究

一、研究背景

推动学校教育高水平高质量普及、公共教育服务均等化是《中国教育现代化 2035》的重要战略任务，实践共同体通过发达地区学校对接中西部边远地区学校，实现了学校之间的优势互补与结对帮扶，促进了教师的专业化发展。同时，教育部《教育信息化"十三五"规划》和《教育信息化 2.0 行动计划》的发布，标志我国教育信息化进入新的阶段，从基本建设应用逐渐向"融合""创新"应用过渡，而教育信息化的应用主体是各级各类学校、教育管理部门及相关教育组织，实践共同体作为一种开放型组织发展框架是促进各类群体实现跨区域协同发展的有效方式。

实践共同体（Communities of Practice），是一种基于实践的多元、民主、开放、平等发展的群体社群，不仅能够提高参与群体的整体性发展，更能够促进参与个体实践水平的提高①。吉恩·莱夫（Jean Lave）与艾蒂安·温格（Etienne Wenger）于 1991 年首次提出"实践共同体"的概念②，旨在利用共同体的框架实现教师个体和群体的专业发展③。实践共同体包含老手（Old-timers）和新手（New-comers）两种角色，加入共同体的新手通过与具有成熟实践能力的老手开展社会实践与情境化学习，在类似"教师工作坊"的实践模式下使教师或校园管理者的专业能力发展实现由"量"到"质"的跨越④，而且在网络环境的支撑下，不同区域的共同体成员单位能够通过共同体激励、共同体交互、共同体协作、共同体知识与技能的学习等参与方式实现群体的跨区域协同发展⑤。近年来，实践共同体被视为教师专业化发展、创新能力培养⑥和实现"互联网+教育"变革的有效实施路径。研究在莱夫和温格提出的合法的边缘性参与模型（LPP）基础上⑦，引入了互联网+的核心要素⑧，形成"互联网+合法的边缘性参与实践共同体模型"（Internet+LPP），使得实践共同体本体理论在群体互动和知识转化过程中加入了互联网+的变量，突出了相关活动的信息化特点。

在《中国教育现代化 2035》所倡导的建设高素质、专业化、创新型教

---

① 郑葳，李芒. 学习共同体及其生成［J］. 全球教育展望，2007（4）：57-62.

② OMIDVAR O，KISLOV R. The evolution of the communities of practice approach: Toward knowledgeability in a landscape of practice—An interview with Etienne Wenger-Trayner［J］. Journal of Management Inquiry，2014（3）：266-275.

③ 李子建，邱德峰. 实践共同体：迈向教师专业身份认同新视野［J］. 全球教育展望，2016，45（5）：102-111.

④ 宋乃庆，肖林，郑智勇. 新中国成立以来我国中小学校长培训发展：回眸与展望［J］. 中国电化教育，2020（1）：33-39.

⑤ 王红艳. 论新教师的"合法的边缘性参与"学习［J］. 教育理论与实践，2014，34（28）：36-39.

⑥ 万力勇，黄焕，范福兰. 活动理论视域下高校创客空间的结构要素、演化规律与运行机制［J］. 高等教育研究，2019，40（12）：81-89.

⑦ 王红艳. 论新教师的"合法的边缘性参与"学习［J］. 教育理论与实践，2014，34（28）：36-39.

⑧ 余胜泉，王阿习. "互联网+教育"的变革路径［J］. 中国电化教育，2016（10）：1-9.

师队伍的背景下①，实践共同体对于提高教师素质、教师专业化发展和建设创新型教师队伍的作用值得深入研究，而对于学校来说，实践共同体作为跨区域协同实践的组织形式，各参与成员运行发展机制研究对学校协同发展具有重要作用。广东省实施教育信息化实践共同体项目是以地级市、县（市、区）或镇（街）教育单位为牵头单位，以所属地区的各类学校为成员单位，组织 4 个及以上学校或区域单位组成共同体的组织形式，围绕某一应用主题进行跨区域协同实施，该部分研究以省级共同体项目为研究对象，对实践共同体的评价、实践共同体对教师个体与学校群体的发展作用进行了分析与验证。

二、实践共同体发展影响因素及其理论基础

根据实践共同体理论内涵和项目实践经验，对实践共同体的评价应考虑共同体利用信息化的程度、信息技术与教育教学的融入程度和共同体本身的组织结构发展程度。因此，该部分研究提出的实践共同体评价模型包含三类因素，即信息化支撑类因素、教学应用类因素、实践共同体发展类因素。

（一）信息化支撑类因素

信息技术引入实践共同体，发展了成员的能力，优化了学习任务，促进了成员间的协同关系，形成了新的基于网络的协同机制和社群关系。资源是共同体的知识承载形式，KAFR 模型提出针对学习资源的教师培训能够满足教师发展的个性化需求②，也为网络教学平台的设计提供了参考依据。另外，实践共同体为新手成员提供了平台、技术、工具应用不断熟练的实践机会，技术接受模型（Technology Acceptance Model，TAM）的核心

①　李琼，裴丽. 建设高素质专业化创新型教师队伍——基于《中国教育现代化 2035》的政策解读 [J]. 中国电化教育，2020（1）：17-24.
②　刘文雅，李兆君，王凯丽. 网络教师培训 KAFR 模型的工具设计 [J]. 中国电化教育，2013（3）：74-79.

观点是促进学习者技术的感知有用（PU）和实际有用（PEU）①，老手引导新手从感知有用到实际有用的发展过程，促进其对共同体内资源、平台、工具的应用；另外，根据 ETAM 拓展模型拟合研究，验证了感知有用性（PU）与实际有用性（PEU）、感知有用性（PU）与应用态度（ATU）、实际有用性（PEU）与应用态度（ATU）的关系②，为共同体内技术工具应用与共同体活动参与度的联系提供理论支撑。

除共同体的资源应用外，共同体活动是其主要实践方式，在活动与共同体关系方面，Heather Fulford 提出活动理论三角模型（Activity Theory Triangle）③，以工具应用（Tool）、活动规则（Rules）和任务分工（Division of Labor）作为三角元素，其中工具与规则（T-R）对应参与个体、规则与任务分工（R-D）对应共同体群体、工具与任务分工（T-D）对应活动目标，描述了共同体活动驱动社群发展的协同机制。同时，Leslie Moller 在将信息化环境引入共同体时提出了网络环境对个体发展的学习支持（Academic）、认知支持（Intellectual）和人际支持（Interpersonal）④，为共同体与群体人际协同发展建立了理论联系。

综上，实践共同体信息化支撑类因素在 KAFR 模型、TAM 模型、ETAM 模型、活动理论三角模型、学习共同体因素框架等理论指导下，提出资源应用、平台应用、工具应用、协同机制、社群发展、活动发展、信息化环境 7 个影响因素。

---

① SCHERER R, SIDDIQ F, TONDEVR J. The technology acceptance model（TAM）：A meta-analytic structural equation modeling approach to explaining teachers' adoption of digital technology in education [J]. Computers & Education, 2019（128）：13-35.

② AGUSTINA D. Extension of Technology Acceptance Model（Etam）：Adoption of Cryptocurrency Online Trading Technology [J]. Jurnal Ekonomi, 2019（2）：272-287.

③ HEO M, LEE R. Blogs and social network sites as activity systems：Exploring adult informal learning process through activity theory framework [J]. Journal of Educational Technology & Society, 2013（4）：133-145.

④ LESLIE M. Designing communities of learners for asynchronous distance education [J]. Educational Technology, Research and Development, 1998（4）：115-122.

（二）教学应用类因素

教学应用是实践共同体发展的价值取向，针对教师专业能力发展，普遍以"整合技术的学科教学法知识"（TPACK）作为教师专业发展实施和评价的方向，TPACK 首先以舒尔曼提出的"学科教学知识（PCK）"为基础，作为教师专业能力发展的核心与教师知识建构社会化过程[1]，在信息化教育环境支撑下，将"技术应用"融入"学科教学知识"，形成 TPACK 的基本框架[2]。在教师专业发展的 TPACK 评价中，对 TK、PK、CK、TCK、TPK、PCK、TPACK 的指标得分与内在联系进行研究发现，未涉及技术的 PCK 指标普遍高于 TCK、TPK 指标[3]，在教师应用学习管理系统（LMS）中，TPACK 能力与教学活动（LA）、学生学习满意度（SS）、学生社会文化（SSC）因素具有较高的相关性。[4]。因此，在基于网络环境或平台的教师群体协同中，TPACK 是其能力基础，TPACK 中 PCK 是其能力核心，涉及技术的相关能力（TCK、TPK）是其发展关键。

教学应用在宏观层面上，不同学校在教师教研、学生发展、模式建构、教学评价、课程建设等诸多方面进行协同实践；在微观层面上，教师与教师、教师与学生、学生与学生之间形成教学促进、反思促进、评价促进的发展关系；在教学应用与成员交互中，有研究者提出网络环境支持下的区域教师教学能力协同发展"D-S-T"CD 模型，提出区域作为宏观层

① 吴焕庆，余胜泉，马宁. 教师 TPACK 协同建构模型的构建及应用研究［J］. 中国电化教育，2014，（9）：111-119.
② 张凤娟，林娟，贺爽. 大学英语教师 TPACK 特点及其发展研究［J］. 中国电化教育，2015（5）：124-129.
③ MUHAIMIN M，HABIBI A，et al. A Sequential Explanatory Investigation of TPACK：Indonesian Science Teachers´ Survey and Perspective［J］. Journal of Technology and Science Education，2019（3）：269-281.
④ VILORIA A，LEZAMA O. B. P，MERCADO N，et al. Model and Simulation of Structural Equations for Determining the Student Satisfaction［J］. Procedia Computer Science，2019（16）：527-531.

面、学校作为中观层面、教师作为微观层面的教师协同发展过程①，明确了实践共同体中个体的参与方式和群体的协同方式。

综上，实践共同体教学应用类因素在 TPACK 及 TPACK 内在联系、"D–S–T"CD 模型等理论指导下，提出专业能力、教学法、技术应用、个体参与方式、群体协同方式 5 个影响因素。

（三）实践共同体发展类因素

信息技术支撑的实践共同体扩展了教师共同体的广度和范围，教师作为个体不仅得到了发展，同时能够促进共同体发展，由个体组成的群体通过网络环境实现跨区域协同，进一步使得共同体影响的范围扩大了，因而，实践共同体的发展是由个体发展与群体发展构成的。

在个体发展方面，教师作为提升学习投入的关键因素是共同体交互的重要组成部分，有研究者利用结构方程模型对教师网络学习空间激励因素进行了分析，发现教师的内部动机和外部动机是教师网络协同的关键因素②，因此对教师在网络共同体中的作用值得深入研究。另外，"边缘性参与"是个体参与共同体活动的主要路径，学习被视为学习者逐渐参与特定共同体活动的过程，学习的参与隐喻得以产生③，在参与过程中个体以不断完成难度低、步骤连续的任务得到提高，同时个体也将面对"坚持融入"和"坚持个性"的两难张力困境④⑤，在不断实践中克服两难张力，使得个体得到提高并且融入群体，形成双维张力和较高的群体情感投

① 汪基德，杨滨 . 构建"D–S–T"CD 网络模型促进区域教师教学能力协同发展研究［J］. 中国电化教育，2017（4）：103–108，136.
② 姜强，潘星竹，赵蔚，等 . 网络学习空间中教师激励风格对学习投入的影响研究——SDT 中内部动机的中介效应［J］. 中国电化教育，2018（9）：7–16.
③ 曾文婕，柳熙 . 获得·参与·知识创造——论人类学习的三大隐喻［J］. 教育研究，2013，34（7）：88–97.
④ 程志，陈晓辉 . "合法的边缘性参与"视角下的移动学习设计策略［J］. 中国电化教育，2011（8）：39–43.
⑤ 陈向明 . 从"合法的边缘性参与"看初学者的学习困境［J］. 全球教育展望，2013，42（12）：3–10.

入度。

在群体发展方面，互动分析模型理论认为对话是个体与群体之间学习的中介①，使交流成为知识学习的过程，这种过程被界定为"交知"（Commognition），交知在个体与群体间的不断促进形成具有较好互动机制的动态学习环境（Dynamic Learning Environment，DLEs）②。因此，实践共同体能够对个体发挥促进作用，主要在于共同体为个体提供了合适的实践情境和较好的情感投入的协作氛围，个体对群体较高的认同能够极大提高个体完成相应任务的效率，增强相应的效果。

情感投入是维系个体、群体之间交互的桥梁，共同体的活动对提高成员满意度方面具有推动作用③，有研究者提出了针对教师使用信息技术意愿作用的 UTAUT 模型，通过绩效期望、努力期望、社群影响和便利条件来影响用户使用意愿及行为④。绩效期望是个体主观上对群体为其提供帮助的认识，使得个体能够提高任务的参与度和同伴的协作度，便利条件是个人所能感受到的组织在技术方面对其的支持度，社群影响是个体感受群体对其帮助的程度，即群体激励和对群体的感情投入度。同时，UTAUT 模型还提出了调节变量的概念，调节同一模型在地区、城乡和校际的差异，验证其影响因素，即不同时间、地点和空间位置对模型应用的差异。

综上，实践共同体发展类因素在边缘性参与、互动分析模型、UTAUT模型等理论指导下，提出四跨融合、八新探索、参与度、支持度、激励度、交互度、协作度、情感投入度、时间把握度、位置认知度、空间感知度、双维张力 12 个影响因素。

---

① 杨南昌，刘晓艳. 学习活动系统中的互动分析——来自学习科学的研究观点［J］. 全球教育展望，2010，39（1）：27-32.

② WANG K T, HUANG Y M, JENG Y L, et al. A blog-based dynamic learning map［J］. Computers & Education，2008，51（1）：262-278.

③ 时长江，刘彦朝. 课堂"学习共同体"教学模式的探索——浙江工业大学《思想道德修养与法律基础》课建设的研究与实践［J］. 教育研究，2013，34（6）：150-155.

④ 李毅，吴思睿，廖琴. 教师信息技术使用的影响因素和调节效应的研究——基于 UTAUT 模型［J］. 中国电化教育，2016（10）：31-38.

（四）问卷结构与研究假设

根据上述对三个类别各因素的描述，设计了该部分研究"实践共同体评价调查问卷"的结构与题目设置，并根据理论描述与因素结构提出实践共同体发展评价理论模型。

表 5-2　实践共同体发展评价调查问卷结构及问题设置

问卷结构	调查类别	题目数	题目设置
第一部分	基本情况	6	性别、年龄、学历、教学学段、参与共同体的主题、参与共同体的单位类型
第二部分	信息化支撑类因素（EI）	3	资源应用（EIR）：调查教师在实践共同体内对资源的获取和共享情况
		3	平台应用（EIP）：调查教师在实践共同体内对网络平台的应用情况
		3	工具应用（EIT）：调查教师在实践共同体内对共享工具的应用情况
		3	协同机制（EIM）：调查教师在实践共同体内与其他教师开展的协同活动情况
		3	社群发展（EIG）：调查教师在实践共同体内参与、设计与开展社群活动情况
		3	活动发展（EIA）：调查教师在实践共同体内开展教学活动情况
		3	信息化环境（EIS）：调查教师在实践共同体内对信息化环境应用情况

问卷结构	调查类别	题目数	题目设置
第三部分	教学应用类因素（TA）	5	专业能力（TAC）：调查教师对所教学科内容的理解和掌握情况
		5	教学法（TAP）：调查教师对所教学科教学法的理解和方法
		5	技术应用（TAT）：调查教师对所教学科知识融入技术的方法
		5	个体参与方式（TAI）：调查教师作为个体在实践共同体参与活动情况
		7	群体协同方式（TAG）：调查教师参与、组织实践共同体群体活动情况
第四部分	实践共同体发展类因素（CD）	4	四跨融合（CDC）：调查教师对实践共同体跨区域、跨学校、跨学科、跨学段融合态度
		8	八新探索（CDN）：调查教师对实践共同体在新学校、新课堂、新课程、新教师、新学生、新家长、新治理、新评价方面的探索态度
		4	参与度（CDP）：调查教师对实践共同体相关活动的参与意愿
		4	支持度（CDS）：调查教师对实践共同体相关活动的支持意愿
		2	激励度（CDEG）：调查教师对实践共同体其他成员的激励意愿
		4	交互度（CDI）：调查教师对实践共同体其他成员的交流意愿
		3	协作度（CDC）：调查教师对实践共同体其他成员的协作意愿
		5	情感投入度（CDE）：调查教师对实践共同体其他成员关系态度
		3	时间把握度（CDT）：调查教师对实践共同体时间节点的认知
		3	位置认知度（CDL）：调查教师对实践共同体其他组织的位置认知

续表

问卷结构	调查类别	题目数	题目设置
		3	空间感知度（CDCB）：调查教师对实践共同体其他学校在网络环境中的交流意愿
		7	双维张力（CDD）：调查教师对边缘性融入中融入群体和做自己两难困境的克服意愿
第五部分	主观调查	3	实践共同体作用，实践共同体实施困难，实践共同体改进建议

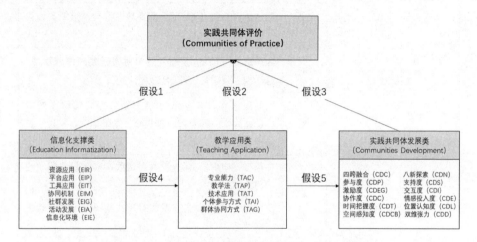

图 5-4　实践共同体评价模型影响因素及其研究假设

根据实践共同体评价模型影响因素内涵，提出该部分研究假设如下：

假设 1：信息化支撑类因素能够有效评价实践共同体发展水平；

假设 2：教学应用类因素能够有效评价实践共同体发展水平；

假设 3：实践共同体发展类因素能够有效评价实践共同体发展水平；

假设 4：信息化支撑类因素与教学应用类因素具有高度相关性；

假设 5：教学应用类因素与实践共同体发展类因素具有高度相关性。

三、研究对象

该部分研究基于 2019 年度广东省教育信息化教学应用实践共同体项

目，该项目于 2019 年 7 月发布推荐遴选通知、10 月公布入选名单、11 月正式启动并开展培训，本调查于 12 月实践共同体项目实施阶段完成，研究对象来自申报省级实践共同体项目的广东省 21 个地市、香港、澳门地区及广东省外地区学校的各学科教师 335 人，基本反映了广东省实践共同体 80 个项目中约 1000 家成员单位的总体情况。

调查共回收问卷 335 份，有效问卷 327 份，有效回收率 97.61%。男教师占比 27.68%，女教师占比 72.32%；年龄层次方面，30 岁及以下教师占比 25.84%，31—40 岁教师占比 38.38%，41—50 岁教师占比 22.14%，51 岁及以上教师占比 13.64%；学历层次方面，本科学历教师占比 83.39%，研究生学历占比 16.24%，其余占比 0.37%；参与单位类型方面，幼儿园占比 3.69%，小学占比 35.05%，初中占比 45.76%，高中占比 3.69%，市区县教育局占比 2.95%，教学研究室占比 2.21%，电教站（馆）/信息技术中心/装备中心占比 1.85%，其他占比 4.8%。

四、研究工具与研究方法

该部分研究以网络问卷和现实问卷相结合的形式开展调查，在上述影响因素和理论基础综述基础上，以教师发展自我效能感和发展动机评价量表、教师专业发展 TPACK 量表等为框架，设计"实践共同体发展评价调查问卷"，调查各实践共同体项目在信息化支撑类因素、教学应用类因素和实践共同体发展类因素三方面的发展水平，问卷共 107 道题目，态度调查题目采用七级李克特量表，1 代表"非常不同意"、4 代表"普通"、7 代表"非常同意"。该部分研究应用探索性因子分析（EFA）研究问卷题目因子适配度[1]，应用验证性因子分析法（CFA）研究实践共同体评价理论模型[2]，在保证数据信度、效度基础上，研究模型因子负荷量和指标适

---

[1] YONG A G, PEARCE S. A beginner's guide to factor analysis: Focusing on exploratory factor analysis [J]. Tutorials in quantitative methods for psychology, 2013 (2): 79-94.

[2] SCHREIBER J. B, NORA A, STAGE F K, et al. Reporting structural equation modeling and confirmatory factor analysis results: A review [J]. The Journal of educational research, 2006, 99 (6): 323-337.

配度，验证实践共同体评价理论模型。

五、基于 EFA 的模型因子探索

（一）因子适用性检验及因子负荷分析

利用 SPSS 对样本数据进行因子信度和适用性检验，样本（N＝154）经过效度分半法①处理后进行信度检验，α 信度系数为 0.984，信度较高；为验证因子分析适用性，进行 KMO 测度检验和 Bartlett 球形检验②，KMO 值为 0.939 大于 0.8，表明该问卷数据非常适合做因子分析，Bartlett 球形检验值为 0.000 小于 0.05，表明变量存在有意义的相关关系。

对"实践共同体发展评价调查问卷"的 3 个类别指标 98 道问题的因子进行方差最大化正交旋转得到因子负荷量和旋转后因子负荷系数（Rotated Factor Loadings）③，经检验后因子对于变量解释的贡献率为 81.03%，总体 α 信度系数为 0.98，以因子负荷量大于 0.6 为标准进行因素的筛选，删除工具应用（EIT）、社群发展（EIG）、活动发展（EIA）、八新探索（CDN）、协作度（CDC）五类因素，同时将教学法（TAP）、技术应用（TAT）部分题目与专业能力（TAC）进行整合，将位置认知度（CDL）、空间感知度（CDCB）部分题目与时间把握度（CDT）进行整合形成时空认知度（CDT），获得最终版"实践共同体发展评价调查问卷"，包含 3 个类别共 37 道题目，根据 Costello 与 Osborne 所做探索性因子分析中题目数与样本量比例的研究，样本量与题目数比例在 5∶1 至 10∶1 范围

---

① 尤佳鑫，孙众，宋伟. 数字教材的技术接受度与教师 TPACK 能力的相关分析——基于结构方程模型的实证研究［J］. 电化教育研究，2014，35（11）：102–108.

② GALLAGHER A. G, RITTERE. M, SATAVA R M. Fundamental principles of validation, and reliability: rigorous science for the assessment of surgical education and training［J］. Surgical Endoscopy and other Interventional Techniques, 2003（10）：1525–1529.

③ BINKS C E, JOSHI R M, WASHBURN E K, et al. Validation of an instrument for assessing teacher knowledge of basic language constructs of literacy［J］. Annals of dyslexia, 2012（3）：153–171.

内能够保证60%的有效因素存在[①]，该部分研究样本量与最终题目数比例为8.84∶1（327∶37），符合探索性因子分析的探索有效性。

（二）各类指标因子负荷分析

实践共同体信息化支撑类指标筛选出 4 类共 12 道题目。资源应用因素（EIR）信度 = 0.91，均值 = 6.16，标准差 = 0.99，因子负荷量均值 = 0.70[***]；平台应用因素（EIP）信度 = 0.91，均值 = 6.16，标准差 = 0.99，因子负荷量均值 = 0.65[***]；协同机制因素（EIM）信度 = 0.96，均值 = 5.78，标准差 = 1.21，因子负荷量均值 = 0.70[***]；信息化环境因素（EIS）信度 = 0.93，均值 = 5.67，标准差 = 1.30，因子负荷量均值 = 0.78[***]。根据指标判断，各类因素信度较高，因素因子负荷量均在 0.6 以上，因此，以上因素对"信息化支撑"类指标具有较好的解释度。

实践共同体教学应用类指标筛选出 3 类共 9 道题目。专业能力因素（TAC）信度 = 0.91，均值 = 5.68，标准差 = 1.13，因子负荷量均值 = 0.69[***]；个体参与方式因素（TAI）信度 = 0.94，均值 = 6.11，标准差 = 0.93，因子负荷量均值 = 0.62[***]；群体协同方式因素（TAG）信度 = 0.93，均值 = 5.90，标准差 = 1.01，因子负荷量均值 = 0.67[***]。根据指标判断，各类因素信度较高，因素因子负荷量均在 0.6 以上，因此，以上因素对"教学应用"类指标具有较好的解释度。

实践共同体发展类指标筛选出 3 类 16 道题目。四跨融合因素（CDC）信度 = 0.97，均值 = 5.76，标准差 = 1.22，因子负荷量均值 = 0.80[***]；时空认知度因素（CDT）信度 = 0.93，均值 = 5.83，标准差 = 1.06，因子负荷量均值 = 0.71[***]；双维张力因素（CDD）信度 = 0.97，均值 = 6.09，标准差 = 0.95，因子负荷量均值 = 0.79[***]。根据指标判断，各类因素信度较高，因素因子负荷量均在 0.7 以上，因此，以上因素对"共同体发展"类

① COSTELLO A B, OSBORNE J. Best practices in exploratory factor analysis: Four recommendations for getting the most from your analysis [J]. Practical assessment, research, and evaluation, 2005 (1): 1-9.

指标具有较好的解释度。

（三）因子相关性分析

通过 SPSS 对各因素相关性分析发现三个类别的各个因素存在高度相关性（p<0.01）且差异高度显著（**p<0.01），同时三个类别因素的相关关系具有逐层相关的特点，即信息化支撑类因素与教学应用类因素有较高相关性（r>0.7）、教学应用类因素与实践共同体发展类因素有较高相关性（r>0.7）。根据因子负荷量和相关性分析，能够进一步明确实践共同体评价模型及假设 4、假设 5 对各因素的具体假设。

表 5-3　实践共同体各因素相关性

	TAC	TAI	TAG	CDC	CDT
EIR	0.61**	0.71**	0.59**	—	—
EIP	0.64**	0.63**	0.61**	—	—
EIM	0.61**	0.64**	0.68**	—	—
EIS	0.60**	0.57**	0.59**	—	—
TAC	—	—	—	0.58**	0.59**
TAI	—	—	—	0.55**	0.68**
TAG	—	—	—	0.60**	0.62**

根据实践共同体评价模型各因素相关性分析结果，可以进一步明确研究假设 4 和研究假设 5，以各指标影响因素作为观测变量，以三类因素作为潜在变量，提出以下假设对模型因素进行适配。

● 假设 4：信息化支撑类因素与教学应用类因素具有高度相关性；

● 假设 4.1：资源应用（EIR）因素对专业能力（TAC）因素具有显著性影响；

● 假设 4.2：资源应用（EIR）因素对个体参与方式（TAI）因素具有显著性影响；

● 假设 4.3：平台应用（EIP）因素对专业能力（TAC）因素具有显著性影响；

● 假设 4.4：平台应用（EIP）因素对个体参与方式（TAI）因素具有显著性影响；

● 假设 4.5：平台应用（EIP）因素对群体协同方式（TAG）因素具有显著性影响；

● 假设 4.6：协同机制（EIM）因素对专业能力（TAC）因素具有显著性影响；

● 假设 4.7：协同机制（EIM）因素对个体参与方式（TAI）因素具有显著性影响；

● 假设 4.8：协同机制（EIM）因素对群体协同方式（TAG）因素具有显著性影响；

● 假设 4.9：信息化环境（EIS）因素对群体协同方式（TAG）因素具有显著性影响；

● 假设 5：教学应用类因素与实践共同体发展类因素具有高度相关性。

● 假设 5.1：专业能力（TAC）因素对四跨融合（CDC）因素具有显著性影响；

● 假设 5.2：个体参与方式（TAI）因素对时空认知度（CDT）因素具有显著性影响；

● 假设 5.3：个体参与方式（TAI）因素对双维张力（CDD）因素具有显著性影响；

● 假设 5.4：群体协同方式（TAG）因素对四跨融合（CDC）因素具有显著性影响；

● 假设 5.5：群体协同方式（TAG）因素对时空认知度（CDT）因素具有显著性影响；

● 假设 5.6：群体协同方式（TAG）因素对双维张力（CDD）因素具有显著性影响。

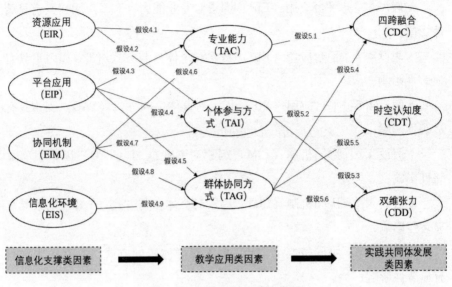

图 5-5 实践共同体评价模型

六、基于 SEM 的模型建构

(一) 模型适配

根据因子相关性结果，形成了包含 3 个类别 37 道题目的实践共同体评价模型，信息化支撑类因素 9 道题目、教学应用类因素 12 道题目、共同体发展类因素 26 道题目。根据信度分析结果，全部因素 α 信度系数都高于 0.9，同时具有较高的因子分析适用性（KMO＞0.8）和因素相关性（r＞0.6）[1]。采用数据量为 327（N＝327）的全部样本进行模型建构，应用结构方程模型（SEM）分析模型因子关系及其路径系数，根据模型适配结果进行修正，修正后得到模型适配关键指标[2]，如卡方自由度（χ2/df）为

---

[1] 王靖，董玉琦，孔丽丽，等. 网络学习社区中认知性存在的影响因素模型研究 [J]. 中国电化教育，2016（8）：41-46.

[2] 杨文正，熊才平，丁继红，等. 教育信息资源质量满意度影响因素及机制研究——基于 296 份中学教师调查问卷的结构方程模型分析 [J]. 中国电化教育，2014（5）：104-112.

2.73（小于 3），RMSEA 值为 0.073（小于 0.08），CFI 值为 0.94（大于
0.9），其他适配指标如表 5-4 所示，虽然部分指标未适配，但是总体指标
能够适配且达到较好结果，表明该模型适配度较高，证明该模型及其问卷
能够较好评价实践共同体发展水平，并且具有较好的结构效度（Construct
Validity）。

表 5-4 结构方程模型适配结果及适配标准

适配指标	检验结果	适配标准（x）	适配结果
χ^2/df 值	2.731	<3	适配
NFI 值	0.907	>0.90	适配
RFI 值	0.90	=0.90	适配
IFI 值	0.939	>0.90	适配
TLI 值	0.932	>0.90	适配
CFI 值	0.939	>0.90	适配
GFI 值	0.789	<0.90	未适配
AGFI 值	0.752	<0.90	未适配
RMSEA 值	0.073	<0.08	适配

（二）路径系数与假设检验

根据模型适配检验后发现该模型适配度较好，以因素相关性及显著性
进行路径系数分析和假设检验，由路径系数及假设检验得到最终的实践共
同体评价模型。

表 5-5 路径系数与假设检验结果

模型路径	路径系数	P 值	假设检验
资源应用（EIR）→专业能力（TAC）	0.18	0.833	否定假设 4.1
资源应用（EIR）→个体参与方式（TAI）	-0.138	0.097	否定假设 4.2
平台应用（EIP）→专业能力（TAC）	0.648	***	肯定假设 4.3

模型路径	路径系数	P 值	假设检验
平台应用（EIP）→个体参与方式（TAI）	1.081	***	肯定假设 4.4
平台应用（EIP）→群体协同方式（TAG）	0.766	***	肯定假设 4.5
协同机制（EIM）→专业能力（TAC）	0.133	0.139	否定假设 4.6
协同机制（EIM）→个体参与方式（TAI）	0.006	0.932	否定假设 4.7
协同机制（EIM）→群体协同能力（TAG）	0.133	0.139	否定假设 4.8
信息化环境（EIS）→群体协同能力（TAG）	−0.004	0.914	否定假设 4.9
专业能力（TAC）→四跨融合（CDC）	0.335	***	肯定假设 5.1
个体参与方式（TAI）→时空认知度（CDT）	0.799	***	肯定假设 5.2
群体协同方式（TAG）→四跨融合（CDC）	0.601	***	肯定假设 5.4
群体协同方式（TAG）→时空认知度（CDT）	0.123	0.199	否定假设 5.5
个体参与方式（TAI）→双维张力（CDD）	0.561	***	肯定假设 5.3
群体协同方式（TAG）→双维张力（CDD）	0.214	0.003	否定假设 5.6

根据模型适配后的路径系数与 P 值分析，验证了假设 4、假设 5、假设 6 所提出的假设，构建了实践共同体评价模型及其因素路径系数。

在假设 4 的信息化支撑类因素与教学应用类因素关系中，专业能力（TAC）、个体参与方式（TAI）与群体协同方式（TAG）均受到平台应用（EIP）的影响（路径系数 = 0.65，$p<0.001$；路径系数 = 1.08，$p<0.001$；路径系数 = 0.77，$p<0.001$），即假设 4.3、假设 4.4、假设 4.5 成立，表明在结构方程模型中，平台应用（EIP）作为关键因素对教学应用类因素有直接影响，实践共同体的构建和教学协同实践需要依靠网络平台的支撑。但根据前文相关性分析结果，其他信息化支撑类因素仍然与教学应用类因素具有高度相关性。

在假设 5 的教学应用类因素与实践共同体发展类因素关系中，四跨融合（CDC）受到专业能力（TAC）与群体协同方式（TAG）的影响（路径系数 = 0.34，$p<0.001$；路径系数 = 0.60，$p<0.001$），即假设 5.1、假设

5.4 成立，表明"跨区域、跨学校、跨学段、跨学科"的四跨融合作为评价共同体发展的关键因素，受到代表个体发展的教师专业能力和代表群体发展的群体协同方式的直接影响，促进个体与群体在共同体中的互动与发展；时空认知度（CDT）与双维张力（CDD）受到个体参与方式（TAI）的影响（路径系数=0.80，p<0.001；路径系数=0.56，p<0.001），即假设 5.2、假设 5.3 成立，表明共同体跨区域协同在时间与空间上的发展依赖于个体的不断参与，同时，评价个体发展的双维张力也是通过个体参与方式的不断丰富而得到发展的。但根据前文相关性分析结果，其他教学应用类因素仍然与共同体发展类因素具有高度相关性。

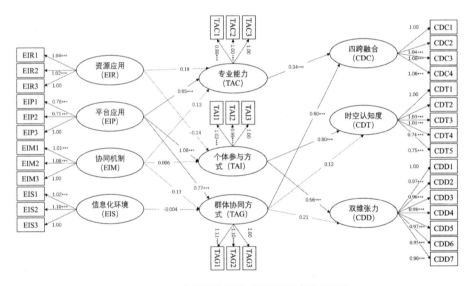

图 5-6　实践共同体评价模型及因素路径系数

七、结果讨论

（一）假设验证

该部分研究通过探索性因子分析和验证性因子分析验证实践共同体评价的理论模型，对研究假设进行了验证。首先，通过 KMO 测度检验

（0.939）、Bartlett 球形检验（p<0.001）和阿尔法信度系数（0.984）验证了"信息化支撑类因素"（假设1）、"教学应用类因素"（假设2）、"实践共同体发展类因素"（假设3）三类影响因素对实践共同体发展水平的评价；其次，通过探索性因子分析进一步筛选得到三个类别所包含的有效影响因素（因子负荷量>0.6，p<0.001），通过验证性因子分析结果（如$\chi2/df=2.73$，NFI=0.907，CFI=0.94，RMSEA=0.073 等），提出最终实践共同体评价模型，验证了信息化支撑类因素与教学应用类因素的相关性（假设4）、教学应用类因素与实践共同体发展类因素的相关性（假设5）。因此，该部分研究假设得到验证。

（二）实践共同体对个体的发展作用

实践共同体的基本作用是将个体融入同一个组织中，通过个体相互之间的交流与协作促进个体的发展，根据经典实践共同体理论，个体分为老手和新手两种角色，老手具有较成熟的实践经验和能力，新手需要通过边缘性参与实践提高其能力，为解释个体在共同体中的发展，该部分研究通过因子探索与结构方程分析发现，实践共同体对个体发展的作用依赖于两种关系，即（1）平台应用（EIP）与个体的专业能力（TAC）、个体参与方式（TAI）的关系；（2）个体的专业能力（TAC）、个体参与方式（TAI）与双维张力（CDD）的关系。

关系一，平台应用（EIP）对个体的专业能力（TAC）、个体参与方式（TAI）具有显著相关性（路径系数=0.65，p<0.001；路径系数=1.08，p<0.001），说明个体通过网络平台构建的虚拟实践共同体储备知识、理解内容、提高 TPACK 相关能力，即专业能力（TAC）的提高，个体通过应用、协同共同体网络平台参与跨区域课堂观摩、网络教研、跨区域交流协同，即个体参与方式（TAI）的丰富。

关系二，关系一的两项因素为中介促进个体的双维张力（CDD）得到发展（路径系数=0.56，p<0.001），双维张力是个体在实践共同体中实现个人提高的核心因素，双维即"融入群体"和"坚持自己"两种维度，在

共同体实践中个体必然面临"融入群体"的要求且容易与"坚持自己"的内在想法产生冲突，个体只有通过长期的"边缘性参与"逐步克服双维困境，形成双维张力相互促进的机制，而该机制的关键因素就是个体在共同体内以个体参与方式（TAI）实现融入群体，以专业能力（TAC）的提高坚持自己，而最终两项因素皆依赖于应用网络平台（EIP）构建的虚拟实践共同体。

然而，对个体来说，理论模型假设的资源应用（EIR）、协同机制（EIM）对专业能力（TAC）、个体参与方式（TAI）关系，并无模型适配的积极影响（但存在高度相关性 r>0.7），源于共同体内共建共享资源和网络协同并不能直接影响其专业能力和参与方式，而是教师认为平台应用（EIP）已经足够说明资源建设、同伴协同的行为，因而，资源应用（EIR）、协同机制（EIM）对个体发展起到间接促进作用。

（三）实践共同体对群体的发展作用

实践共同体作为一种跨区域协同实践的组织形式，区别于专递课堂、网络教研等活动的主要特点是将地点不同的学校、组织以共同体的框架作为一个实践整体，实现优势群体之间的优势互补和对弱势群体的结对帮扶，共同体的群体来源于各级各类学校、教育局、教研室、电教站等，对群体的界定分为牵头单位和成员单位，为探究实践共同体对群体的促进性，该部分研究通过因子探索与结构方程分析发现，共同体发展依赖两种关系：（1）个体参与方式（TAI）与时空认知度（CDT）的关系；（2）专业能力（TAC）、群体协同方式（TAG）与四跨融合（CDC）的关系。

关系一，个体参与方式（TAI）对时空认知度（CDT）具有显著相关性（路径系数＝0.80，p<0.001），说明分别归属于各地区群体的个体通过形式多样的协同参与能够促进共同体发展，时空认知度（CDT）体现在个体对实践共同体协同实践的时间把握、个体对群体所在不同地理位置的认知以及个体对群体在网络空间的角色认知，在时间维度上，参与群体应把握共同体发展的阶段，不断调整协同方式，在空间维度上，参与群体应利

用网络丰富协同方式实现跨区域协同实践，促进作为共同体的整体发展。

关系二，专业能力（TAC）、群体协同方式（TAG）对四跨融合（CDC）具有显著相关性（路径系数＝0.34，p<0.001；路径系数＝0.60，p<0.001），四跨融合（CDC）是评价共同体内群体发展的核心因素，作为共同体的一员，当某一群体实现了"跨区域、跨学校、跨学段、跨学科"的融合，那么这一群体对共同体实践水平的提高将发挥重要作用，而评价四跨融合（CDC）程度的核心因素就是对个体来说的专业能力（TAC）发展和对群体来说的群体协同方式（TAG）的多样性。

然而，对群体来说，理论模型假设的群体协同方式（TAG）对时空认知度（CDT）、双维张力（CDD）关系，并无模型适配的积极影响（但存在高度相关性 r>0.7），源于教师们认为实践共同体在时间、空间上的认知、双维张力属于个体的主观判断，多样化的群体协同方式，即学校与学校之间的交流合作不能直接作用于时空认知和双维张力的发展，这在逻辑推理上符合对共同体内群体的描述，存在其合理性。

八、实践共同体的发展机制及策略

（一）个体发展的"双维张力"机制

共同体是个体学习的重要载体，个体在共同体中的发展依赖于个体能力的提高和个体在共同体中活动的参与。个体包含学校教师、管理者、校长、电教人员、教研员等角色，促进各种角色"边缘性参与"共同体实践活动，充分发挥共同体的情境性和同伴指导作用①，通过不断参与实践提高群体融入度和个体能力，克服两难困境，形成积极的"融入—做自己"的双维张力，即"双维张力"机制，在实践共同体中，促进个体"双维张力"是共同体对个体促进性的体现。

因此，应明确实践主题方向下个体的能力基础，在共同体的统一理念

---

① 程勇，王丹. 合法的边缘性参与：教师实践性知识管理的新视点 [J]. 教师教育研究，2010，22（1）：17–21.

和明确的实践主题下，共享和发展教师的实践性知识①，使之成为共同体中老手的教学材料和新手的学习材料。该策略也印证了学者对"实践性知识存在于一定的教师共同体中"的观点②，其习得途径是参与到教师共同体的文化实践中，即新手成为老手的标准是对共同体实践知识的学习和掌握，进而吸收更多新手的加入。

（二）群体发展的"差异互动"机制

群体的发展依赖于群体对共同体所处时空的认知度和"跨区域、跨学校、跨学科、跨学段"四种跨越的实践程度，群体应明确自身优势，把握空间定位，积极与其他群体协同，形成"自推动"的驱动力。在实践共同体中，群体包含学校、教育局、教研室、电教站等组织，每一种组织都有自身的特点和对共同体的推动优势，在不同时间节点和空间布局中，各种群体所发挥的作用是独特而不可替代的，教师群体发展具有双主体特性和双驱动力，在共同体的群体交互中，群体产生的感应驱动力又促进创造驱动力的产生③，两种驱动力形成了教师群体发展的"差异互动"机制，促进群体的"差异互动"是共同体对群体促进性的体现。

因此，应进一步细化群体在共同体中的角色定位，界定牵头单位、核心成员单位、积极参与者和边缘参与者，立足时间节点和空间布局发挥各种角色的独特优势，鼓励不同群体间的交流，在交流中具有创造驱动力的群体促进了另一个群体的感应驱动力，进而使得新的群体由"差异互动"的机制将感应驱动力转化为创造驱动力，促进了各个群体实践的主动性。

① 杨卉，王陆，张敏霞.教师网络实践共同体研修活动体系研究［J］.中国远程教育，2012（2）：56-60，76.
② 李利.实践共同体与职前教师实践性知识发展——基于教育实习的叙事研究［J］.教师教育研究，2014，26（1）：92-96，80.
③ 陈晓端，龙宝新.教师专业学习共同体的实践基模及其本土化培育［J］.课程·教材·教法，2012，32（10）：106-114.

（三）实践共同体的"无边界发展"机制

实践共同体，是一种基于实践的多元、民主而开放平等发展的群体社群，不仅能够提高参与群体的整体性发展，更能够促进参与个体实践水平的提高，形成相互依存的系统①。该部分研究通过探索性因子分析与验证性因子分析验证了实践共同体发展的核心要素，提出了个体发展的双维张力机制和群体发展的差异互动机制，然而这种必然要突破已有的组织边界和组织内个体协同的边界，与边界外的组织群体和个体进行沟通交流，因此，基于两种机制促进实践共同体的发展依赖于共同体的"无边界发展"机制。

因此，实施"无边界发展"机制策略，一方面是突破既有实践共同体内不同群体的边界，共享价值观，促进群体沟通、交流与协作，形成和谐的同侪关系②；另一方面是突破共同体之间或共同体与其他群体的边界，促进既有共同体不断吸收新的成员和其他共同体，形成更大规模的实践共同体。

九、研究结果

实践共同体是实现教师专业化发展和各级各类学校跨区域协同发展的有效实施路径。教育部科技司与中央电化教育馆发布了《关于做好2019年度教育信息化教学应用实践共同体项目推荐遴选工作的通知》，面向各级各类学校、管理部门、电教馆等组织实施实践共同体项目。该部分研究依托广东省省级实践共同体项目实施经验与全国共同体项目背景，对省级及国家级共同体单位327名共同体项目成员开展实践共同体评价模型及其影响因素研究。

---

① 李兴洲，王丽. 职业教育教师实践共同体建设研究［J］. 教师教育研究，2016，28（1）：16-20，25.

② 王晓芳. 什么样的"共同体"可以称作教师专业学习共同体——对教师专业学习共同体理论的审视与反思［J］. 教师教育研究，2014，26（6）：16-22.

　　在理论研究和项目实践基础上，该部分研究提出实践共同体评价的"信息化支撑""教学应用""实践共同体发展"三个类别 24 个因素开展因子探索，针对 154 个分半样本应用探索性因子分析（EFA）验证理论模型信度、KMO 测度、Bartlett 球形检验、因子负荷量和因素相关性，构建实践共同体评价的结构方程模型（SEM），基于 327 个样本对三类因素的 10 个最终因子进行路径系数与模型适配度检测，最后设计了实践共同体评价模型并验证了研究假设。研究过程发现，实践共同体对个体的促进性体现在以平台应用（EIP）为基础、以个体专业能力（TAC）与个体参与方式（TAI）作为中介、以双维张力（CDD）作为目标的因素关系，实践共同体对群体的促进性体现在以个体参与方式（TAI）与专业能力为基础、以时空认知度（CDT）与四跨融合（CDC）为目标的因素关系，依据共同体内个体与群体的互动机制，提出个体的"双维张力"机制、群体的"差异互动"机制和共同体的"无边界发展"机制。

　　后续研究方面，该部分研究将针对不同实践方向和项目单位类型的实践共同体项目进行评价，通过应用与评价研究验证所建构模型的评价效度，同时在个体、群体、实践共同体发展机制的指导下进一步促进各级共同体项目的深入实践，并发挥其促进学校之间优势互补和结对帮扶的作用。

　　综上，面向教师专业发展的实践共同体评价模型及其影响因素研究，验证了实践共同体的影响因素，建构了实践共同体评价模型，提出了实践共同体中个体与群体的交流互动机制，不仅有利于实践共同体项目的推动，同时为基于网络环境的跨区域组织协同与教师专业发展的相关理论提供了借鉴。

第三节 跨学科教育实践共同体的案例实践

一、实践共同体的案例实践

（一）偏远山区环境下的学校创客作品创意与制作共同体

1. 共同体构成

由云浮市教育局牵头的"偏远山区环境下的学校创客作品创意与制作共同体"，将成员单位分为两类，一类是山区学校，另一类是创客教育名校。山区学校主要是以云浮市云安区、新兴县、郁南县、罗定市、云城区等在内地处偏远山区的学校，他们在创客教育方面一般存在不足，需要共同体成员的个性化指导；创客教育名校是以广州、佛山为主的外市共同体成员，这些学校具有一定创客教育资源和师资资源，能够为云浮市偏远山区学校的创客教育提供支持。该共同体探索以合作共同体作为组织形式，以师生远程合作学习作为主要路径，围绕偏远山区学校环境下的创客教育发展、创客教育模式为主题进行协同实践。

2. 实施特色与成效

该共同体对于两类成员设置了不同的建设目标：对于创客教育名校成员，引导该类学校为地处云浮山区的学校提供设置建议与志愿、帮扶师资培养、联合开展创客活动、支持课程开发；对于山区学校成员，根据各个学校的实际情况分阶段增加创客设备、强化师资配备和培养、开展创客教育活动、进行课程开发，使得两类成员分别通过"指导"与"学习"得到发展。在实施成效方面，云浮市通过共同体开展了丰富的线上线下培训交流活动，疫情防控期间能够组织成员开展人工智能与机器人线上培训班，其协同建设的资源也形成了广东省教育技术中心强师工程线上培训"人工智能"模块的主要内容，同时云浮市共同体成员单位也开展了充分的线上

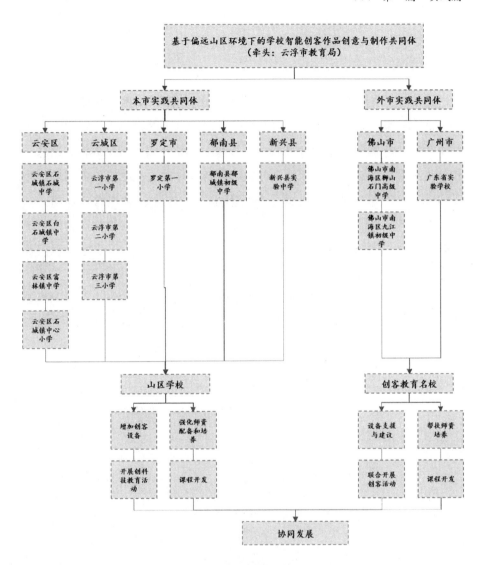

图 5-7 共同体成员构成

培训，如"创客教育"模块参训人数达 857 人、"智能机器人"模块参训人数达 549 人、"人工智能"模块参训人数达 1219 人、其他模块参训人数12390，总参训人数达 15015 人，总计 671008 个学时。

（二）基于大湾区的跨学科学习实践共同体

1. 共同体构成

由深圳市龙岗区麓城外国语小学牵头的"基于大湾区的跨学科学习（STEAM 教育）实践共同体"，将成员单位分为学前、小学、初中、高中四个阶段，分别包含 6 所、21 所、7 所和 4 所幼儿园及中小学校，这些学校地处粤港澳大湾区内具有 STEAM 实施特色的学校，地域包含深圳、香港、澳门、广州、佛山、珠海、东莞等地，省外还包含广西、陕西、云南、西藏等学校。根据成员学校已有的课程基础、跨学科教学经验及其地域特色，在一年的实践共同体协同过程中共提炼、优化、开发了十四门具有大湾区特色的跨学科教育课程。

例如：《澳珠幼儿环保风力船》《智能战疫情，湾区学英雄》《人与鸟和谐相处》《天台农耕园》《端午情浓在湾区》《湾区植物我代言》《智能机器人的学科应用》《我为湾区设计桥梁》《翱翔湾区的航空模型制作》等。

学段	实践共同体成员参与学校			
学前学段共同体（6 园）	珠海金太阳前山中英文幼儿园（牵头单位）	珠海市翠景幼儿园	珠海市桃园幼儿园	香港中文大学张煊昌幼稚园
	澳门培道幼稚园	东莞市松山湖晓月家湖禾幼儿园		
小学学段共同体（21 校）	广州市天河区天府路小学（牵头单位）	天河区体育东路小学海明学校	广州市天河区华景小学	广州市天河区华阳小学
	佛山市禅城区同济小学	佛山市顺德区容桂实验学校	佛山市顺德区昌教小学	深圳市龙岗区麓城外国语小学
	深圳市盐田区乐群实验小学	深圳市龙华区上芬小学	深圳市龙华区行知实验小学	深圳市蛇口育才教育集团第四小学
	深圳市盐田区梅沙未来学校	珠海市三灶镇海澄小学	珠海市香洲区香山学校	云南省昆明市盘龙区金康园小学

学段	实践共同体成员参与学校			
小学学段共同体（21校）	东莞市虎门镇梅沙小学	广西白色市第一小学	陕西省延安市新区第一小学	广西河池市罗城仫佬族自治县第二小学
	广州市白云区华南师范大学附属太和实验学校（小学部）			
初中学段共同体（7校）	东莞市松山湖实验中学（牵头单位）	珠海市九洲中学	珠海市斗门区城南学校	香港明爱屯门马等基金中学（初中部）
	深圳市南山区中国科学院深圳先进科技研究院实验学校	香港圣保禄学校	澳门濠江中学	
高中学段共同体（4校）	珠海市第一中学（牵头单位）	珠海市斗门区和风中学	香港明爱屯门马等基金中学（高中部）	澳门劳动子弟学校

图 5-8　共同体成员构成

2. 实施特色与成效

立足学科融合、学段协同、湾区特色、跨学科有效教学的实践教学难点，该实践共同体提出了基于大湾区"四跨四共"跨学科课程混合教学模式，面向学前、小学、初中、高中四个学段，以"跨区域、跨学校、跨年级、跨学科"的"四跨"作为共同体协同方式，以"共师、共生、共享、共发展"的"四共"作为共同体教学方式，将线上与线下的信息化因素融入教学与协同，开展融入湾区科技、文化特色的跨学科项目式学习课程，以"情境引入—选题设计—项目实施—协同探究—四共交流"的流程确定各个学校的协同方式。

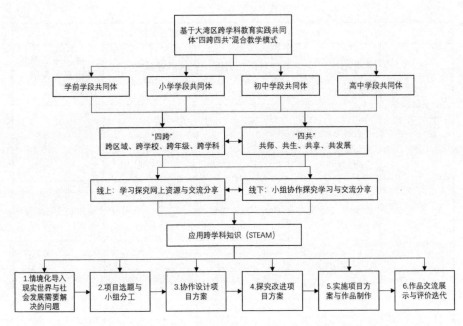

图5-9 基于大湾区"四跨四共"跨学科课程混合教学模式

  在实施成效方面，深圳、广州、佛山、珠海等地学校不仅进行密切的线下交流与课程协同开发，也能够充分利用网络工具与香港屯门马登基金中学、香港圣保禄学校、澳门濠江中学、澳门劳工子弟学校、澳门培道幼儿园、香港中文大学张煊昌幼稚园等港澳学校进行交流，促进了跨学科教育的相互借鉴，提高了大湾区跨文化学校的交流与协同。共同体还开展了有效的量化和质性评价，构建了面向不同学段、学科的教师和学生的跨学科能力发展评价量表，创新性地将跨学科的因素内涵、知识建构因素（SECI）与教师能力发展因素（TPACK）相融合，也充分利用广东省教育"双融双创"智慧共享社区进行资源评价，实施成效显著。

图 5-10　大湾区共同体学校进行了密切的交流与课程协同开发

（三）多地联动"课程—空间—活动"跨学科实践共同体

1. 共同体构成

"多地联动'课程—空间—活动'跨学科实践共同体"是将跨学科教育理念与佛山区域教育特色相融合的尝试，该共同体由佛山市顺德区大良顺峰初级中学牵头，由佛山市顺德区学校、云浮市学校和云南省德宏州芒市学校三类 14 所学校组成。基于跨学科教育实施的新命题，佛山市顺德区根据已有的创客空间及其科创教学实践基础，细化共同体建设方案，构建了三位一体的跨学科教育实施模式，云浮市学校、云南省德宏州芒市学校与佛山市顺德区学校在跨学科课程开发、教学应用、活动开展方面进行互补融合，实践跨学科在多地联动的框架下真实落地。

2. 实施特色与成效

"课程—空间—活动"的主要内涵为走班制跨学科校本课程的开发、项目式学习跨学科创客空间的运用及分享式跨学科创客活动的举办。共同体协同开发创建跨学科课程，在本校内实施走班制跨学科教学，共同体内进行基于网络教室的联动教学；共同体教师通过教研为所有学校设置统一的项目式学习任务，多校学生可自由组队利用本校创客空间进行联动协同，制作任务规定的创客作品；共同体每两周举办一次线上创客沙龙活动，让完成多地联动任务的小组进行分享，实现了共同体学校内学生之间创意的相互借鉴。

在实施成效方面，截至目前，该共同体已开发了跨学科协同课程 5 门，专项研究课题 3 项，并在广东省各类学生科创活动中获得好评，其中国际级奖项 9 个、国家级奖项 81 个、省级奖项 132 个等，有效证明了共同体学校的学生在科学知识运用和创客作品制作方面获得了发展。

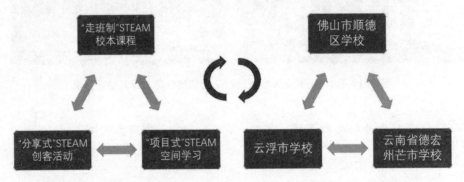

图 5-11　多地联动"课程—空间—活动"跨学科实践共同体实施模式图

（四）湛江市幼儿园跨学科教育实践共同体

1. 共同体构成

"湛江市幼儿园跨学科教育实践共同体"是由湛江市教育局教育研究室牵头，以湛江第六幼儿园、坡头区第一幼儿园、湛江第三幼儿园、霞山区和乐明雅原景幼儿园等子共同体牵头单位作为成员的区域型实践共同体，包含了湛江市六个区的 24 所幼儿园，并在广东省教育"双融双创"智慧共享社区中建成了 24 个虚拟网络社区。共同体建设任务主要解决三方面问题，包含探索开展学前阶段跨学科理念融入、探索信息技术与学前教育相融合、提高幼儿园教师信息素养，为实现这三个目标，该区域确定了四个主题的幼儿园跨学科教育探索：跨学科幼儿活动室建设、跨学科幼儿生物主题探索、跨学科幼儿绘本与数字故事创作、融入传统文化的跨学科教育。

2. 实施特色与成效

对于不同实施主体的共同体评价,湛江市幼儿园跨学科教育实践共同体采用统一的跨学科案例开发流程进行教研指导,即幼儿跨学科项目式活动模式,该模式包含三个阶段:主题确定、驱动问题、核心知识。根据各个园所的实际情况和跨学科实践需要确定主题,根据主题的内涵界定驱动问题,通过共同体跨园教研细化驱动问题与核心知识的联系。在实施跨学科活动过程后,以幼儿跨学科项目活动评价量表进行质性评价,包含主动探索、实践操作、理解原理、原理猜想,每个类别具有三种水平,由低到高不断加强幼儿参与实践活动的主动性和积极性。

共同体的各幼儿园通过跨园教研与协同实践,开展了主题鲜明、融入跨学科理念的幼儿园及社会实践活动。如湛江市第三幼儿园开展了《金童送福》活动,邀请社区书法家讲解书法知识,向幼儿传授中国书法运笔、写字、行文的科学原理和美学内涵,幼儿在教师和家长的指导下书写"福"字并拍摄"福"字视频素材,将作品制作成红包送至社区服务中心、派出所等,红包上还有制作者编排的粤语童谣、舞蹈表演借以传达新春祝福,为社区送去温暖。该类实践活动不仅能够提高学前教育的实践活动水平,也能够将传统文化、跨学科理念、信息技术应用、社会服务意识等融入式地促进幼儿掌握和理解,具有较好的实施效果。

在实施成效方面,通过 24 所幼儿园的跨园协同,目前已有 3157 名幼儿园教师加入该共同体,形成了 132 件幼儿数字作品,已建成的网络社区访问量达到 122897 次,幼儿教师在线课程学时达到 7554 个,培育了大量的学前教育种子教师,成效显著。

二、实践共同体的发展趋势

(一) 以项目整合扩大成果辐射推广

虽然实践共同体已经不是一个新的概念,但是共同体的实施及其组织形式对大多数学校来说还是比较模糊和欠缺操作指引，同时，在共同体的跨区域协同过程中已经积累的丰富的教学成果和案例，为进一步辐射共同体的教学成果、应用推广信息化资源，应调节要素配置，项目驱动，以点带面地整合资源①，促进广东省教育信息化应用推广工作的项目整合。

项目整合的维度包含两个层面，一方面是在广东省教育技术中心的角度上，促进实践共同体项目与广东省教育"双融双创"行动计划、国家课程数字教材规模化应用全覆盖、强师工程线上线下培训、中小学电脑制作活动、教师新技术新媒体交流展示活动等深度融合，以共同体为其他项目提供实践基础，以各类别教师、学生活动促进实践共同体活力；另一方面是具体开展实践活动的学校层面，应主动将学校所承担的多种课题、研究项目与实践共同体相融合，既能够以实践共同体的跨区域、跨学校场域探索，研究新的教育技术、教育理念，又能够在理论探究、技术应用、教学应用上为实践共同体的发展提供路径支持，使得多种项目能够深入融合，扩大成果辐射与推广。

（二）以区域联动促进实现教育公平

教育部科技司所发布的实践共同体项目规定每个项目至少包含一个牵头单位、四个成员单位，构建组成实践共同体组织，然而通过本案例研究过程可以发现，广东省所实施实践共同体项目不仅包含了学校与学校之间的联动，更包含由教研室牵头的区域型共同体、由特色实施学校牵头的跨区域共同体、由区域与区域之间为达成优势互补目的的联动型共同体等多种形式，这些具有多种组织构成的共同体使得地处不同地区的学校能够产生联动，促进了群体之间的"差异互动"发展机制，实现了名师资源共享的"抱团发展"②，使成员单位能够共同实现发展。

---

① 郑航，王晓莉．学校改进的根本在于打造育人共同体［J］．中小学德育，2018（2）：30-34.

② 陆丽瑾．共同体：苏州市姑苏区教育"抱团发展"的实践路径［J］．江苏教育研究，2013（7）：11-15.

在后续的项目实施过程中，实践共同体将扮演着促进区域联动的重要角色，为实施特色的区域之间、优势与优势的互补单位之间、优势与弱势相互帮扶之间提供组织架构，从不同区域的学校之间产生感应驱动力，在不断模仿的过程中产生创造驱动力，在借鉴中实现创新，进而提供区域联动的活力与动力，让共同体学校的教师、学生都能够得到教育理念的指引、优质资源的支撑、共同体发展动力的支持，实现教育公平发展。

（三）以智能评价促进共同体有效实施

实践共同体对学校、教师、学生的促进作用，需要有效的信息技术手段进行评价。当前广东省实施实践共同体项目依托于广东省教育"双融双创"智慧共享社区进行线上共同体的组建，通过社区的数据汇集、数据呈现、数据分析，能够直观地发现具有良好实施效果的共同体及其发展态势，但是当前的社区功能并不能做到为具体的学校、教师或者学生提供更加具有针对性的功能、资源上的智能性支持。

在未来的平台规划过程中，广东省教育"双融双创"智慧共享社区将进一步融入智能评价的特性，在原有数据汇集、呈现与分析的功能基础上，更加强调智能性功能的增强，使得原有散乱的教师、学生数据能够有针对性地进行呈现和预测，其主要攻关的难点包含三点：一是解决数据的个性化呈现问题，让每一位加入社区的个体都能够看到自身平台行为数据及其与同伴、群体的关系；二是解决与数据相匹配的资源推送问题，实践共同体的各成员学校已经建设海量的学习资源，但是这种资源并不能"自行找到"教学者与学习者，当优化功能以后，应使当前数据与资源相匹配，为使用者提供满足教、学所需的资源；三是解决以多模态行为数据预测个体及群体发展态势的相关功能，充分挖掘大数据分析技术支撑本社区的潜能，汇集共同体、学校、教师、学生社区行为的多模态数据，为教育管理者、教师、学生提供线上共同体发展态势的预测。

第三篇

03

案例篇

"地球有我也有它"新型冠状病毒科学认识与防护跨学科整合性课程以综合性课程在学校实施，共有32位教师参与课程开发设计，课程实施周期为4周，按低年级、中年级、高年级三个年级组分类进行，该课程的特点是每个专题都有执教者和参与设计者，参与设计者是其他专题的执教者，保证了学科交叉性和课程融合性。课程实施过程中积累了大量的学生作品，教师将作品以网络云盘的形式进行共享，为下一阶段的教学提供资源支撑。

第六章 "园艺农耕"：融入劳动教育的 跨学科教育案例

第一节 课程设计

一、多校协同课程群构建

深圳市龙岗区麓城外国语小学根据跨学科课程设计模式与实践共同体框架，实践开展了基于共同体的跨学科课程群建设。实践共同体开展基于大湾区的跨学科教育协同实践，对"传统、文化与技术，自然、社会与艺术，科学、工程与设计，人工智能与编程"四个模块开发跨学科协同实践课程群，运用信息化技术手段，依托各自平台，开展共同体跨区域协同实践。

对于项目启动阶段确立的跨学科教育分类及拟打造的精品案例，共同体成员学校在案例原有的实践经验与成果的基础上，加强互动交流，共同发现不足，提出优化改进建议并在实践中进一步打磨完善，最终形成了6~8个具有典型性的成熟的跨学科教育精品案例，帮助想要探索信息技术与学科教学融合实践的教育同行更好地理解基于大湾区的跨学科教育理念和教学模式，并能在教学设计方法和活动开展策略方面起到良好的引领和示范作用。跨学科课程群由多校协同、基于大湾区的协同实践模式贯穿其中。

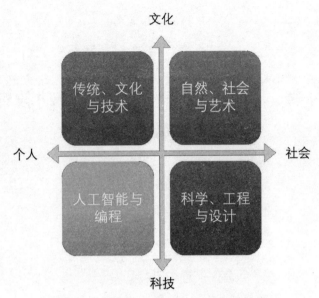

图 6-1 案例中跨学科协同实践课程群结构

表 6-1 跨学科教育课程群共建任务

课程模块	合作共建单位	内容与活动
传统、文化 与技术	深圳市龙华上芬小学 广州市天河区天府路小学 佛山市同济小学 广州市天河区华景小学 中山市实验小学 广州市越秀区农林下路小学 深圳市南山区中国科学院先进技术研究院实验学校 深圳市蛇口育才教育集团第四小学 江苏太仓实验小学 佛山市顺德区星槎小学	在学习传统文化的过程当中，涉及技术等方面的内容，两方面之间巧妙结合，逐步培养学生对地方文化的热爱

续表

课程模块	合作共建单位	内容与活动
自然、社会与艺术	深圳市麓城外国语小学 广州市天河区体育东路小学 广州市天河区华阳小学 深圳市龙华区行知实验小学 百色市第一小学 珠海市香山学校 珠海金太阳前山中英文幼儿园 珠海市桃园幼儿园 香港中文大学校友会联会张煊昌幼稚园 澳门培道幼稚园	通过艺术的形式，表达对自然和社会的理解，增进与自然之间的感情，培养自然保护意识和情操。让学生对世界和社会有更深刻的认识
科学、工程与设计	深圳市南山区中国科学院先进技术研究院实验学校 深圳市龙华区行知实验小学 深圳市盐田区外国语小学东和分校 深圳市盐田区梅沙未来学校 深圳市盐田区乐群实验小学 延安新区第一小学 深圳市蛇口育才教育集团第四小学 佛山市同济小学 中山市实验小学 香港明爱屯门马登基金中学	科学与工程实践在设计中以人为本，贴近人性化设计，让科学、工程更好地造福人类。让学生从微观到宏观了解科技发展对人类的重要作用
人工智能与编程	深圳市麓城外国语小学 佛山市顺德区昌教小学 珠海市斗门区和风中学 珠海市第一中学 中山市实验小学 深圳市龙华上芬小学 江苏太仓实验小学 延安新区第一小学 百色市第一小学 陕西省延安市新区第一小学 昆明市盘龙区金康园小学	通过人工智能与编程设计培养学生的计算思维、逻辑思维能力、现实抽象能力、解决问题能力和创造力，运用人工智能的知识制作产品，培养学生动手实践能力和开拓创新精神

协同承建的课程组成共同体跨学科课程群，体现共同体一致认同的大湾区跨区特色和一致具有的教育信息化特征。

二、跨学科教育多校协同课程开发

跨学科课程群由跨区域共同体成员共同通过信息化手段开展协同实践模式，基于跨学科整合性项目设计模式的基本框架，该案例共同体提出了ACEIO跨区域学校协同实践模式，该模式是基于网络学习平台和应用数字化工具来开展数字化探究学习的一种有效路径，包括学科分析、整合设计、实验项目、信息化融入、完善优化五个步骤。

（一）学科分析（Analysis）

立足粤港澳大湾区学校及全国辐射成员校的不同文化特色，融合共同体成员所遵循的基本理论，凝练共通概念，面向学校面临的实际问题进行跨学科课程的学科分析，形成适用于共同体成员的跨学科课程群。

（二）整合设计（Consolidation）

基于粤港澳大湾区学校及全国辐射成员校的实践和培养目标，共同体成员单位协商一致，以共同的表现期望为跨学科课程群设计目标，根据各共同体单位具体情境进行整合，以各个学校所实施的跨学科课程内容进行内容整合。

（三）实验项目（Experiment）

基于粤港澳大湾区学校及全国辐射成员校的实践和培养目标，共同体成员在学科分析与整合设计的基础上，共同形成跨学科课程群，开展跨区域协同的实验项目，以参与、探索、解释、工程、深化、评价的标准化流程进行协同实施，促进共同体的深入实践。

（四）信息化融入（Integration）

基于粤港澳大湾区学校及全国辐射成员校的实践和培养目标，共同体成员以信息化工具为抓手，通过网络平台进行跨区域协作，选定项目和信息化工具促进共同体的进一步协作。

（五）完善优化（Optimization）

成员基于粤港澳大湾区学校及全国辐射成员校的实践和培养目标，共同体在一段时间的协同实践过程中，对形成的跨学科课程群及其教学项目进行更新，提炼优化理论内容，解决问题，形成典型案例、典型经验，开展推广辐射。

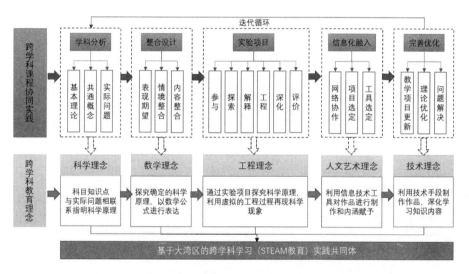

图6-2　基于大湾区的跨学科课程 ACEIO 协同实践模式

第二节　课程实施

根据跨学科课程 ACEIO 模式，麓城外国语小学与多所学校协同开发、实施了"园艺农耕"跨学科课程。"园艺农耕"跨学科课程是深圳麓城外国语小学与南兆旭名师工作室共同体设计的跨学科学习课程，课程的实施以社团活动为主要形式，面向学校一至六年级的学生开展，学生可以自由报名参加。

一、课程特点

（1）设计协同性，该课程以麓城外国语小学学生为主体，在整合设计时融入了多方课程内容、技术手段和专家理论；

（2）项目实践性，课程实施位于教学楼的顶楼，具有开阔的空间和较好的日照条件，学生能够自主设计营造模拟生态环境，亲近了大自然；

（3）技术融入性，园艺农耕的园地在设计、实施、教学、养护等过程中都融入了信息化手段。

以上特点成为该共同体实施教育信息化教学应用实践共同体项目的重要基础。

二、"园艺农耕"课程的跨学科协同实践

（一）学科分析阶段

麓城外国语小学的科学教师、信息技术教师与南兆旭名师工作室的专家团队共同开展了学科分析，以"自然"科目为主体，遵循杜威"做中学"的基本理论，以"自然""物理"和其他学科中关于植物、动物、热、电、空气、环境作为共通概念，指导学生对直面自然、认识植物、认识土壤、认识生命的实际问题进行教学设计。

（二）整合设计阶段

教学设计团队以认识土壤、学会种植、热爱环境作为表现期望，与教学楼顶层的园地作为情境整合环境，将园地中的种植地、水生环境、水稻池和生态森林作为内容进行整合。

（三）实验项目阶段

学生按季节进行"园艺农耕"课程的跨学科学习实践。秋冬学期，利用水稻池和食物森林开展学习，水稻池中引入水稻种植和鲤鱼养殖，形成水稻环境供养鲤鱼、鲤鱼环境供养水稻的循环生态环境，食物森林种植橘子树和养殖凤蝶，橘子树秋天所产的橘子可以供学生收获，同时橘子树也成为凤蝶的寄生场地，让学生认识植物与动物相互寄生的基本知识。该过程中学生需要观察、记录植物生长，利用3D打印机制作园地植物的辅助支撑材料，将观察到的动物进行3D模型构造并开展细致观察，制作生态系统循环模型并进行展示。

图6-3　"园艺农耕"秋冬学期基于水稻池的生态循环系统

图6-4　"园艺农耕"秋冬学期基于食物森林的生态循环系统

　　春夏学期，利用水生环境和土壤园地开展实践学习，水生环境中教师和学生通过技术和工程手段营造了湿地、平水区、浮水区、沉水区、水底区的多层次水生环境，在湿地中种植芦苇、平水区种植蓑衣草、浮水区种植茭白和菱角、沉水区种植睡莲和枯草、水底区养鱼，形成模拟自然水生环境的完美生态链。在土壤园地营造 U 形山脊地，通过摄像头和传感器研究阳光对植物生长的促进作用、阳光对土壤养分形成的作用，利用工程研究山窝遮阴与种植技术、三明治堆肥法，发展学生的园艺农耕方法与技巧。

　　通过以上参与、探索、解释、工程、深化、评价的六环节，学生学习到了环境中的生命奥秘，养成保护环境、爱护生态的意识。

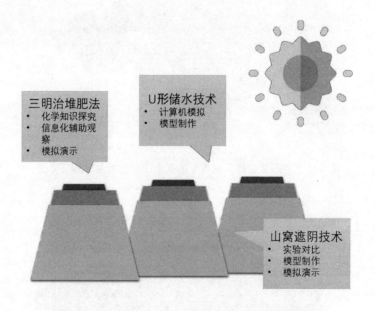

图 6-5　"园艺农耕"春夏学期耕地营造与堆肥方法

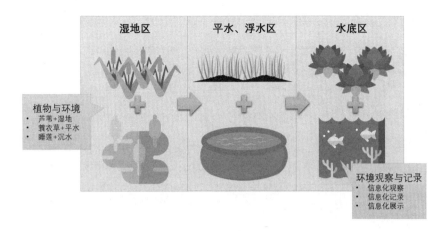

图6-6　"园艺农耕"春夏学期水生循环生态环境

（四）信息化融入

在对水稻池、食物森林、水生环境、土壤园地的构造方面，教师指导学生利用信息化工具进行了园地设计、园地生态运行模拟、园地建造、植物种植，同时利用网络进行知识探究，学习植物、土壤、环境的营造方法和原理，最后利用信息化展示工具对所养护的土地、营造的模型、改良的方法、探索的原理进行了展示，提高了参与学生真正园艺农耕的技巧。

（五）完善优化

该课程以麓城为核心形成了框架完善的"园艺农耕"跨学科课程，设计了信息化工具与生态模拟环境技术、山窝遮阴与种植技术、三明治堆肥法的结合，促进了学生园艺农耕的方法与技巧，优化了"做中学"的理论，然而通过分析发现，深圳气温和湿度较高，同时缺乏更加有效检测植物生长的信息化工具和园艺农耕方法，使得共同体成员校促进该课程优势互补的需求变得十分迫切。

通过以上案例，主要表达的共同体诉求是在 ACEIO 实践模式框架下，基于大湾区的跨学科学习（STEAM 教育）实践共同体能够融合各个成员学校在课程、工具、理论、方法等方面的优势形成互补，同时能够带动其他弱校进行协同提高，利用共同体实现了协同创新。

图 6-7 学生开展"园艺农耕"实践活动

第三节 结果与讨论

一、跨学科课程群成长阶段

共同体成员界定好统一的跨学科课程实践模式后，以该模式为路径，以协同共建的跨学科课程群为内容，开展协同实践活动，通过多个阶段的共同体实践促进共同体由核心成员引导转变为由所有成员自组织的良好机制，共同体实践过程模式包含四个阶段，共同体组建阶段、共同体成员成长阶段、共同体实践经验形成与辐射阶段、共同体对外扩大阶段。

（一）共同体组建阶段

由牵头单位带头，确定核心成员和实施机制，确定跨学科教育实践框架的共同愿景和协同形式,设计跨学科协同实践活动与过程。此过程由牵头单位向其他成员单位进行组织、指导。

(二)共同体成员成长阶段

此阶段主要聚焦于共同体核心成员的成长,核心成员需要确定自己所带领的边缘成员单位,对牵头单位制定的实施机制进行贯彻落实,对共同愿景和协同活动进行支持和支撑,展开实施跨学科实践活动。此过程核心成员单位需要向牵头单位进行反馈和集体观摩学习,同时核心成员单位还需要对积极参与者单位进行组织、引导、评价的活动。

(三)共同体实践经验形成与辐射阶段

此阶段主要聚焦于由牵头单位和核心成员单位在典型经验和模式成型之后向其他成员辐射的过程,面向积极参与者单位,该类单位需要积极参与相关活动,贯彻实行实施机制,不断深化理解共同愿景,参与跨区域协同活动,展开实施跨学科实践活动。此过程积极参与者单位需要向核心成员单位进行反馈、观摩学习和实践协同,同时积极参与者单位还需要对边缘参与者单位进行组织、引导、示范、评价的活动。

(四)共同体对外扩大阶段

此阶段主要聚焦于在原有共同体经验定型后,将典型经验和模式向非成员推广,促使非共同体成员成为边缘参与者,鼓励他们贯彻实施机制,认同、理解共同体愿景,边缘性地参与协同活动,展开实施跨学科实践活动。此过程边缘参与者单位需要向积极参与者单位进行反馈、观摩学习、实践协同和自身成长。

以上四个阶段共同由信息化协作支撑平台支撑,体现教育信息化教学应用过程,选择国家教育资源公共服务平台、"双融双创"智慧共享社区和实践共同体协同工具/平台进行环境搭建,使共同体跨学科的实践理念能够得到统一与落实、实践活动能够得到协同实施、内容资源能够得到共建共享支持。

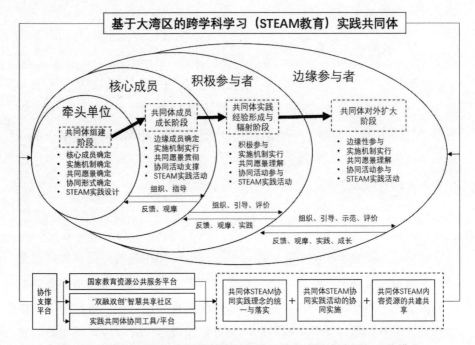

图 6-8　基于大湾区的跨学科教育实践共同体形成模式建构与实施模式

二、跨学科课程群辐射推广

成立实践共同体的初衷即是将多学科融合教学中实践经验丰富的学校集合起来，相互学习，共同提高，让共同研究的成果引领更多的学校、学科教师投入跨学科教育研究中来。因此，发挥共同体的辐射、引领作用是该共同体成立课程群的一项重要任务。在项目实施的过程中，该共同体通过多种形式的专家讲座、参观学习、集体教研、成果展示、经验分享、论文发表、双师课堂、教师课例比赛、学生作品比赛、线上主题研讨等活动实现共同体内外的辐射带动作用和跨学科、跨学校、跨区域甚至在国内国际的引领示范作用。

第七章　"地球有我也有它"：提高科学认知的跨学科教育案例

之前在疫情影响下，全国各地学校开展"停课不停学"的直播教学，导致技术应用方式、教学课程内容、教学法都发生了变化。基于学科整合性项目式学习模式，该部分研究开发了在病毒传播时期进行病毒科学认识与防护的跨学科课程，该课程由教育部基于湾区的跨学科学习实践共同体课程开发组开发、设计，由深圳市龙岗区麓城外国语小学实施，课程包含"认识病毒""居家防疫""关心社会""放眼未来"四个主题，课程实施后对参与课程开发的 27 名教师进行跨学科课程实施水平调查，对样本数据单样本 t 检验和相关性分析发现，该跨学科课程表现了教师全面的 TPACK 能力，实现了跨学科各学科内涵融入和学生的 SECI 知识应用能力提升。为进一步优化课程，后续跨学科课程应加强技术、工程类知识的融入，引入过程性记录和资源库平台作为支撑，并开展面向教师 TPACK 能力发展的相关培训。该课程在病毒传播时期组织开发和实施了跨学科融合的跨学科课程，在教育领域为应对重大突发公共卫生事件应急措施提供了有价值的参考。

第一节　课程设计

一、课程背景

病毒对人民的生产生活造成了影响，针对疫情影响，教育部于 2020 年发布了《关于中小学延期开学期间"停课不停学"有关工作安排的通知》等一系列文件，指出病毒传播时期为维护广大师生健康安全，坚决防止疫情向校园蔓延，要求省级统一部署与各地各校因地制宜实施相结合，支持帮助学生学习，开展"停课不停学"的有关工作。各地中小学校也响应了国家号召，充分利用各种网络平台、协同工具、直播技术开展形式多样的教育教学活动，"开学不返校""停课不停学"已是当前学校开展教学的不二选择[①]。病毒传播时期各地开展的网络教学活动，是对教育信息化建设既有成果的充分展示和应用，也是对新形态网络课程教学设计思路的重新思考。

但应认识到，"停课不停学"不是要完全替代学校课堂教学，而是应对"重大突发公共卫生事件 I 级响应"的应急举措[②]，因此，以重实践和多学科融合为特点的跨学科教育，通过设计科学认识病毒和防护举措的跨学科课程，是应对针对疫情开展网络教学的有效手段。某些时候开展网络教学是必要的，但网络教学并不能替代学校课堂教学，它只是一种应急举措，为弥补网络教学的不足，以重实践和多学科融合为特点的跨学科教育手段是对网络教学有效性的补充。因此，该部分研究为较好地在病毒传播时期实施跨学科课程，提高学生科学认识和防护举措，提出以下研究

---

① 邹园园，李成军，谢幼如．疫情时期高校在线教学"湾区模式"的构建与实施［J］．中国电化教育，2020（4）：22-28.

② 祝智庭，郭绍青，吴砥，等．"停课不停学"政策解读、关键问题与应对举措［J］．中国电化教育，2020（4）：1-7.

目标：

（1）开发病毒传播时期病毒科学防护跨学科课程；

（2）实施病毒传播时期病毒科学防护跨学科课程；

（3）评价病毒传播时期病毒科学防护跨学科课程实施效果。

二、课程开发

作为国家级教育信息化教学应用实践共同体项目牵头单位，深圳市龙岗区麓城外国语小学建设了具有粤港澳大湾区特色的跨学科融合跨学科教育实践共同体，融入港澳学校跨学科课程实践特色和信息技术应用方式，探索出基于跨学科教育理念的整合性项目教学模式（STEAM-iPBL），为发挥跨学科教育的多学科融合作用，应将多个学科知识进行面向实际问题和学生能力提升方面的融合[1]，疫情时期应采用分类、分层、分阶段制定学习任务的方法[2]，设计在线教学单元化、主题式课程，当前可供选择的教学方式一般包含网络在线课程、网络直播教学、学生自主学习、电视空中课堂[3]，与其他三项相比，网络直播教学由于其互动性高、临场感强[4]，而作为本跨学科课程的主要教学方式。因此，基于跨学科教育理念的整合性项目教学模式（STEAM-iPBL），包含学科分析、整合设计、实验项目、作品制作、完善优化五步内容，开发了"地球有我也有它"的病毒科学认识与防护的跨学科整合性教学项目课程（简称"新冠"课程）。

---

① 张红洋，杨艳妮. 美国中小学 STEM 教育对我国基础教育的启示［J］. 新课程研究（下旬刊），2014（8）：15-17.

② 杨金勇，裴文云，刘胜峰，等. 病毒传播时期在线教学实践与经验［J］. 中国电化教育，2020（4）：29-41.

③ 焦建利，周晓清，陈泽璇. 疫情防控背景下"停课不停学"在线教学案例研究［J］. 中国电化教育，2020（3）：106-113.

④ 徐红彩，刘晓东. 基于云课堂的基础教育精准扶贫路径探索——以安徽省阜阳市农村云课堂应用实践为例［J］. 中国电化教育，2018（7）：62-66，103.

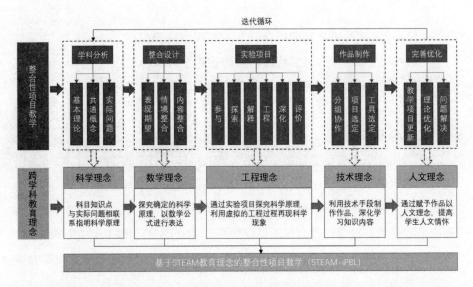

图7-1　基于跨学科教育理念的整合性项目教学模式（STEAM-iPBL）

（一）学科分析

学科分析旨在确定所开发"新冠"课程的基本框架和实施课程的目标，包含基本理论、共通概念和实际问题。该部分研究培养学生科学认识病毒与防护知识，将现有语文、数学、英语、科学、信息技术、美术、音乐、健康、德育、心理等学科中的共通概念进行融合，主要实现四个层面的课程目标：①指导学生科学认识病毒并实现知识可视化；②指导学生实现居家防疫并制作作品；③指导学生培养关心社会的意识和情怀；④指导学生具有放眼未来，科学认识世界的世界观。据此，"地球有我也有它"病毒科学认识与防护跨学科课程包含了四大模块，即"科学认识"主题、"居家防疫"主题、"关心社会"主题、"放眼未来"主题，从可持续认识病毒的角度培养学生防护意识和能力，并能够以信息技术手段制作工程作品。

图 7-2　"地球有我也有它"跨学科整合性项目知识体系

（二）整合设计

　　整合设计在学科分析的基础上需要进一步明确课程知识内容、教学目标和教学安排，包含表现期望、情境整合和内容整合。该部分研究"新冠"课程在学科分析的教学目标和知识体系基础上，分别对四个部分主题按年级进行跨学科融合细化，由于"新冠"课程面向的是小学阶段，教学内容主要围绕输出成果的制作展开，教学讲解中融入数学统计知识、英语语法知识、科学知识、心理健康知识、美术知识等，教学设计表具体内容应包含授课年级、授课名称、主题成员、输出成果、融合学科、主题设计思路。

表 7-1 "地球有我也有它"跨学科课程教学设计表

课程模块	授课年级	课题名称	成员	输出成果	融合学科
认识病毒	1—2 年级	防疫期间的小情绪	刘慕天、黄瑛莹、罗志敏	中英文绘本手册	心理、语文、美术、德育、健康、科学、英语、信息技术
	3—4 年级	防疫宣传手册	邱佳敏、俱于婷		
	5—6 年级	揭秘病毒家族	陈玲珠		
居家防疫	1—2 年级	居家防护手账的制作	罗志敏、黄瑛莹、俱于婷	居家防护手账（含体温记录表、疫情数据统计图任务）	科学、语文、美术、数学、健康
	3—4 年级	我是小小"收藏家"（食物储藏）	林舒淇		
	1—4 年级	认识体温计（体温计记录表）	林锐欢、陈玲珠、李如意		
	5—6 年级	疫情实时动态与统计图	苏智琴、陈玲珠、李如意		
关心社会	1—4 年级	防疫歌曲改编	周浦、林舒淇	抗疫情景剧（自编歌曲、小论文朗诵）	心理、语文、音乐、信息技术、科学
	3—4 年级	抗疫情景剧	刘欢欢、杨丽霞、俱于婷、林舒淇		
	5—6 年级	*To be or not to be*	李佩雯、樊乐		
放眼未来	1—2 年级	请让我来保护你（口罩绘制）	陈玲珠、陈谦	居家防护工具包（自制口罩、桌游、编程游戏、英文版视频）	科学、健康、德育、美术、语文、信息技术、英语
	3—4 年级	抗疫"神器"设计师	陈谦、朱玲		
	5—6 年级	另类抗疫卫士（桌游、Vlog）	张一宁、李佩雯、陈玲珠、樊乐		

（三）实验项目

实验项目即具体的教学过程，针对跨学科课程的跨学科知识性质不同、学生年龄阶段不同、项目教学目标不同，其所包含的教学环节也略有不同，主要包括参与、探索、解释、工程、深化、评价。该部分研究"新冠"课程教学过程由于学生为小学阶段，更加强调人文和科学素养的培养。参与阶段，教学采用钉钉直播功能开展网上直播教学，为提高学生参与度，缩短教学和实操总时长到 40 分钟；探索阶段，教师设计了教学任务单，指出学生在本次直播教学中所要完成的既定学习目标；解释阶段，教师自行设计教学指导微视频，在作品制作的关键环节给予学生指导；工程阶段，学生需在教师指导下完成输出成果的初步工作，为后续的作品完成打好基础；深化阶段，教师空出答疑时间，允许学生就疑难问题进行提问和说明；评价阶段，学生需对教学中呈现的其他学生的作品进行评价，该环节也可在后续阶段完成。通过实验项目的六个阶段，能够分阶段、有步骤地指导学生完成跨学科课程的学习目标。

（四）作品制作与完善优化

作品制作包含分组协作、项目选定、工具选定，根据项目主题允许学生进行班级内小组协作，小组根据项目教学选择相应作品进行制作，在教师任务单、教学微视频和相关资源指导下，分工完成作品。当各小组在既定时间内完成各自作品后，将进行小组作品评价和个人评价，教师需选择相应工具支持该评价过程。

完善优化是在以上四个环节完成的基础上，对该跨学科整合性课程的实施过程进行二次优化与迭代，包含教学项目更新、理论优化和问题解决。该部分研究"新冠"课程也在四周实施过程后进行经验总结和二次迭代，同时对积累的资源进行归纳和整理，形成项目资源库。

第二节　课程实施

一、实施过程

"地球有我也有它"病毒科学认识与防护跨学科整合性课程以综合性课程在学校实施，共有 32 位教师参与课程开发设计，课程实施周期为 4

周，按低年级、中年级、高年级三个分类进行，该课程的特点是每个专题都有执教者和参与设计者，参与设计者是其他专题的执教者，保证了学科交叉性和课程融合性。课程实施过程中积累了大量的学生作品，教师将作品以网络云盘的形式进行共享，为下一阶段的教学提供资源支撑。

（一）"认识病毒"主题

"认识病毒"输出成果为中英文宣传手册。首先，专题教师讲解了什么是病毒、病毒的结构、常见的病毒种类，病毒感染细胞的机制，蝙蝠携带多种病毒的原因，要求学生通过互联网查找资料了解历史上发生过的大瘟疫及其特征，并以时间轴的方式表达出来；其次，当学生整理好与病毒有关的知识后，用电子绘本的方式绘制绘本故事，表达学生病毒传播时期的心理变化，寻找解决办法，在绘本手册中可以用绘图、拍照、作品素材丰富其内容；最后，学生需要将该绘本翻译为中英文两种版本，形成中英文宣传手册。

（二）"居家防疫"主题

"居家防疫"输出成果为居家防护手账。首先，专题教师需要让学生了解病毒传播时期食物可能短缺的问题，指导学习对食物进行优化储存的方法；其次，讲解体温计的运作原理和种类、正确使用体温计的方法，让学生绘制体温记录表；再次，教师需要指导学生收集与疫情相关的数据，讲解绘制数据图表的方法、统计图的种类和表现形式，制作疫情数据统计图册；最后，学生整合以上食物整理方法、体温计使用方法和记录、疫情相关统计数据等内容制作居家防疫手账，并能够制作微视频进行手账内容介绍。

（三）"关心社会"主题

"关心社会"输出成果为抗疫情景剧。首先，专题教师需要向学生讲解不同曲调表达人类情绪的方法，熟悉曲调和歌词，改编、创作防疫歌曲；其次，教师需要为学生讲解撰写疫情小论文的方法，指导他们结合疫情中发生的感人故事撰写小论文，并进行朗读视频的录制；最后，学生需要结合防疫歌曲和论文故事，撰写疫情情景剧，并与家人一同录制情景剧，制作完成后进行网络分享和同伴评价赏析。

（四）"放眼未来"主题

"放眼未来"输出成果为能在病毒传播时期使用的防护工具。首先，专题教师向学生讲解口罩的正确使用方法，除口罩外的防疫工具防护原理，如防护服、护目镜等，展示错误的用具使用方法和工具；其次，专题教师向学生讲解护目镜的作用，讲解病毒传播的方式，引导学生设计一款防疫神器，并撰写产品设计说明书，拍摄产品宣传视频；最后，专题教师应用可视化编程工具编制疫情相关的闯关游戏，整合以上防疫神器及其制作方法，设计疫情传播桌面游戏，以多种类型的工具、素材普及疫情防护知识。

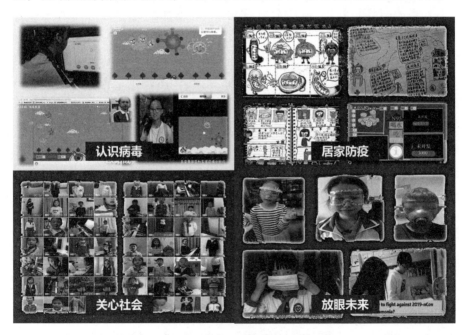

图7-3 学生在本次课程中所输出的成果

二、课程评价

在实施完本次跨学科课程后，对深圳麓城外国语小学跨学科课程开发组的 27 名参与教师进行课程实施情况调查，调查问卷设计为 7 级李克特量表，包含 TPACK 能力①、STEAM 课程水平②③和 SECI 学生知识应用能力④三个部分，共 37 道题目。回收问卷男教师占比 29.64%、女教师占比 70.37%，学科比例中占比最高的为语文（18.52%）、科学（18.52%）、信息技术（14.81%）等，问卷数据整体数据 α 信度为 0.98，由于样本数据为小样本，对检测的三个维度采用单一样本 t 检验的方法进行数据分析，获得描述性统计结果。同时，根据性别差异，男女教师在各能力指标维度上略有差异，女教师得分高于男教师得分。

表 7-2　STEAM 课程描述性统计结果

调查维度	项目数	平均值	标准差	方差	显著性差异
学科内容（CK）	3	5.17	1.0953	1.20	0.00
教学法（PK）	3	5.35	1.0840	1.18	0.00
技术应用（TK）	3	5.49	1.0717	1.15	0.00
TPACK	3	5.25	1.0402	1.08	0.00
科学内涵（S_ STEAM）	3	5.02	1.0936	1.20	0.00
技术内涵（T_ STEAM）	3	4.84	1.2347	1.53	0.00

① LIANG J C, CHAI C S, KOH J H L, et al. Surveying in-service preschool teachers' technological pedagogical content knowledge [J]. Australasian Journal of Educational Technology, 2013 (4): 1-14.

② 吴永和，常馨予，王佳雯，等."学习—研究—生涯发展"导向下的初中 STEAM 教育课程设计研究 [J]. 中国电化教育，2019 (2)：51-56, 125.

③ KIM H. The Effect of a Climate Change Monitoring Program on Students' Knowledge and Perceptions of STEAM Education in Korea [J]. Eurasia Journal of Mathematics, Science & Technology Education, 2015 (6)：1321-1338.

④ ANDREEVA T, IKHILCHIK I. Applicability of the SECI model of knowledge creation in Russian cultural context：theoretical analysis [J]. Knowledge and Process Management, 2011 (1)：56-66.

续表

调查维度	项目数	平均值	标准差	方差	显著性差异
工程内涵（E_ STEAM）	3	4.46	1.1953	1.43	0.00
人文内涵（A_ STEAM）	3	5.16	1.2553	1.58	0.00
数学内涵（M_ STEAM）	3	4.99	1.1303	1.28	0.00
知识社会化（S_ SECI）	2	4.98	1.1049	1.22	0.00
知识外在化（E_ SECI）	2	4.91	1.1010	1.21	0.00
知识组合化（C_ SECI）	2	5.26	1.0595	1.12	0.00
知识内在化（I_ SECI）	2	5.11	1.3752	1.89	0.00

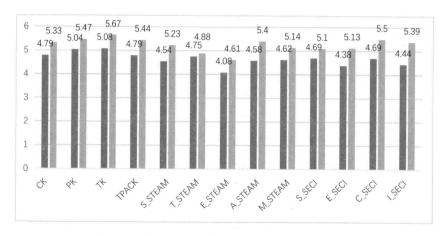

图 7-4　跨学科课程描述性统计结果

根据统计结果分析，TPACK 相关能力均值在 5 以上，尤其是技术应用（TK）最高，表明教师在本次课程中表现出较好的 TPACK 融合能力；STEAM 课程水平方面，科学内涵（S）与人文内涵（A）均值最高，源于本课程融合了语文、英语、科学等科目，具有知识基础，而在技术（T）、工程（E）和数学（M）方面有待加强，尤其是工程方面，一直以来是跨学科教育容易被忽略的知识方面；在 SECI 学生知识应用能力中，学生的知识社会化（S）和知识外在化（E）取值低于组合化（C）和内在化（I），社会化和外在化主要表现为学生学习和对知识理解的过程，他们对知识的理解和应用表现较好,所以表明学生在网络直播的学习中表现仍然有待加强。因此,对均值小于5的指标进行同类指标的皮尔生(Pearson)相关性分析,得到指标相关性结果。

表 7-3 指标相关性分析结果

	T_STEAM	E_STEAM	M_STEAM	S_SECI	E_SECI
CK	0.593	0.538**	0.647**	0.569**	0.508**
PK	0.723**	0.698**	0.670**	0.723**	0.656**
TK	0.811**	0.785**	0.757**	0.614**	0.692**
TPACK	0.791**	0.799**	0.733**	0.623**	0.692**
S_STEAM	0.892**	0.818**	0.778**	0.733**	0.838**
T_STEAM	1	.877**	0.804**	0.665**	0.724**
E_STEAM	0.877**	1	0.795**	0.628**	0.740**
A_STEAM	0.684**	0.723**	0.592**	0.543**	0.804**
M_STEAM	0.804**	0.795**	1	0.626**	0.715**
S_SECI	0.665**	0.628**	0.626**	1	0.773**
E_SECI	0.724**	0.740**	0.715**	0.773**	1
C_SECI	0.709**	0.748**	0.693**	0.645**	0.846**
I_SECI	0.660**	0.709**	0.611**	0.742**	0.871**

关键指标的皮尔生相关性系数都为正相关,具有显著性差异($P <$ 0.01**),以相关性系数大于0.8的指标关系作为观察,可以发现:课程技术内涵的提升与教师TPACK能力、课程科学内涵、工程内涵、数学内涵高度相关;课程工程内涵的提升与课程科学内涵、技术内涵高度相关;课程数学内涵的提升与课程技术内涵高度相关;学生知识社会化提升与教师教学法和知识外在化高度相关;知识外在化与课程的科学内涵、人文内涵、知识组合化、知识内在化高度相关。

第三节　结果与讨论

一、课程优化建议

（一）加强技术、工程类知识在跨学科课程中的融入

根据跨学科课程实施评价调查问卷调查结果分析，"新冠"课程的实施具有较好的跨学科课程实施水平，但是在开发课程教师调查中，课程实施在技术、工程、数学等方面的融入度仍需加强，根据指标相关性分析，技术、工程、数学内涵的提升与教师 TPACK 能力、跨学科内涵具有高度相关性，因此，在"学科分析"和"整合设计"阶段需在原有知识体系基础上，进一步融入技术、工程类知识的共通概念，并且在实际问题解决和表现期望上以技术、工程的手段实现课程目标，提升课程的跨学科内涵水平。

（二）引入过程性记录和资源库平台支撑课程的实施

根据课程实施过程和教师调查发现，学生在参与直播教学的过程中仍然需要教师的不断引导和互动，由于同步异地直播环境限制，教师难以掌握学生的实际学习情况，在数据相关性分析中也发现，学生的知识组合化、内化水平较高，即学生能够较好地应用知识开展课后活动，但学生们的知识社会化、外在化水平相对弱于其他两类，即学生输入知识的过程不如输出知识的过程，因此，需要在课程中引入过程性记录的手段对学生学习状况进行分层和个性化指导，同时也应引入知识资源库支撑教师与学生基于资源的网络互动，提高互动性。

（三）疫情背景下，开展面向教师 TPACK 能力发展的相关培训

最后，跨学科课程的实施水平和学生知识的掌握程度依赖于教师的教

学水平，该部分研究所设计跨学科课程实施评价调查问卷引入了教师TPACK 能力的评价，在调查数据分析后，参与本次跨学科课程开发的教师普遍学科知识（CK）、教学法（PK）、技术知识（TK）和 TPACK 综合能力都有较好的体现，但数据相关性分析结果显示，跨学科课程中技术、工程、数学内涵融入度与 TPACK 能力具有高度相关性，学生知识社会化、外在化的发展也与教师教学法相关，因此面向本课程参与开发的教师开展面向 TPACK 能力发展的相关培训，着重在技术平台、教学法与学科内容的深度融合，尤其在本次疫情时期背景下，教育部"停课不停学"建议病毒传播时期改变传统课程内容，导致学科内容发生变化，采取教学平台直播教学改变了技术的应用方法和环境，在直播中组织、引导学生学习导致教学法发生变化，只有三者相互融合的 TPACK 能力发展才能进一步提升跨学科课程的实施水平。

二、研究结果

该部分研究开发了在疫情背景科学认识与防护病毒的跨学科课程，在深圳市龙岗区麓城外国语小学跨学科课程开发组指导下，开发了"地球有我也有它"的小学跨学科课程，课程分为低年级、中年级、高年级三个层次，"认识病毒""居家防疫""关心社会""放眼未来"四个主题，在基于跨学科理念的整合性教学项目模式（STEAM-iPBL）框架下，按照学科分析、整合设计、实验项目、作品制作、完善优化五个环节开发课程。对该"新冠"课程的实施周期为 4 周时间，通过问卷调查的方式对课程实施情况进行调查，评价了教师 TPACK 能力、课程跨学科内涵水平和学生SECI 知识应用能力，通过数据统计分析发现，女教师表现略好于男教师，三类指标都获得较高评价，指标之间具有较高相关性，但是课程依然需要在教师 TPACK 能力培养、课程技术内涵、课程工程内涵、学生社会化知识学习、学生外在化知识学习方面加强。

后续研究方面，该部分研究提出了优化建议，加强技术、工程类知识在跨学科课程中的融入，引入过程性记录和资源库平台支撑课程的实施，并在疫情背景下，开展面向教师 TPACK 能力发展的相关培训。实施第二轮优化跨学科课程及评价，通过该部分研究实践了，在疫情背景下知识、技术、教学法等变量的教学设计变化，实践了较好的科学认识与防护病毒跨学科课程，提高了学生科学认识和居家防疫能力，培养了其人文情操和社会关怀，对同类跨学科课程的开发、实施与评价提供了借鉴。

第八章 "人与鸟和谐相处"：基于社团实践的跨学科教育案例

　　由于社会的发展，工业农业生产的发展，破坏了鸟类的生态环境，危害了人类的生存。所以，人要与鸟类和谐相处，保护鸟类的生态环境。基于学科整合性项目式学习模式，该案例开发了融合参与学校特色和地域特点的观鸟实践活动的跨学科课程。根据基于跨学科教育理念的大湾区"跨区域、跨学校、跨年级、跨学科"的"共师、共生、共享、共发展"的"四跨四共"的粤港澳跨学科课程混合教学模式，由教育部基于湾区的跨学科学习实践共同体课程开发组开发、设计，由深圳市龙岗区麓城外国语小学、佛山同济小学、深圳市盐田区乐群小学、广西百色第一小学协同实施。本项目致力于弘扬中国传统文化，从和谐视野看绿色祖国，引导学生通过观鸟这一实践活动了解湾区及湾区以外省市的自然环境，为湾区美好环境建设献计献策，做大湾区未来合格的建设者。

第一节　课程设计

一、课程背景

　　中国作为鸟类资源极为丰富的国家之一，鸟类不仅数量众多，而且种属多样也是世界上领土跨越两个动物地理界的仅有的两个国家之一。本课程帮助学生打开眼界，以国际化的视角来重新认识鸟类等生态资源的价值。建立新的价值体系，并加入对人们观念的更新和行为的诱导之中去，让人们感受到鸟类等生态资源全新价值的魅力与意义。

（一）基于现实问题

当今社会中工业农业生产的发展，破坏了鸟类的生态环境，危害了人类的生存。所以，人要与鸟类和谐相处，保护鸟类的生态环境。而当前的中小学生缺乏相应的生态意识，缺少对其他生命的关爱，缺乏对大自然的责任意识。"人与鸟和谐相处"跨学科项目式学习课程提供了很好的教育环境，让学生将学到的鸟类知识应用到实践中。

（二）基于协同校的研究基础

习近平总书记提出"绿水青山就是金山银山"的战略布局，为我们实现可持续发展提供了新路径。作为新时代的接班人，大湾区各地的孩子们也想通过自身的调查走访了解湾区自然环境，并通过研究鸟类栖息繁衍情况来客观反映湾区环境问题，为自己的家园建设尽一份力。

（三）基于共同体的研究内容

"人与鸟和谐相处——自然保护与观鸟活动"跨学科整合性项目式学习课程教育方式灵活，线上教学与线下教学相结合，室内课与户外课相结合，让学生到大自然中亲身体验，探索鸟类的魅力，感受生命的绚丽多姿。跨学科课程引导学生以项目化学习方式提升科技素养与人文素养、融合创新能力。

跨学科教育是一种多学科融合的教育理念，理念强调整合的教学方式，注重实践和过程、解决真实问题、知识与能力并重，倡导"做中学"、创新与创造力培养、知识的跨学科迁徙及其与学习者之间的关联。因此，"人与鸟和谐相处"跨学科项目式学习课程有助于提升学生的科技素养与人文素养、融合创新能力。

二、课程开发

课程开发是实践共同体的核心部分，在确定课程主题基础上，进行课程开发的工作，该部分工作按照基于跨学科教育理念的混合教学模式：①情境化导入现实世界与社会发展需要解决的问题；②项目选题与小组分工；③协作设计项目方案；④探究改进项目方案；⑤实施项目方案与作品制作；⑥作品交流展示与评价迭代实现案例的提炼和开发，开展教学。其中，进行共同体协同课程开发是难点，可供选择的共同体协同课程开发策略为：学科教师直接参与；将学校原有课程融入开发过程；将教师知识体系融入开发过程。实施目标：能够提出切实可行的课程实施方案，具体到任课教师、课时安排、学科融合、知识内容、教学法及其他准备。

本项目是具有粤港澳大湾区特色的跨学科融合跨学科教育实践共同体，融入港澳学校跨学科课程实践特色和信息技术应用方式，探索出基于跨学科教育理念的大湾区"跨区域、跨学校、跨年级、跨学科"的"共师、共生、共享、共发展"的"四跨四共"的粤港澳跨学科课程混合教学模式。

（一）实践共同体协同机制

1. 协同目标

探索大湾区"四跨四共"的粤港澳跨学科课程混合教学模式，整合实践共同体中大湾区内学校开展跨学科教育的协同教学，其主要目标是面向学前、小学、初中、高中四个学段的各学校特点适应性地设计跨学科课程，让知识融入实践，学生通过项目得到创新能力和信息素养的发展。

2. 协同方式

基于大湾区的跨学科学习（STEAM）教育实践共同体的协同方式包含外部支撑和内部机制。外部支撑是创造适用于全体实践共同体学校和教师协同的信息化支撑环境，利用国家资源公共服务平台、广东省教育"双融双创"智慧共享社区、钉钉网络班级、腾讯会议室、百度云盘资源库构建出学校协同、多校教研、多班授课、资源库搭建的全流程信息化环境支撑。

内部机制是本实践共同体提出的成员联动机制。在校长层面以校长轮值制赋予实践共同体各学校以自主管理和协同管理的权力；教研层面以多校教研团的形式让每个学校派出老手和新手教师组成教研团队共同参与协同教研，共同设计跨学科特色课程；共同体层面，以动态进出机制作为优化共同体协同的活动准则，允许学校自由加入和退出本实践共同体；在教学协同方面，实施协作共享制，所构建的课程、资源、教学设计都为每所参与学校共享，最大限度赋予参与教师专业化发展机会；评价层面，以共同体考核制鼓励各学校进行深度协同，以促进各学校参与教学的积极性。

在外部支撑和内部机制的支持下，通过不断地协同实践，逐步通过"四共"实现"四跨"的多校协同目标。以"共师、共生、共享、共发展"，使共同体结构跨区域、共同体协同跨学校、共同体实践跨年级、共同体课程跨学科。

共师是以一位教师多个课堂进行跨区域教学的协同，包括双师课堂、校外导师、实验指导、户外讲解等形式。共生是跨学科融合课程以及多位教师同时对同一类别学生进行指导，包括多校一课、校外指导、任务分担、"小先生"汇报等形式。共享是教师与学生对课程中所产生、使用的相关材料进行共享，共享的形式包括资源共享、活动共享、成果共享、课程框架共享。共发展是教师和学生在与共同体协作探究、交互激励学习的过程中，教师专业与学生学业得到共同发展。

3. 教学模式

融入跨学科教育理念的整合性项目教学流程为所有共同体学校所认同和实践。根据基于跨学科教育理念的大湾区"四跨四共"的粤港澳跨学科课程混合教学模式开发了"人与鸟和谐相处"跨学科项目课程，形成每位教师专业发展与每位学生学业发展的张力机制，从而促进学校群体"优势互补"协同发展的互动机制。

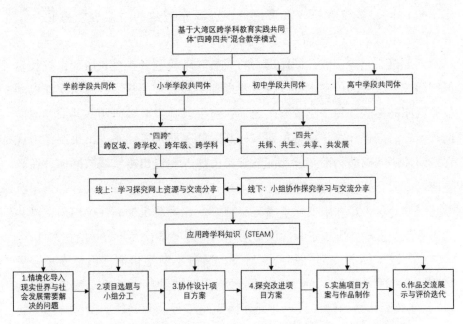

图 8-1 基于大湾区跨学科教育实践共同体"四跨四共"混合教学模式

（二）项目化教学流程

1. 情境引入

情境引入包含：真实情境、关键问题、共同概念。

面向认识与保护身边的自然环境这一真实情境，"人与鸟和谐相处"课程界定"科学""生命""环境"作为关键问题，其包含的共同概念为生命科学、行为与社会科学、环境科学与工程、计算机科学等学科内容。

学生在观鸟过程中需要通过实地观察自然界中鸟的行为习性，以及各种鸟的表现、性质、特征等，培养学生从小学会怎样进行实地观察，锻炼学生的实践能力、观察能力、户外应急能力、环境检测能力、信息技术运用能力等，使他们学会如何运用自己的眼、耳、鼻、舌、手去接收地球上发出的一切信息：形状、颜色、气味、声音……接收和处理这些信息，用心去体验自然、感知自然、分享自然。

本课程涉及的共同概念学科，如表 8-1 所示。

表 8-1 课程共同概念学科及其融入课程的目的、知识

学科	融入目的与知识
生命科学	研究生命现象、生命活动的本质,特征和发生、发展规律,以及各种生物之间和生物与环境之间相互关系
行为与社会科学	通过观察、实验和调查的方法研究人或动物的行为与反应,人类社会中的个人与个人之间、个人与社会之间的关系
环境科学与工程	包括大气科学、气候科学、环境对生态系统影响、地球科学、水科学、生物降解、土地开垦、水土保护和改良、水资源管理、污染控制、废物回收和管理等
计算机科学	包括互联网技术及通信、计算机制图技术、仿真/虚拟现实技术、计算科学、网络安全、数据库、操作系统、编程、物联网等
自然环境	也称地理环境,是指环绕于人类周围的自然界。它包括大气、水、土壤、生物和各种矿物资源等。自然环境是人类赖以生存和发展的物质基础。在自然地理学上,通常把这些构成自然环境总体的因素,分别划分为大气圈、水圈、生物圈、土圈和岩石圈五个自然圈
社会环境	是指人类在自然环境的基础上,为不断提高物质和精神生活水平,通过长期有计划、有目的的发展,逐步创造和建立起来的人工环境,如打造城市森林、农村生态文明建设等。社会环境的发展和演替,受自然规律、经济规律以及社会规律的支配和制约,其质量是人类物质文明建设和精神文明建设的标志之一

2. 选题与分工

选题设计包含:表现期望、情境整合、内容整合。

表现期望方面,本课程进行跨学科教育整合设计,以观鸟活动来了解人类和鸟类的生存环境情况,采取情境导向教学法和线上线下相结合的教学手段,提高学生学习自然科学知识的兴趣,懂得关注地球的生态系统,以鸟类为观察点,促进多学科知识能力发展,跨越学科界限,如生态学实验研究、文学创作、摄影、绘画、音乐舞蹈、动漫制作、编程应用、信息技术应用等。采取资源的整合及学科融合,使观鸟活动发展为融合动物分类学、动物生理学、植物学、生态学、地理学、统计学等多学科知识的跨

学科教育课程。

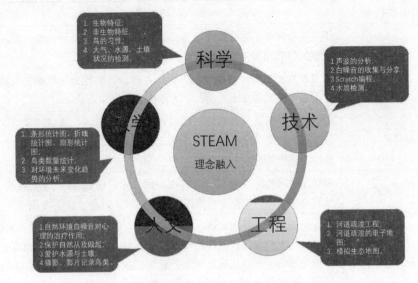

图8-2　跨学科理念融入本课程的具体学科知识

情境整合以跨学科教育理念融入项目化学习教学过程，通过不同阶段的跨学科知识体现跨学科理念，并设计了具有真实情境的教学环节。"人与鸟和谐相处"包含"报告撰写""实践活动""科学探究""作品制作"四个课程模块，每个课程模块包含了相应的教学课程。

《关爱鸟类，保护环境——环境调查报告》以环境调查报告作为输出成果，让学生利用所学科学、地理、环境知识研究自己所处自然环境的特征。

《走进鸟儿的世界——了解各地鸟类特性》《探秘鸟世界——认识大湾区常见鸟类》《人鸟和谐，生态平衡——成果汇报》，以观鸟活动纪录片为输出成果，利用各种信息化工具，如视频、音频、电子记录本等，展现学生观察鸟类过程中所获得的学习成果。

《保护鸟的生态——探索"鸟境"水质检测》，以水质检测报告和实践活动纪录片为输出成果，在观鸟过程中培养学生保护鸟类所处自然环境的意识，从水质检测入手检测鸟类栖息的环境的状况，以形成结论和保护环境的策略。

《好听的鸟叫声——放松心情的白噪音》《人鸟共家园——模拟生态地图编程》，以白噪音调查报告、模拟生态地图编程作品作为输出成果，引导学生在观察鸟、爱护鸟的同时还要充分利用所收集的信息化资源进行作品创作，以展现个人的学习成果并把亲身体验的大自然心得分享给学习伙伴。

表 8-2　课程教学设计

课程模块	授课年级	课题名称	输出成果	融合学科
报告撰写	1—8 年级	关爱鸟类，保护环境——环境调查报告	环境调查报告	语文、数学、科学、信息科技
实践活动	1—8 年级	走进鸟儿的世界——了解各地的省鸟、市鸟、特色鸟、候鸟的特性	观鸟活动纪录片	科学（动物分类学、动物生理学、植物学、生态学、地理学）、自然、综合实践、数学（统计学）、美术（摄影、绘画）
科学探究	1—8 年级	人鸟和谐，共享蓝天——成果汇报		
作品制作	1—8 年级	保护鸟的生态——探索"鸟境"水质检测	水质检测报告实践活动纪录片	科学、美术、信息科技、综合实践
	1—8 年级	好听的鸟叫声——放松心情的白噪音	白噪音调查报告实践活动纪录片	科学、音乐、心理、信息科技、综合实践
	1—8 年级	人鸟共家园——模拟生态地图编程	模拟生态地图编程作品人与鸟和谐相处编程作品	信息科技、科学、语文

图 8-3　"人与鸟和谐相处"项目化学习课程

3. 方案设计与协同探究

协同探究包含：讲解说明、淬炼操作。

首先，讲解说明方面既要让所有协同参与学校的教师和学生明了本课程各模块的实施目的和操作步骤，也要让参与学校参与到教研中，优化流程。

其次，淬炼操作方面，不同的学校其硬件、软件和教师教学水平不一。可以精练实验、操作、项目的制作流程，力求各学校协同实施中能够完成主要目标即可。降低制作作品的难度，使得学生能够容易实现，将所记录的信息进行梳理。

4. 项目实施与作品制作

在每个单独的教学课程中，教师首先要引导学生参与到实践活动中，让学生自主或协同探索现象背后的科学原理，再对共同产生的疑问进行解释，进而引导学生利用课程所提供的素材进行工程作品制作或素材制作，在深化作品的同时进行协同评价。

课程的项目实施过程即开展以项目式学习为主要模式的教学过程，"人与鸟和谐相处"开展的跨学科教学是从幼儿到高中学段，甚至成年人

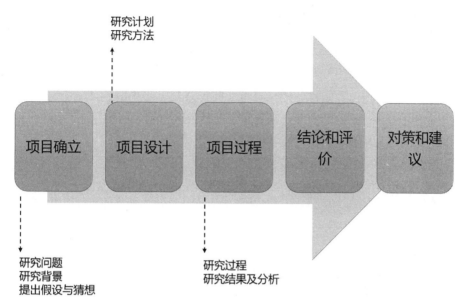

研究计划
研究方法

项目确立　项目设计　项目过程　结论和评价　对策和建议

研究问题
研究背景
提出假设与猜想

研究过程
研究结果及分析

图 8-4 "人与鸟和谐相处"项目化学习方案

都能参与。不同年龄阶段所完成的成果要求不同，教学目标、项目任务也不同。从幼儿到高中教育课程完整实现"四跨四共"教学采用的平台有钉钉直播教学、户外实践教学，线上教学时长为 40 分钟，户外实践教学时长为 60 分钟。教学过程由情境问题导入、项目任务驱动、计划制订、活动探究、项目完成、成果展示交流、活动评价构成。课程内容主要安排四个主题活动，均是体现"人与鸟和谐相处"所相关、所熟悉的内容，适合不同地域的学校进行教学。

作品制作难度不高，学生容易实现。例如，水质检测，可以使用最简单的 pH 试纸进行 pH 值的检测，可以在网上选购便宜的试剂进行亚硝酸盐、溶解氧和氨氮的检测，有条件的学校可以选择数字化传感器进行检测以快速得出比较准确的数据。准确白噪音收集可以用旧手机录音，再借助声音编辑 App 进行处理分析。借助信息技术在线编程网页进行创编人鸟共家园的游戏故事，再将收集的白噪音、鸟种照片等绘制成鸟的生态地图。

5. 交流展示

根据不同选题，小组合作完成课题报告。可以采用 PPT 演讲、视频录制、展板制作等形式完成课题成果汇报。

　　四所学校以网络直播的方式进行成果展示，展示各校学生观鸟的视频，充分体现课程的跨地域性以及大湾区特色。学生畅谈自己喜欢鸟类的原因，由此引到鸟类的重要性，引出普通大众都不了解的白噪音以及白噪音的作用，在此再次强调了鸟类对于生态环境的重要性。展示触目惊心的数据说明鸟类残酷的生存现状从而引导学生说出多种结合现代科技手段保护鸟类的措施，最后教师展示学生的水质检测视频和学生的生态模拟地图编程成果。在汇报环境调查报告内容的同时，综合展示自己制作的音乐作品和信息技术作品。

第二节　课程实施

　　课程实施与评价是实践共同体的实施部分，按照课程实施方案的具体内容实施，在课程实施前和实施后需要教师具备评价意识，以检验课程实施的效果。可供选择的共同体课程评价策略为：量化分析法、质性分析法、综合评判法。

　　实施目标：课程实施与评价的最终目的是检验课程实施是否有效果，所以不管采取何种方法都应该能够适合地反映真实情况，比较前后资料或者数据，说明实施亮点和需要改进的不足，以进行课程迭代。

一、实施过程

　　"人与鸟和谐相处"项目式学习课程，共有40名教师参与课程开发设计，课程实施周期为8周，本课程实施模式为"四跨四共"教学模式。四跨：跨区域（深圳、佛山、香港、广西）；跨学校（深圳麓城外国语小学、佛山同济小学、深圳盐田区乐群小学、广西百色一小、香港张煊昌幼稚园）；跨年级（一至八年级）；跨学科（语文、数学、英语、音乐、信息技术、科学、心理、综合实践）。四共：共师、共生、共享、共发展。本课程采用共师共生协同策略，四校教师和学生在统一上课平台，统一课程主题框架下由多校教师共同完成课堂教学。

图8-5 "人与鸟和谐相处"课程协同实施框架图

1. "报告撰写"主题

"报告撰写"输出成果为环境调查报告。主要是通过带领学生外出实践，利用观鸟仪进行鸟类观测；采集不同地域的水样本，并进行水质检测；收集不同地域的白噪音。把观鸟、水质检测、收集白噪音的过程以文字的方式记录下来。环境调查报告结构包括项目确立（研究问题、研究背景、提出假设和猜想）、项目设计（研究计划、研究方法）、项目过程（研究过程、研究结果及分析）、结论和评价、对策和建议五个部分。四所学校的学生以小组为单位分组完成，每个小组配一名辅导教师，最后再将各小组撰写的报告汇编成一本完整的项目式学习环境调查报告。

2. "实践活动"主题

"实践活动"输出成果为活动纪录片。深圳麓城外国语小学、佛山同济小学、深圳盐田区乐群小学、广西百色一小四所学校分别带学生到深圳湾、大梅沙、佛山新城湿地公园、佛山植物园、佛山顺德伦教鹭园、广州南沙湿地公园、高明云勇森林公园、高明美的鹭湖、广西百色半岛公园等地点进行观鸟活动，观察并了解各地的省鸟、市鸟、特色鸟、候鸟的特性，让孩子走进大自然，掌握观鸟的技能，体会观鸟的乐趣，丰富鸟的知识，体验大自然之美。

3. "科学探究"主题

"科学探究"输出成果为水质检测报告。为什么要做水质考察与检测？我们考察与检测水的什么呢？检测水的 pH 值和氨氮含量对水生动物有什么影响呢？主要是通过探索"鸟的生态环境"进行水质检测，结合深圳湾、佛山新城湿地公园、广西百色半岛公园、大梅沙等地域的环境特征，介绍认识大气、水、土壤状况的基础知识，介绍水质中氨氮、亚硝酸盐的基础知识；结合各地域的环境特征，介绍有关鸟类的生态环境资源；指导学生制订考察计划，对深圳湾、佛山新城湿地公园、广西百色半岛公园、大梅沙的水进行实地考察、取样；学生应用显微镜对水质进行初步观察；应用水质检测盒检测水质的 pH 值、氨氮和亚硝酸盐的含量，根据不同颜色判断水质状况，形成环境报告的水质检测内容，最终达到保护鸟的生态的目的。

4. "作品制作"主题

"作品制作"输出成果为白噪音收集，编程作品。什么是白噪音？白噪音有什么作用？如何获取白噪音？为什么要研究白噪音？首先教师向学生介绍了集中检索工具，让学生自己去检索并将结果发在公屏上，学生得到了许多答案，并引发了热烈的讨论；然后通过系列活动、视频、音频以及亲身体验，小组分工录制白噪音，思考录制白噪音的意义；最后利用信息技术手段搜索相关资料，创编人鸟共家园的游戏故事，将收集的白噪音及不同地域的观鸟相片利用编程技术制作模拟生态环境地图。通过模拟生态环境地图，体验大自然之美，敬畏自然生态，使人与鸟更好地和谐相处。

二、课程评价

表8-3 学生过程性学习评价量表

评价指标		评价内容	自主评价	成员互评	家长评价	教师评价	总评
跨学科学习能力	科学（S）	科学知识概念	1. 能够完全正确地掌握科学知识，掌握撰写环境调查报告的方法。 2. 学习水质检测方法，熟悉水质检测盒等实验工具的使用方法。 3. 掌握观鸟的技能，认识鸟的态度价值，了解鸟类的基本知识，掌握分辨鸟类的方法与技巧	2.5	2.5	2.5	2.5	10
	技术（T）	信息技术运用能力、设计与绘制能力	1. 利用信息技术手段搜索相关资料。 2. 创编人与鸟和谐相处的游戏故事。 3. 利用编程猫制作模拟生态环境地图	2.5	2.5	2.5	2.5	10
	工程（E）	使用工具的熟练度	能够熟练使用观鸟仪等观鸟设备进行鸟类观测。能够把观鸟的过程以视频或音频的方式记录下来	2.5	2.5	2.5	2.5	10

评价指标		评价内容	自主评价	成员互评	家长评价	教师评价	总评
	人文（A）	了解人文知识，进行更多的人文关怀的思考	1. 通过探究深圳、佛山、广西三地的湿地生态系统，了解湿地对候鸟的重要性。走进自然，热爱自然，懂得保护自然。2. 公众参与意识，社会责任感。3. 能辩证地看待人与自然与生物的关系，能从热爱大自然精灵鸟儿起，做到自觉爱护生态环境	5	5	5	5	20
	数学（M）	统计与分析能力	根据收集的数据绘制不同类型的统计图，比如条形统计图、折线统计图、扇形统计图等，并对相关数据进行分析	2.5	2.5	2.5	2.5	10
情感态度与价值观	学习兴趣及态度		对项目有浓厚兴趣，学习态度认真，努力完成预定任务	2.5	2.5	2.5	2.5	10
解决问题能力	能发现问题，并思考解决问题的方法和步骤		主动发现问题，积极思考，寻找有效方法解决问题	2.5	2.5	2.5	2.5	10

续表

评价指标	评价内容		自主评价	成员互评	家长评价	教师评价	总评
成果与成效	参加活动展示并创意设计与制作学习成果,过程分享,作品展示	认真详细地完成研究报告,能够流利分享创作过程和成果介绍	2.5	2.5	2.5	2.5	10
总评			25	25	25	25	100

第三节　结果与讨论

一、课程优化建议

(一) 优化跨学科课程教学手段和方法

"人与鸟和谐相处"跨学科课程的组织和方式采取室内教学和户外活动相结合,让学生进一步亲近自然,放松身心到大自然中亲身体验,去发现、观察、欣赏自然状态下的鸟儿,学以致用,并且就观鸟这一项目式学习活动展开相关的课题研究,学会合作学习。在教学过程中,教师要平等对待学生,尊重学生的意见和建议,注重和学生之间的情感交流,了解学生在跨学科课程学习、课堂教学中的体会,鼓励学生表达自身的观点和看法并且选择采纳,改进课堂方法和内容,成为学生信任的朋友。学生在民主和谐的氛围中会更加有学习的兴趣,课堂效率会因此提高。因为教师的包容性会让学生感觉到一个非常宽松的学习环境,所以他们不会限制自己的想象,从而产生很多自己的想法,这是创新的前提条件。教学手段和方法的创新与优化也是学习兴趣提升的不可或缺的部分。在教学手段创新方面，最主要的就是利用多媒体课件、网络资源等将跨学科课程知识通过视频、音频、图片等形式展现出来，让学生感受到立体的跨学科课程，加深记忆和理解。教师要注重运用网络资源等基础教育资源网，加强和学生之间的交流沟通，学习其他教师的先进经验，不断补充更新教学理念和方法。另外，教学手段的创新，也可以通过多学科结合的方式，把学生喜爱的学科融入跨学科课程学习中，从而能够激发学生的灵感，使其产生学习的兴趣。

（二）发掘师资力量，提升教师的专业素养

指导学生开展观鸟活动，首先要求教师要掌握一定的鸟类学知识，能够向学生传授相关的鸟类知识；其次要求教师有一定的户外观鸟技能，观鸟活动是一项实践性较强的课外活动，要求教师能熟练使用望远镜，正确快速地辨别鸟种，从而给学生提供指导。

（三）改革课程学习效果评价方式

为促进学生个性健康多元发展，要进行评价内容的多元化改革，不仅要评价学生学习知识的掌握情况，还可以对学生进行情感体验的评价，主要是从学习态度、学习兴趣、学习情绪控制、和同学的互动等方面进行。教师不能通过相同的模板和水平去评价学生，不能要求学生形成一样的情感体验，要尊重和鼓励学生发挥个性，形成自己的特有体验。此外，还包括能力方面，指的是综合分析、逻辑能力等。所以，可以将单向评价转变为双向评价或者多向评价方式，采取让学生和教师之间互评、学生小组互相评价以及学生自评等方式相结合的评价模式。

（四）提高综合能力，多方面训练学生思维

"人与鸟和谐相处"课程可以让学生进一步亲近自然，从观鸟开始，培养自然环保的生态理念。同时，观鸟活动课涉及许多综合性科学知识，

内容丰富，能有效地提高学生的综合能力，多方面训练学生的思维。观鸟活动课不仅学习鸟类知识和到户外观鸟，还拓展了许多其他与鸟类有关的主题，还可以创作有关鸟类的文学作品，进行小组课题研究等，这些主题有效地提高了学生的综合实践能力、小组合作能力和对社会事物的关注，多方面地训练了学生的观察力、归纳能力、记忆力，促进了学生思维的发展。

（五）加强技术、工程类知识在跨学科项目式学习中的融入

在技术、工程、数学等方面的融入度仍需加强，因此，在"学科分析"和"整合设计"阶段需在原有知识体系基础上，进一步融入技术、工程类知识的共通概念，并且在实际问题解决和表现期望上以技术、工程的手段实现课程目标，提升课程的跨学科内涵水平。

二、课程特色

特色一：文化特色。本项目致力于弘扬中国传统文化，从和谐视野看绿色祖国，引导学生通过观鸟这一实践活动了解湾区及湾区以外省市的自然环境，为湾区美好环境建设献计献策，做大湾区未来合格的建设者。

特色二：技术特色。麓城外国语小学利用编程猫软件，带领四校学生制作模拟生态地图编程作品，表达心中爱鸟、护鸟的意愿。利用重实践的超学科教育概念，鼓励孩子在科学、信息技术领域的发展和提高，培养他们的综合素养。

特色三：地缘特色。四所学校分别带学生到深圳湾、大梅沙、佛山新城湿地公园、佛山植物园、佛山顺德伦教鹭园、广州南沙湿地公园、高明云勇森林公园、高明美的鹭湖、广西百色半岛公园等地点进行观鸟实践活动，利用观鸟仪进行鸟类观测；采集不同地域的水样本，并进行水质检测；收集不同地域的白噪音。把观鸟、水质检测、收集白噪音的过程以文字的方式记录下来。让孩子走近大自然，掌握观鸟的技能，体会观鸟的乐趣，丰富鸟的知识体验。

三、案例总结

本案例开发基于大湾区的跨学科学习（STEAM 教育）实践共同体课程的"人与鸟和谐相处"，深圳市龙岗区麓城外国语小学、佛山同济小学、深圳市盐田区乐群小学、广西百色第一小学、香港张煊昌幼稚园协同开发了"人与鸟和谐相处"的跨学科课程，课程分为"报告撰写、科学探究、实践活动、作品制作"四个主题。在基于跨学科理念的整合性教学项目模式（STEAM-iPBL）框架下，按照学科分析、整合设计、实验项目、作品制作、完善优化五个环节开发课程，该"人与鸟和谐相处"课程的实施周期为两个月时间。通过实地观测、记录、水质取样检测、白噪音收集、生态地图绘制——编程学习制作一系列课程实施，让学生意识到"鸟类是人类的朋友"这句话是正确的，而现代工业文明的发展，使得环境遭受到破坏，生物多样性受到极大威胁，许多可爱的动物或植物已经灭绝或者濒临灭绝。环境保护，是我们在进行经济发展过程中必然要经营的事业，以此体现了课程跨学科的内涵水平和学生知识应用能力。

后续方面，观鸟活动是研究生物多样性的一个切入点，通过每年对相同地点的不同鸟类的观察，可以发现它们生活的规律和迁徙习惯，从而更好地研究他们，采取有效的措施保护它们。观鸟不仅能陶冶身心、消除疲劳，而且让观鸟者学会热爱大自然、理解大自然。鸟类是大自然的精灵，如果没有鸟类，大自然定会黯然失色。该课程的学习，增强了人们热爱大自然、善待生命的情感和环保意识。

第九章 大湾区跨学科教育案例与我国跨学科教育的总结与展望

为了推动粤港澳大湾区物流、科技和人文等方面的发展,加快湾区互联互通,国家提出构筑大湾区快速交通网络,力争实现大湾区主要城市间1小时通达。城际交通网络建立必然少不了桥梁的建设。在此背景下,课程设计组以跨学科项目式学习模式为基础,将多学科整合、湾区多校协同、信息技术等特色融入课程,开发了《我为湾区设计桥梁》的学校跨学科课程,课程主要能够帮助学生感受桥梁的文化魅力,体会桥梁建设的价值,产生为湾区未来贡献力量的动力。该课程主要基于"四跨四共"的课程理念,由跨学科学习实践共同体课程开发组组织教师进行开发,力求在学校协同上实现"跨区域、跨学校、跨年级、跨学科",在教学方法上实践"共师、共生、共享、共发展"。协同学校包括:广州市天河区天府路小学、广州市白云区华南师范大学附属太和实验学校、珠海市斗门区和风中学、澳门劳校中学、香港明爱屯门马等基金中学、广东汕头华侨中学。本项目帮助学生感受桥的文化魅力,体会桥梁建设的价值,产生为湾区未来建设的动力。

第一节 课程设计

一、课程背景

古有竹桥听潺潺流水,石桥看流水逝去不舍昼夜;今有巨龙横卧长河与高山，听涛看云海，亦有信息缆桥接五湖四海促繁荣；桥，从草木变石块，连钢筋，接通网络，形态已渐变，但性质未变，依然为了衔接与沟通。如今粤港澳大湾区已建成实体桥梁连接各地，但为了促进湾区科技、人文、物流、经济的高速发展，仍需纽带衔接不同地域文化。粤港澳大湾区是由广州、深圳、珠海、佛山、中山、东莞、惠州、江门、肇庆九市和香港、澳门两个特别行政区组成的城市群。为了推动粤港澳大湾区物流、科技和人文等各方面的发展，加速大湾区的互联互通，国家提出构筑大湾区快速交通网络的建议，而城际交通网络的建立必然少不了桥梁的建设。

作为湾区建设的未来接班人，需要掌握什么样的知识与技能参与湾区的未来建设呢？什么样的平台能够提高他们的创新能力、交流能力、合作能力、批判思维与问题解决能力呢？"我为湾区设计桥梁"是一个典型的跨学科项目，学生通过对湾区未来桥梁的设计与制作，了解桥的建设历史、功能、结构、造型等特点与分类，在实践中感悟与表达"桥"联湾区人、"桥"展湾区美。本课程提出以下学习目标：

1. 通过认识粤港澳大湾区知道大湾区的位置、收集整理湾区的桥梁类型、查阅湾区桥梁背后的事、勘测建桥地形、绘制桥梁三视图、探究合适建桥的材质、制作桥梁实物模型和 3D 模型、开展桥梁承重实验以及完成制作研究过程的花絮等活动，提升学生协作能力、创新能力、交流能力，感受桥的文化魅力，体会桥梁建设的价值，产生为湾区未来建设的动力。

2. 通过"四跨四共"的深度实践研讨，实现教师优势互补。通过跨地域和跨学科小组协作学习，提高学生的 4C 能力（创新能力、交流能力、合作能力、批判思维与问题解决能力）。

3. 体会制作桥梁模型的乐趣，丰富粤港澳大湾区和桥梁的知识，感受湾区魅力，表达作为湾区人的自豪感。

二、课程开发

本项目是具有粤港澳大湾区特色的跨学科融合跨学科教育实践共同体，融入港澳学校跨学科课程实践特色和信息技术应用方式，探索出基于跨学科教育理念的大湾区"四跨四共"信息化教学应用模式。融入跨学科教育理念的整合性项目教学流程为所有共同体学校所认同和实践,"四跨四共"混合教学模式,其本质是促进教师、学生、学校协同发展,让每所学校通过"跨区域、跨学校、跨年级、跨学科"形成共同体,让每位师生通过共同体"共师、共生、共享、共发展",形成每位教师专业发展与每位学生学业发展的张力机制,从而促进学校群体"优势互补"协同发展的互动机制。

第二节　课程实施与结果

一、实施过程

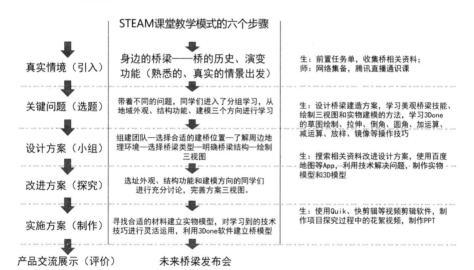

图9-1　"我为湾区设计桥梁"课程协同实施框架图

二、课程评价

表 9-1 学生过程性学习评价量表

评价指标		评价等级及星值			分值（总分 10 分，每项满分 2.5 分）				
一级指标	二级指标	优秀☆☆☆	良好☆☆	一般☆	自评	组评	家长评	教师评	总评
情感态度	学习兴趣、学习态度	1. 对项目有浓厚兴趣。2. 学习态度认真，努力实现预定任务	1. 对项目较有兴趣。2. 学习态度良好，在组员协助下实现预定任务	1. 对项目兴趣一般，参与积极性低。2. 学习态度不积极，不愿承担任务					
合作学习	与人合作、与人沟通	1. 队员之间积极配合，分工合作，乐于助人。2. 乐于沟通，乐于倾听	1. 队员之间基本能配合，完成自己任务。2. 基本能合作解决问题	1. 队员之间有需要时才合作。2. 不喜欢发言与倾听					
资料收集	资料查找、收集、整理、运用	能熟练运用多种方式收集资料，能有条理归纳和整理资料	比较熟练运用多种方式收集资料，基本能归纳和整理资料	收集资料的方式单一，不太会归纳和整理资料					
自主创作	自主学习制作和完成作品	积极主动学习作品制作的方法，全程能够自主完成作品，作品具有创新性	较认真学习作品制作的方法，在组员之间协助下完成作品	不积极学习作品制作的方法，无法完成作品，需要家长帮忙					

评价指标		评价等级及星值			分值（总分10分，每项满分2.5分）			
解决问题	发现问题与寻找解决问题的方法	主动发现问题，积极思考，寻找有效方法解决问题	能够发现问题，在组员之间的协助下得到解决问题的方法	无视问题，需要家长帮忙解决问题				
成果汇报	创作过程的分享与作品介绍	认真详细完成研究报告，能够流利分享创作过程和成果介绍	认真完成研究报告，需要组员提示下讲解创作过程和成果介绍	能完成研究报告，无法讲解创作过程和成果介绍				

三、课程特色

特色一：文化特色。从文化的角度欣赏桥梁，不光用技术分析桥梁，更从中国传统桥梁中了解桥梁，也从中国现代桥梁建设中展示中国桥梁建设的成就。

特色二：技术特色。课程通过桥梁通识，建立不同学段共同接受的知识，并根据不同的学段开展不同的活动。

特色三：地缘特色。课程组包括小学、初中、高中，而且还有九年制一贯学校，更利于开展跨学段的学习，根据不同学段学生的特点设计课程项目。特别是身处大湾区，能见到很多桥梁，大湾区著名的桥梁也很多，代表中国现代工程技术的最高水平。

四、案例总结

解决真实世界问题，着眼于真实需要。跨学科教育强调面向真实世界、基于真实情境解决真实问题，这一点在该课程中得到了很好的体现。课程的实施从"造物"为主转向"体验"为主，从功能性为主导转向需求为主导。以工程设计为主线，课程实施方式灵活。以项目式学习形式包含了问题、方案、探究与制作、评价等环节，充分体现了以工程设计为主线实施的路径。

第三节 我国跨学科教育的总结

一、我国跨学科教育新特征的探究与总结

国务院印发《中国教育现代化 2035》强调更加注重以德为先、更加注重全面发展、更加注重面向人人，并提出到 2035 年，总体实现教育现代化，迈入教育强国行列，推动我国成为学习大国、人力资源强国和人才强国，而"以教育信息化全面推进教育现代化"这一重要论断，已成为我国推动教育改革发展的重要举措。我国进入新时代所呈现出的教育发展趋势，催生出了众多的教育理念革新，跨学科教育就是在综合提炼国内外关于多学科融合理念与方法基础上所形成的理念，并由我国当前的时代背景、育人目标、技术发展的积累，形成了跨学科教育的新特征。跨学科教育不仅是一种方式，更是一种理念，甚至是一种文化，其关键内涵就是跨界思维，突破学科限制，打破方法的藩篱，将多种方式、理念、文化进行融合，其最终目标也并非简单实现跨学科，而是培养跨学科思维。

中国工程院院士、教育部原副部长韦钰曾指出，"科学发达以后，知识产生的越来越多、越来越快，而面对的问题越来越复杂，靠某一个分科并不能解决问题"。所以，面对当前国内外越发复杂的问题，我们需要培养学生具有跨学科思维，以解决更加复杂的跨界问题，这是我国开展跨学科教育的基本逻辑，而跨学科思维正是创新能力的核心组成部分，通过跨学科思维的训练，能够进一步促进创新人才的培养。

二、跨学科教育实践模式的建构与实践

我国的教育体系区别于实施跨学科教育理念已久的其他国家，具有自己的独特结构，在基础教育阶段，尤其强调育人目标、课程标准与学科课程教学的相互融合，在这种背景下，国外以 STEAM 为显著代表的跨学科教育在中国就显得水土不服，通过实践，STEAM 需要进一步改良，因此，我国逐渐形成了"跨学科"的教育理念。该研究提出的跨学科教育实践模式，强调针对我国基础教育教学的基本情况进行学科融合，不是随意地融入科学、技术、人文等，而是首先融入教研活动中，在学科建设极为重要的教研中，引发学科教师思考本学科所面临的一些真实问题、所教知识的基本理论、与其他学科的共通概念，这种对跨学科实践方式的改良，既具现实性、又有实操性，后续的各部分环节也依然没有摒弃掉 STEAM 等理念的有益成分，而是自然地将 PLTW、6E 学习法等融入模式环节。通过实践验证，表明了该模式一方面能够指导教师改良课程、开发跨学科教学活动，另一方面也能在完成跨学科活动后，促进学习者的跨学科思维，成效较好。

三、我国跨学科教育的定位与发展

2021 年 7 月，国务院印发《关于进一步减轻义务教育阶段学生作业负担和校外培训负担的意见》，被称之为"双减"政策。深入分析，"双减"政策的核心其一是减负、其二是增效，即减轻学生负担与增强教学效果同步进行、相互促进。跨学科教育的实践，革新了教育理念与教学方式，也为现实教学困境提供了有效的解决方案，以往作业负担过重、校外培训繁多等问题，部分原因也源于学科局限，有时语文、政治、历史等学科具有一些共通概念，可以通过跨学科融合得以缓解，关键点在于教师的教学设计与教学引导，首先培养教师具有一种跨学科思维，在跨学科教育实施成效不高的学校，开展跨学科的定位就是培养跨学科教师，而后由教师发展逐渐转移至学生素质培养上，以跨学科解决教育的现实问题。因此，跨学

科教育未来发展，必然是聚焦于"教育公平""教育减负""教育提质""教育均衡发展""创新人才培养"等关键命题。

第四节　我国跨学科教育的发展展望

根据跨学科教育的实施特征，以及在我国部分地区的实践情况，笔者在分析、吸收跨学科、STEAM 教育特征基础上，对我国跨学科教育的未来展望如下所述。

1. 开展多维教学，验证模式成效

本书所提出的诸多模式在部分学校已开展了教学实践，在教学实践的过程中发现，未来的跨学科教育既需要理论支撑，也需要实践验证，因为一些理论模式依然没有在更多学段和学科中得到进一步验证，因此，一些模式在未来的跨学科研究中，应聚焦于学前、小学、初中、高中等学段，验证其对学生能力发展的促进作用，同时在各学科框架下，发现学科的核心素养、内容框架、教学方式与模式实践步骤的契合之处，以找到各自理论模式在不同学科实践中的细微差别，从而提高该模式在学科实践的适应性，进一步促进模式的实施成效。

2. 总结核心特征，提炼理论成果

"跨学科教育"理念，是在我国的基础教育环境中形成的理念，它类似于 STEAM 教育的多学科融合理念，又与 STEAM 的科学、技术、工程、人文、数学等多学科融合概念不同，它是一种基于我国教育体系下的理论微创新。在后续研究中，跨学科教育的实践依然具有较大的探索空间与价值，应进一步总结其实施过程所体现的核心特征，尤其是信息技术融入教育教学的过程，以及跨学科教育在促进创新人才培养方面所发挥的突出作用，提炼其理论成果，实现我国教育理论的创新探索。

3. 智能技术融入，科学创新评价

教育人工智能（Educational Artificial Intelligence，EAI）就是人工智能

对教育赋能的综合概念，它是人工智能与学习科学相结合而形成的一个新领域，教育人工智能重在通过人工智能技术，更深入、更微观地理解学习是如何发生的，是如何受到外界各种因素影响的，进而为学习者高效地进行学习创造了条件。充分利用教育人工智能的相关技术，应用于跨学科教育过程中的科学创新评价，有利于发现学习者的认知发展机制与学习机理，是教育评价科学化研究的重要内容。在后续研究中，应充分利用人工智能在教育应用的新技术、新理念、新方法，探索跨学科教育促进创新人才培养的发生、发展机理，这是未来跨学科教育研究的重点和趋势。

参考文献

中文参考文献

[1] 约翰·杜威. 民主主义与教育 [M]. 王承绪, 译. 北京: 人民教育出版社, 2001.

[2] 何克抗, 郑永柏, 谢幼如. 教学系统设计 [M]. 北京: 北京师范大学出版社, 2002.

[3] 李克东. 教育技术学研究方法 [M]. 北京: 北京师范大学出版社, 2003.

[4] 戴维·乔纳森, 简·豪兰, 乔伊·摩尔, 罗斯·马尔拉. 学会用技术解决问题——一个建构主义者的视角 [M]. 任友群, 李妍, 施彬飞, 译. 北京: 教育科学出版社, 2014.

[5] 乔治·西蒙斯. 网络时代的知识和学习——走向连通 [M]. 詹青龙, 译. 上海: 华东师范大学出版社, 2009.

[6] 孟祥旭. 人机交互基础教程 [M]. 北京: 清华大学出版社, 2010.

[7] 刘学利, 傅义赣, 张继瑜. 课程与教学论 [M]. 北京: 中国人民大学出版社, 2013.

[8] 谢幼如. 信息时代高等学校课程与教学设计 [M]. 北京: 北京师范大学出版社, 2013.

[9] 刘景福, 钟志贤. 基于项目的学习 (PBL) 模式研究 [J]. 外国

教育研究, 2002 (11).

　　[10] 徐福荫. 信息化进程中的教育技术学专业建设研究 [J]. 电化教育研究, 2003 (12).

　　[11] 郑葳, 李芒. 学习共同体及其生成 [J]. 全球教育展望, 2007 (4).

　　[12] 谢幼如. 网络环境下基于问题学习的课程设计 [J]. 电化教育研究, 2007 (7).

　　[13] 李向明. ADDIE 教学设计模型在外语教学中的应用 [J]. 现代教育技术, 2008 (11).

　　[14] 杨南昌, 刘晓艳. 学习活动系统中的互动分析——来自学习科学的研究观点 [J]. 全球教育展望, 2010, 39 (1).

　　[15] 程志, 陈晓辉. "合法的边缘性参与"视角下的移动学习设计策略 [J]. 中国电化教育, 2011 (8).

　　[16] 张义兵. 美国的"21世纪技能"内涵解读——兼析对我国基础教育改革的启示 [J]. 比较教育研究, 2012, 34 (5).

　　[17] 何克抗. TPACK——美国"信息技术与课程整合"途径与方法研究的新进展（下）[J]. 电化教育研究, 2012, 33 (6).

　　[18] 华子荀. 情境认知与学习理论对教育电视节目开发的启示 [J]. 求实, 2013 (1).

　　[19] 张燕军, 李震峰. 21世纪美国高等教育科学、技术、工程和数学教育的问题及其应对 [J]. 比较教育研究, 2013, 35 (3).

　　[20] 李兴保, 武希迎. 教师虚拟社群知识共享的过程模型和价值取向 [J]. 电化教育研究, 2013, 34 (3).

　　[21] 刘文雅, 李兆君, 王凯丽. 网络教师培训 KAFR 模型的工具设计 [J]. 中国电化教育, 2013 (3).

　　[22] 陈涛. 跨学科教育：一场静悄悄的大学变革 [J]. 江苏高教, 2013 (4).

　　[23] 时长江, 刘彦朝. 课堂"学习共同体"教学模式的探索——浙

江工业大学《思想道德修养与法律基础》课建设的研究与实践 [J]. 教育研究, 2013, 34 (6).

[24] 杨凤娟. 对美国 K-12 学段 "STEM" 教育的观察与思考——从物理教学的视角阐释 [J]. 北京教育（普教版）, 2013 (7).

[25] 曾文婕, 柳熙. 获得·参与·知识创造——论人类学习的三大隐喻 [J]. 教育研究, 2013, 34 (7).

[26] 张奇勇, 卢家楣. 情绪感染的概念与发生机制 [J]. 心理科学进展, 2013, 21 (9).

[27] 何文涛, 张新明. 基于微课程的电子课本内容整合及其教育应用 [J]. 中国电化教育, 2013 (12).

[28] 陈向明. 从"合法的边缘性参与"看初学者的学习困境 [J]. 全球教育展望, 2013, 42 (12).

[29] 柳夕浪. 从"素质"到"核心素养"——关于"培养什么样的人"的进一步追问 [J]. 教育科学研究, 2014 (3).

[30] 杨文正, 熊才平, 丁继红, 等. 教育信息资源质量满意度影响因素及机制研究——基于 296 份中学教师调查问卷的结构方程模型分析 [J]. 中国电化教育, 2014 (5).

[31] 王志军, 陈丽. 联通主义学习理论及其最新进展 [J]. 开放教育研究, 2014 (5).

[32] 何克抗. 从"翻转课堂"的本质, 看"翻转课堂"在我国的未来发展 [J]. 电化教育研究, 2014, 35 (7).

[33] 吴焕庆, 余胜泉, 马宁. 教师 TPACK 协同建构模型的构建及应用研究 [J]. 中国电化教育, 2014 (9).

[34] 傅骞, 王辞晓. 当创客遇上 STEAM 教育 [J]. 现代教育技术, 2014, 24 (10).

[35] 胡小勇, 李馨, 宋灵青, 等. 在线学习的创新与未来: 数字徽章——访美国宾西法尼亚州立大学凯尔·派克 (Kyle Peck) 教授 [J]. 中国电化教育, 2014 (10).

[36] 尤佳鑫，孙众，宋伟．数字教材的技术接受度与教师 TPACK 能力的相关分析——基于结构方程模型的实证研究 [J]．电化教育研究，2014（11）．

[37] 孙江山，吴永和，任友群．3D 打印教育创新：创客空间、创新实验室和 STEAM [J]．现代远程教育研究，2015（4）．

[38] 钟柏昌，张禄．项目引路（PLTW）机构的产生、发展及其对我国的启示 [J]．教育科学研究，2015（5）．

[39] 翟小铭，项华，穆明．基于 S-WebQuest 的主题探究模式教学实践研究——例谈信息技术与物理学科教学深度融合 [J]．中国电化教育，2015（5）：130-134．

[40] 张凤娟，林娟，贺爽．大学英语教师 TPACK 特点及其发展研究 [J]．中国电化教育，2015（5）．

[41] 祝智庭，管珏琪，邱慧娴．翻转课堂国内应用实践与反思 [J]．电化教育研究，2015，36（6）．

[42] 张义兵，满其峰．知识建构共同体中两种协作脚本的组间交互差异研究 [J]．电化教育研究，2015，36（8）．

[43] 蔡宝来，张诗雅，杨伊．慕课与翻转课堂：概念、基本特征及设计策略 [J]．教育研究，2015，36（11）．

[44] 李小涛，高海燕，邹佳人，等．"互联网+"背景下的 STEAM 教育到创客教育之变迁——从基于项目的学习到创新能力的培养 [J]．远程教育杂志，2016，34（1）．

[45] 王娟，吴永和．"互联网+"时代 STEAM 教育应用的反思与创新路径 [J]．远程教育杂志，2016，35（2）．

[46] 赵慧臣，陆晓婷．开展 STEAM 教育，提高学生创新能力——访美国 STEAM 教育知名学者格雷特·亚克门教授 [J]．开放教育研究，2016，22（5）．

[47] 任友群，郑旭东，吴旻瑜，等．深度推进信息技术与教育的融合创新——《教育信息化"十三五"规划》（2016）解读 [J]．现代远程

教育研究，2016（5）.

[48] 李子建，邱德峰 . 实践共同体：迈向教师专业身份认同新视野 [J]. 全球教育展望，2016，45（5）.

[49] 王同聚 . 基于"创客空间"的创客教育推进策略与实践——以 "智创空间"开展中小学创客教育为例 [J]. 中国电化教育，2016（6）： 65-70.

[50] 胡畔，蒋家傅，陈子超 . 我国中小学 STEAM 教育发展的现实问题与路径选择 [J]. 现代教育技术，2016（8）.

[51] 王靖，董玉琦，孔丽丽，等 . 网络学习社区中认知性存在的影响因素模型研究 [J]. 中国电化教育，2016，26（8）.

[52] 刘德建，刘晓琳，张琰，等 . 虚拟现实技术教育应用的潜力、进展与挑战 [J]. 开放教育研究，2016，22（4）.

[53] 赵兴龙，许林 . STEM 教育的五大争议及回应 [J]. 中国电化教育，2016（10）.

[54] 余胜泉，王阿习 . "互联网+教育"的变革路径 [J]. 中国电化教育，2016（10）.

[55] 李毅，吴思睿，廖琴 . 教师信息技术使用的影响因素和调节效应的研究——基于 UTAUT 模型 [J]. 中国电化教育，2016（10）.

[56] 银翠琴，李成华 . 未来之城 STEAM 项目实践中的创造性思维培养 [J]. 教育信息技术，2016（11）.

[57] 赵慧臣，周昱希，李彦奇，等 . 跨学科视野下"工匠型"创新人才的培养策略——基于美国 STEAM 教育活动设计的启示 [J]. 远程教育杂志，2017，35（1）.

[58] 金慧，胡盈滢 . 以 STEM 教育创新引领教育未来——美国 《STEM 2026：STEM 教育创新愿景》报告的解读与启示 [J]. 远程教育杂志，2017，35（1）.

[59] 王玥月，陆建隆 . 凸显 STEM 教育的初中物理教学设计初探——以"浮力"教学为例 [J]. 物理教师，2017，38（2）.

［60］殷朝晖，王鑫．美国 K-12 阶段 STEM 教育对我国中小学创客教育的启示［J］．中国电化教育，2017（2）．

［61］高云峰，师保国．跨学科创新视角下创客教育与 STEAM 教育的融合［J］．华东师范大学学报（教育科学版），2017，35（4）．

［62］魏晓东，于冰，于海波．美国 STEAM 教育的框架、特点及启示［J］．华东师范大学学报（教育科学版），2017，35（4）．

［63］汪基德，杨滨．构建"D-S-T"CD 网络模型促进区域教师教学能力协同发展研究［J］．中国电化教育，2017，136（4）．

［64］胡卫平，首新，陈勇刚．中小学 STEAM 教育体系的建构与实践［J］．华东师范大学学报（教育科学版），2017，35（4）．

［65］师保国，高云峰，马玉赫．STEAM 教育对学生创新素养的影响及其实施策略［J］．中国电化教育，2017（4）．

［66］谢丽，李春密．物理课程融入 STEM 教育理念的研究与实践［J］．物理教师，2017，38（4）．

［67］秦瑾若，傅钢善．STEM 教育：基于真实问题情景的跨学科式教育［J］．中国电化教育，2017（4）．

［68］李春密，赵芸赫．STEM 相关学科课程整合模式国际比较研究［J］．比较教育研究，2017，39（5）．

［69］林健．深入扎实推进新工科建设——新工科研究与实践项目的组织和实施［J］．高等工程教育研究，2017（5）．

［70］宋怡，马宏佳，姚金鑫．美国"项目引路"计划的价值动因、课程样态与行动路径——以威斯康辛州为例［J］．远程教育杂志，2017，35（6）．

［71］周东岱，樊雅琴，于颖，等．基于 STEAM 教育理念的小学课程体系重构研究［J］．电化教育研究，2017，38（8）．

［72］唐烨伟，郭丽婷，解月光，等．基于教育人工智能支持下的 STEM 跨学科融合模式研究［J］．中国电化教育，2017（8）．

［73］董宏建，胡贤钰．我国 STEAM 教育的研究分析及未来展望

[J]. 现代教育技术, 2017, 27 (9).

[74] 王小栋, 王璐, 孙河川. 从 STEM 到 STEAM: 英国教育创新之路 [J]. 比较教育研究, 2017, 39 (10).

[75] 金书辉, 郑燕林, 张晓. 高中 Arduino 机器人课程学习现状调查与分析 [J]. 中国电化教育, 2017 (12).

[76] 刘敏娜, 张倩苇. 国外计算思维教育研究进展 [J]. 开放教育研究, 2018, 24 (1).

[77] 杨宗凯. 教育信息化 2.0: 颠覆与创新 [J]. 中国教育网络, 2018 (1).

[78] 任友群, 冯仰存, 郑旭东. 融合创新, 智能引领, 迎接教育信息化新时代 [J]. 中国电化教育, 2018 (1).

[79] 杨宗凯. 以信息化全面推动教育现代化: 教育技术学专业的历史担当 [J]. 电化教育研究, 2018, 39 (1).

[80] 祝智庭, 雷云鹤. STEM 教育的国策分析与实践模式 [J]. 电化教育研究, 2018, 39 (1).

[81] 彭敏, 朱德全. STEAM 有效教学的关键特征与实施路径——基于美国 STEAM 教师的视角 [J]. 远程教育杂志, 2018, 36 (2).

[82] 钟正, 陈卫东. 基于 VR 技术的体验式学习环境设计策略与案例实现 [J]. 中国电化教育, 2018 (2).

[83] 殷欢. STEM 教育中合作学习质量影响因素及提升策略 [J]. 中国民族教育, 2018 (6).

[84] 彭正梅, 邓莉. 培养具有全球竞争力的美国人——基于 21 世纪美国四大教育强国战略的考察 [J]. 比较教育研究, 2018, 40 (7).

[85] 李王伟, 徐晓东. 作为一种学习方式存在的 STEAM 教育: 路径何为 [J]. 电化教育研究, 2018, 39 (9).

[86] 姜强, 潘星竹, 赵蔚, 等. 网络学习空间中教师激励风格对学习投入的影响研究——SDT 中内部动机的中介效应 [J]. 中国电化教育, 2018 (9).

［87］常咏梅，张雅雅．基于 STEM 教育理念的教学活动设计与实证研究［J］．电化教育研究，2018，39（10）．

［88］黄予．教育数字徽章：数字化时代的新学习认证［J］．电化教育研究，2018，39（11）．

［89］秦德增，秦瑾若．核心素养视角下的 STEAM 跨学科融合模式研究［J］．教育理论与实践，2018，38（22）．

［90］章熙春．粤港澳大湾区建设进程中大学创新人才培养的思考与探索［J］．高等工程教育研究，2019（1）．

［91］熊丙奇．如何实现《中国教育现代化 2035》目标［J］．上海教育评估研究，2019，8（2）．

［92］王改花，傅钢善．网络学习行为与成绩的预测及学习干预模型的设计［J］．中国远程教育，2019（2）．

［93］毛艳华，杨思维．粤港澳大湾区建设的理论基础与制度创新［J］．中山大学学报（社会科学版），2019，59（2）．

［94］陈鹏，田阳，刘文龙．北极星计划：以 STEM 教育为核心的全球创新人才培养——《制定成功路线：美国 STEM 教育战略》（2019—2023）解析［J］．远程教育杂志，2019，37（2）．

［95］杨彦军，饶菲菲．跨学科整合型 STEM 课程开发案例研究及启示——以美国火星教育项目 STEM 课程为例［J］．电化教育研究，2019，40（2）．

［96］陈明选，苏珊．STEAM 教育视角下教育技术学人才培养的思考［J］．电化教育研究，2019，40（3）．

［97］孔少华．从 Immersion 到 Flow experience："沉浸式传播"的再认识［J］．首都师范大学学报（社会科学版），2019（4）．

［98］李亮，朱津津，祝凌宇．虚拟现实与移动增强现实复合性教学环境设计［J］．中国电化教育，2019（5）．

［99］陈鹏，田阳，黄荣怀．基于设计思维的 STEM 教育创新课程研究及启示——以斯坦福大学 d. loft STEM 课程为例［J］．中国电化教育，

2019 (8).

[100] 李洪修，李美莹. 基于虚拟现实环境的深度学习模型构建 [J]. 中国电化教育, 2019 (9).

[101] 华子荀. 虚拟现实技术支持的学习者动觉学习机制研究 [J]. 中国电化教育, 2019 (12).

[102] 沈夏林，张际平，王勋. 虚拟现实情感机制：身体图式增强情绪唤醒度 [J]. 中国电化教育, 2019 (12).

[103] 熊小菊，廖春贵，熊开宏，等. STEAM 教育理念在中学地理教学中的运用 [J]. 教学与管理, 2019 (15).

[104] 宋乃庆，肖林，郑智勇. 新中国成立以来我国中小学校长培训发展：回眸与展望 [J]. 中国电化教育, 2020 (1).

[105] 李琼，裴丽. 建设高素质专业化创新型教师队伍——基于《中国教育现代化 2035》的政策解读 [J]. 中国电化教育, 2020 (1).

[106] 华子荀，许力，杨明欢. 面向教师专业发展的实践共同体评价模型研究 [J]. 中国电化教育, 2020 (5).

[107] 黄桂芳，杨明欢，邬丽萍，华子荀. 跨越与联结：跨区域教学实践共同体的本体论、知识论与活动论 [J]. 中国教育信息化, 2020 (19).

[108] 杨明欢. 粤港澳大湾区教育提质与均衡发展研究 [J]. 教育信息技术, 2021 (1).

[109] 华子荀，欧阳琪，郑凯方，等. 虚拟现实技术教学效用模型建构与实效验证 [J]. 现代远程教育研究, 2021, 33 (2).

[110] 王恒玉. 基于 Arduino 的岳阳楼虚拟空间设计及其体验研究 [D]. 哈尔滨：哈尔滨工业大学, 2014.

[111] 张丽芳. 基于 STEM 的 Arduino 机器人教学项目设计研究 [D]. 南京：南京师范大学, 2015.

[112] 王丹丹. Arduino 创客项目计算思维特征研究 [D]. 上海：上海师范大学, 2016.

［113］新华社. 习近平出席中央人才工作会议并发表重要讲话［DB/OL］. （2021-09-28）［2021-11-06］. http：//www. gov. cn/xinwen/2021-09/28/content_ 5639868. htm.

［114］吴鹏泽. 跨学科学习助力课堂提质增效［DB/OL］. （2021-12-08）［2021-12-08］. http：//www. moe. gov. cn/jyb_ xwfb/moe_ 2082/2021/2021_ zl53/zjwz/202112/t20211208_ 585677. html.

外文参考文献

［1］L. S. VYGOTSKY. Mind in society：the development of higher psychological processes［M］. Cambridge：Harvard University Press, 1978.

［2］WLOKA M M. Interacting with virtual reality［M］//RIX J, HAAS S, TEIXELRA J. Virtual Prototyping Boston, MA. : Springer, 1995：199-212.

［3］BARRON A E, ORWIG G W. Multimedia Technologies for Training：An Introduction［M］. Englewood：Libraries Unlimited, 1995.

［4］GEORGE M D, BRAGG S. Shaping the future：New expectations for undergraduate education in science, mathematics, engineering, and technology［M］. Darby：DIANE Publishing, 1996.

［5］JESSE S. The art of game design：A book of lenses［M］. Boca Raton：CRC Press, 2008.

［6］LIN J, YANG W, GAO X, et al. Learning to Assemble Building Blocks with a Leap Motion Controller［M］. Switzerland：Springer Cham, 2015.

［7］KING D J, RUSSELL G W. A comparison of rote and meaningful learning of connected meaningful material［J］. Journal of Verbal Learning & Verbal Behavior, 1966, 5（5）.

［8］KELLY R. Comparison of the effects of positive and negative vicarious reinforcement in an operant learning task［J］. Journal of Educational Psychology, 1966, 57（5）.

［9］WESTERGAARD G C, LIV C, CHAVANNE T J, et al. Token-mediated tool-use by a tufted capuchin monkey (Cebus apella) [J]. Animal Cognition, 1998, 1 (2).

[10] LESLIE M. Designing communities of learners for asynchronous distance education [J]. Educational Technology, Research and Development, 1998 (4).

[11] LEE Y, KOZAR K A, LARSEN K R. The technology acceptance model: Past, present, and future [J]. Communications of the Association for information systems, 2003 (1).

[12] BEGEL A, GARCIA D D, WOLFMAN S A. Kinesthetic learning in the classroom [J]. Acm Sigcse Bulletin, 2004, 36 (1).

[13] COSTELLO A B, OSBORNE J. Best practices in exploratory factor analysis: Four recommendations for getting the most from your analysis [J]. Practical assessment, research, and evaluation, 2005 (1).

[14] ADAMS W K, PERKINS K K, PODOLEFSKY N, et al. New Instrument for Measuring Student Beliefs about Physics and Learning Physics: The Colorado Learning Attitudes about Science Survey [J]. Physical Review Special Topics Physics Education Research, 2006 (1).

[15] SCHREIBER J. B. , Nora A, STAGE F K et al. Reporting structural equation modeling and confirmatory factor analysis results: A review [J]. The Journal of educational research, 2006, 99 (6).

[16] SIVILOTTI G, Pike S M. The suitability of kinesthetic learning activities for teaching distributed algorithms [J]. Acm Sigcse Bulletin, 2007 (1).

[17] WANG K T, HUANG Y M, JENG Y L, et al. A blog-based dynamic learning map [J]. Computers & Education, 2008, 51 (1).

[18] PERNA L, LUNDY-WAGNER V, DREZNER N D, et al. The contribution of HBCUs to the preparation of African American women for STEM careers: A case study [J]. Research in Higher Education, 2009 (1).

[19] PIRO J. Going from STEM to STEAM [J]. Education Week, 2010

(24).

[20] HUANG H M, RAUCH U, LIAW S S. Investigating learners' atti-tudes toward virtual reality learning environments: Based on a constructivist ap-proach [J] .Computers & Education, 2010 (3).

[21] HOSSEINI S M. The application of SECI model as a framework of knowledge creation in virtual learning [J]. Asia Pacific Education Review, 2011 (2).

[22] BINKS C E, JOSHI M, WASHBURN E K. Validation of an instru-ment for assessing teacher knowledge of basic language constructs of literacy [J]. Annals of dyslexia, 2012, 62 (3).

[23] ANDERSON T, DRON J. Three Generations of Distance Education Pedagogy [J]. Distance Education in China, 2013 (3).

[24] YONY A G, PEARCE S. A beginner's guide to factor analysis: Focusing on exploratory factor analysis [J]. Tutorials in quantitative methods for psychology, 2013 (2).

[25] HEO M, LEE R. Blogs and social network sites as activity systems: Exploring adult informal learning process through activity theory framework [J]. Journal of Educational Technology & Society, 2013 (4).

[26] RICHARD W C. Evaluating and adopting e-learning platforms [J]. International Journal of e education, e – business, e – management and e – learning, 2013 (3).

[27] HOFFMAN E S. Beyond The Flipped Classroom: Redesigning A Re-search Methods Course For e³ Instruction [J]. Contemporary Issues in Education Research, 2014 (1).

[28] LI Y. International Journal of STEM Education—a platform to promote STEM education and research worldwide [J]. International Journal of Stem Edu-cation, 2014 (1).

[29] OMIDVAR O, KISLOV R. The evolution of the communities of prac-

tice approach: Toward knowledgeability in a landscape of practice—An interview with Etienne Wenger-Trayner [J]. Journal of Management Inquiry, 2014 (3).

[30] YOUNG S C, HUNG H C. Coping with the Challenges of Open Online Education in Chinese Societies in the Mobile Era: NTHU OCW as a Case Study [J]. International Review of Research in Open & Distance Learning, 2014 (3).

[31] ESTES MD, LIU J H, ZHA S H, et al. Designing for problem-based learning in a collaborative STEM lab: A case study [J]. TechTrends, 2014 (6).

[32] KIM S, PRESTOPNIK N, BIOCCA F A. Body in the interactive game: How interface embodiment affects physical activity and health behavior change [J]. Computers in Human Behavior, 2014 (36).

[33] CORLU S, CAPRARO R, CAPRARO M. Introducing STEM Education: Implications for Educating Our Teachers For the Age of Innovation [J]. Egitim ve Bilim, 2014 (39).

[34] MARIN G, DOMINIO F, ZANUTTIGH P. Hand gesture recognition with jointly calibrated Leap Motion and depth sensor [J]. Multimedia Tools & Applications, 2015 (1).

[35] KIVUNJA C. Using De Bono's Six Thinking Hats Model to Teach Critical Thinking and Problem Solving Skills Essential for Success in the 21st Century Economy [J]. Creative Education, 2015 (3).

[36] NIEMEYER D J, GERBER H R. Maker culture and Minecraft: implications for the future of learning [J]. Educational Media International, 2015 (3).

[37] MILNER A R. Universal Human Rights and STEM Education [J]. School Science and Mathematics, 2015 (6).

[38] DIEMER J, Alpers G W, PEPERKORN H M, et al. The impact of perception and presence on emotional reactions: a review of research in virtual

reality [J]. Frontiers in psychology, 2015 (6).

[39] MAHDIEH M T, YAN P L, AHMADREZA S. Interactive Kinect Designed for Mobile Phone into Education [J]. International Journal of Information and Education Technology, 2015 (12).

[40] BARROUILLET P. Theories of cognitive development: From Piaget to today [J]. Developmental Review, 2015 (38).

[41] IAMMARTINO R, BISCHOFF J, WILLY C, et al. Emergence in the U. S. Science, Technology, Engineering, and Mathematics (STEM) workforce: an agent-based model of worker attrition and group size in high-density STEM organizations [J]. Complex & Intelligent Systems, 2016 (1).

[42] CUTUCACHE C E, LUHR J L, NELSON K L, et al. NE STEM 4U: an out-of-school time academic program to improve achievement of socio-economically disadvantaged youth in STEM areas [J]. International Journal of Stem Education, 2016 (1).

[43] ESTES M D, LIU J H, ZHA S H, et al. Designing for problem-based learning in a collaborative STEM lab: A case study [J]. TechTrends, 2014 (6).

[44] REIDER D, KNESTIS K, MALYN J. Workforce Education Models for K-12 STEM Education Programs: Reflections on, and Implications for, the NSF ITEST Program [J]. Journal of Science Education & Technology, 2016 (25).

[45] LUTERBACH K J, XIAO W, TANG H, et al. Reflections on World Education Day 2017 [J]. Tech Trends, 2018 (3).

[46] TIGNERJ A, ENGLISH T, FLOYD T M. Cultivating the STEM pipeline by translating glucose sensor research into a hands-on outreach activity [J]. Education For Chemical Engineers, 2017 (21).

[47] WALTMAN S, HALL B, MCFARR L, et al. Clinical Case Consultation and Experiential Learning in Cognitive Behavioral Therapy Implementation:

Brief Qualitative Investigation [J]. Journal of Cognitive Psychotherapy, 2018 (2).

[48] MATTAR J. Constructivism and connectivism in education technology: Active, situated, authentic, experiential, and anchored learning [J]. RIED: Revista Iberoamericana de Educación a Distancia, 2018 (2).

[49] WALTMAN S H, HALL B C, MCFARR L M, et al. Clinical Case Consultation and Experiential Learning in Cognitive Behavioral Therapy Implementation: Brief Qualitative Investigation [J]. Journal of Cognitive Psychotherapy, 2018 (2).

[50] COOK K L, BUSH S B. Design thinking in integrated STEAM learning: Surveying the landscape and exploring exemplars in elementary grades [J]. School Science & Mathematics, 2018 (4).

[51] MAYOROVA V, GRISHKO D, LEONOV V. New educational tools to encourage high-school students' activity in stem [J]. Advances in Space Research, 2018 (61).

[52] AGUSTINA D. Extension of Technology Acceptance Model (Etam): Adoption of Cryptocurrency Online Trading Technology [J]. Jurnal Ekonomi, 2019 (2).

[53] MUHAIMIN M, HABIBI A, MUKMININ A, et al. A Sequential Explanatory Investigation of TPACK: Indonesian Science Teachers' Survey and Perspective [J]. Journal of Technology and Science Education, 2019 (3).

[54] VILORIA A, LEZAMA O. B. P, MERCADO N, et al. Model and Simulation of Structural Equations for Determining the Student Satisfaction [J]. Procedia Computer Science, 2019 (16).

[55] SCHERER R, SIDDIQ F, TONDEUR J. The technology acceptance model (TAM): A meta-analytic structural equation modeling approach to explaining teachers' adoption of digital technology in education [J]. Computers & Education, 2019 (128).

［56］BERSANT D, PHILIP R, SANDRO R, et al. STEAM: A Platform for Scalable Spatiotemporal Analytics ［J］. Procedia Computer Science, 2017 (109).

［57］GALL M D, GALL J P, BORG W R. Educational research: An introduction (7th ed.) ［C］. Boston, MA: Pearson Education, 2003.

［58］ADAMS W K, PERKINS K K, DUBSON M, et al. The Design and Validation of the Colorado Learning Attitudes about Science Survey ［C］. California Sacramento: American Institute of Physics Conference Proceedings, 2005.

［59］FELIX A L, BANDSTRA J Z, STROSNIDER W H. Design－Based science for STEM student recruitment and teacher professional development ［C］. Vancouver, BC: In Proceedings of the Mid－Atlantic American Society for Engineering Education Conference, 2010.

［60］HANTRAKUL L, KACZMAREK K. Implementations of the Leap Motion device in sound synthesis and interactive live performance ［C］. New York: MOCO' 14 proceedings of the 2014 International Workshop on Movement & Computing, 2014.

附　录

附录一　跨学科教育实践共同体发展指数调查

第一部分　基本信息

1.1 性别（单选）：□男　□女

1.2 您的年龄（单选）：□25 岁及以下　□26~30 岁　□31~35 岁 □36~40 岁□41~45 岁　□46~50 岁　□51~55 岁　□56 岁及以上

1.3 您的学历（单选）：□大专　□本科　□硕士　□博士　□其他

1.4 所属地区（单选）：□广州市　□深圳市　□珠海市　□汕头市 □佛山市　□韶关市　□湛江市　□肇庆市　□江门市　□茂名市　□ 惠州市　□梅州市　□汕尾市　□河源市　□阳江市　□清远市　□东莞 市　□中山市　□潮州市　□揭阳市　□云浮市　□香港　□澳门　□省 外地区

1.5 教学学段（单选）：□学前　□小学　□初中　□高中　□其他

1.6 任教学科（可多选）：□语文　□英语　□数学　□信息　□科学 □音乐　□美术　□生物　□政治　□道德　□地理　□物理　□化学 □历史　□通用　□体育　□综合　□其他

1.7 参与共同体的主题（可多选）：□跨学科融合创新（STEAM）教

育　□智能教育与学科教学　□创意智造（创客）　□数字教材创新应用
□综合素养与数字化创作

　　1.8 参与共同体牵头单位类型（单选）：□幼儿园　□小学　□初中
□高中　□市区县教育局　□教学研究室　□电教站（馆）/信息技术中
心/装备中心　□其他

第二部分　教育信息化指数

　　请依据您个人的实际情形，从右至左七个空格："非常同意"到"非
常不同意"的选项中，勾选"√"一个最符合自己的描述。

描述	非常不同意	不同意	有点不同意	普通	有点同意	同意	非常同意
2.1.1（资源）我能够获取到想要的教学资源	□	□	□	□	□	□	□
2.1.2 我能够在与同事协作交流过程中发现需要的教学资源	□	□	□	□	□	□	□
2.1.3 我能够在与共同体同伴协作交流中发现需要的教学资源	□	□	□	□	□	□	□
2.2.1（平台）我知道如何应用教学网络平台获取资源	□	□	□	□	□	□	□
2.2.2 我所在学校已经建设了较好的教学网络平台	□	□	□	□	□	□	□
2.2.3 我会访问共同体其他学校的教学网络平台	□	□	□	□	□	□	□
2.3.1（社群）我能够参与到同校教师网络研讨群组中的讨论	□	□	□	□	□	□	□
2.3.2 我能够关注到感兴趣的网络研讨群组	□	□	□	□	□	□	□

续表

描述	非常不同意	不同意	有点不同意	普通	有点同意	同意	非常同意
2.3.3 我能够参与到共同体网络研讨群组中的讨论	☐	☐	☐	☐	☐	☐	☐
2.4.1（工具）我能够发现对我教学有用的信息化教学工具	☐	☐	☐	☐	☐	☐	☐
2.4.2 我能够在教学中应用别人向我推荐的信息化教学工具	☐	☐	☐	☐	☐	☐	☐
2.4.3 我能够在共同体学校的教学中发现较好的信息化教学工具	☐	☐	☐	☐	☐	☐	☐
2.5.1（机制）我会定期参与一些网络教研活动	☐	☐	☐	☐	☐	☐	☐
2.5.2 我会定期参与同校教师的网络教研活动	☐	☐	☐	☐	☐	☐	☐
2.5.3 我会定期参与共同体教师之间的网络教研活动	☐	☐	☐	☐	☐	☐	☐
2.6.1（活动）在教学方面，我能够找到与我志趣相投的教师	☐	☐	☐	☐	☐	☐	☐
2.6.2 在教学方面，我能够在学校找到与我志趣相投的教师	☐	☐	☐	☐	☐	☐	☐
2.6.3 在教学方面，我能够在共同体中找到与我志趣相投的教师	☐	☐	☐	☐	☐	☐	☐
2.7.1（信息化）我认为部分学校信息化建设足以支撑开展新型信息化教学	☐	☐	☐	☐	☐	☐	☐
2.7.2 我认为我所在学校的信息化建设足以支撑开展新型信息化教学	☐	☐	☐	☐	☐	☐	☐
2.7.3 我认为共同体学校信息化建设足以支撑我们开展新型信息化教学	☐	☐	☐	☐	☐	☐	☐

第三部分　教学应用指数

请依据您个人的实际情形，从右至左七个空格："非常同意"到"非常不同意"的选项中，勾选"√"一个最符合自己的描述。

情况描述	非常不同意	不同意	有点不同意	普通	有点同意	同意	非常同意
3.1.1（内容）我对所教学科的内容拥有足够的知识储备	☐	☐	☐	☐	☐	☐	☐
3.1.2 我对所教学科的内容有更深入的理解	☐	☐	☐	☐	☐	☐	☐
3.1.3 我对所教学科的内容有一定研究并取得了成果	☐	☐	☐	☐	☐	☐	☐
3.1.4 我认为共同体内其他学校的教师能够对我的教学有所帮助	☐	☐	☐	☐	☐	☐	☐
3.1.5 我已经与共同体内其他学校的教师在教学方面开展了合作	☐	☐	☐	☐	☐	☐	☐
3.2.1（教学法）我对于顺利开展课堂教学具有充足的自信心	☐	☐	☐	☐	☐	☐	☐
3.2.2 我能够设计并开展生动的课堂互动	☐	☐	☐	☐	☐	☐	☐
3.2.3 我能够组织学生开展多样化的课堂活动	☐	☐	☐	☐	☐	☐	☐
3.2.4 我认为共同体内其他学校的教师能够对我教学法的实施有所帮助	☐	☐	☐	☐	☐	☐	☐
3.2.5 我已经与共同体内其他学校的教师在教学法方面开展了合作	☐	☐	☐	☐	☐	☐	☐
3.3.1（技术）我会使用学校配备的各种信息化平台、工具和电子设备	☐	☐	☐	☐	☐	☐	☐

续表

情况描述	非常不同意	不同意	有点不同意	普通	有点同意	同意	非常同意
3.3.2 我能够在教学中融入合适的信息化平台、工具或电子设备	☐	☐	☐	☐	☐	☐	☐
3.3.3 我能够利用信息化平台、工具或电子设备提高教学的效率和效果	☐	☐	☐	☐	☐	☐	☐
3.3.4 我认为共同体内其他学校的信息化设施也能为我所用	☐	☐	☐	☐	☐	☐	☐
3.3.5 我已经在教学中应用了共同体学校的信息化平台或工具	☐	☐	☐	☐	☐	☐	☐
3.4.1（个体）参与共同体的活动能够帮助我深入理解学科知识	☐	☐	☐	☐	☐	☐	☐
3.4.2 参与共同体的活动能够帮助我设计适切的教学方法	☐	☐	☐	☐	☐	☐	☐
3.4.3 参与共同体的活动能够帮助我了解、应用新的教育信息技术手段	☐	☐	☐	☐	☐	☐	☐
3.4.4 参与共同体的活动能够帮助我了解学科前沿	☐	☐	☐	☐	☐	☐	☐
3.4.5 参与共同体的活动能够帮助我开展跨学科课程设计	☐	☐	☐	☐	☐	☐	☐
3.5.1（群体）我认为网络学习空间是最有效的共同体协同实践方式	☐	☐	☐	☐	☐	☐	☐
3.5.2 我认为网络研讨是最有效的共同体协同实践方式	☐	☐	☐	☐	☐	☐	☐
3.5.3 我认为课程共建是最有效的共同体协同实践方式	☐	☐	☐	☐	☐	☐	☐
3.5.4 我认为线下交流活动是最有效的共同体协同实践方式	☐	☐	☐	☐	☐	☐	☐

续表

情况描述	非常不同意	不同意	有点不同意	普通	有点同意	同意	非常同意
3.5.5 我认为新技术辅助教学是最有效的共同体协同实践方式	□	□	□	□	□	□	□
3.5.6 我认为数字资源共建共享是最有效的共同体协同实践方式	□	□	□	□	□	□	□
3.5.7 我认为校际结对帮扶是最有效的共同体协同实践方式	□	□	□	□	□	□	□

第四部分　共同体发展指数

请依据您个人的实际情形，从右至左七个空格："非常同意"到"非常不同意"的选项中，勾选"√"一个最符合自己的描述。

情况描述	非常不同意	不同意	有点不同意	普通	有点同意	同意	非常同意
4.1.1（四跨）我所在共同体正在开展跨区域交流与协作	□	□	□	□	□	□	□
4.1.2 我所在共同体正在开展跨学校交流与协作	□	□	□	□	□	□	□
4.1.3 我所在共同体正在开展跨学科交流与协作	□	□	□	□	□	□	□
4.1.4 我所在共同体正在开展跨学段交流与协作	□	□	□	□	□	□	□
4.2.1（八新）我所在共同体开展的活动有利于建设新型学校	□	□	□	□	□	□	□
4.2.2 我所在共同体开展的活动有利于建设新型课堂	□	□	□	□	□	□	□

续表

情况描述	非常不同意	不同意	有点不同意	普通	有点同意	同意	非常同意
4.2.3 我所在共同体开展的活动有利于建设新型课程	☐	☐	☐	☐	☐	☐	☐
4.2.4 我所在共同体开展的活动有利于发展新型教师	☐	☐	☐	☐	☐	☐	☐
4.2.5 我所在共同体开展的活动有利于培养新型学生	☐	☐	☐	☐	☐	☐	☐
4.2.6 我所在共同体开展的活动有利于形成新型家长	☐	☐	☐	☐	☐	☐	☐
4.2.7 我所在共同体开展的活动有利于应用新型教育治理	☐	☐	☐	☐	☐	☐	☐
4.2.8 我所在共同体开展的活动有利于建设新型教育评价	☐	☐	☐	☐	☐	☐	☐
4.3.1 （参与度）我所在的共同体正在组织教学活动	☐	☐	☐	☐	☐	☐	☐
4.3.2 我所在的共同体正在组建讨论交流群组	☐	☐	☐	☐	☐	☐	☐
4.3.3 我所在的共同体正在加强联系成员单位	☐	☐	☐	☐	☐	☐	☐
4.3.4 我所在的共同体正在吸收新成员	☐	☐	☐	☐	☐	☐	☐
4.4.1 （支持度）我们的教学活动能够得到共同体其他学校的支持	☐	☐	☐	☐	☐	☐	☐
4.4.2 我们的教研活动能够得到共同体其他学校的支持	☐	☐	☐	☐	☐	☐	☐
4.4.3 我们的信息化建设能够得到共同体其他学校的支持	☐	☐	☐	☐	☐	☐	☐

续表

情况描述	非常不同意	不同意	有点不同意	普通	有点同意	同意	非常同意
4.4.4 我们的课程建设能够得到共同体其他学校的支持	□	□	□	□	□	□	□
4.5.1（激励度）对于成员单位的积极参与，共同体有相应的奖励措施	□	□	□	□	□	□	□
4.5.2 对于成员单位的消极应对，共同体有相应的惩罚措施	□	□	□	□	□	□	□
4.6.1（交互度）共同体牵头单位已经开展了一些活动	□	□	□	□	□	□	□
4.6.2 共同体牵头单位会定期开展一些活动	□	□	□	□	□	□	□
4.6.3 作为共同体的一员，我们会参与活动	□	□	□	□	□	□	□
4.6.4 作为共同体的一员，我们会定期参与活动	□	□	□	□	□	□	□
4.7.1（协作度）我会邀请共同体内的教师跟我一起开展活动	□	□	□	□	□	□	□
4.7.2 我已经邀请了共同体内的教师跟我一起开展活动	□	□	□	□	□	□	□
4.7.3 我会定期邀请共同体内的教师跟我一起开展活动	□	□	□	□	□	□	□
4.8.1（情感投入度）我认为共同体内成员学校之间像上下级，需要管理	□	□	□	□	□	□	□
4.8.2 我认为共同体内成员学校之间像同事，大家一起共事、协作	□	□	□	□	□	□	□
4.8.3 我认为共同体内成员学校之间像同学，大家一起学习、进步	□	□	□	□	□	□	□

续表

情况描述	非常不同意	不同意	有点不同意	普通	有点同意	同意	非常同意
4.8.4 我认为共同体内成员学校之间像朋友，大家一起互助、成长	□	□	□	□	□	□	□
4.8.5 我认为共同体内成员学校之间像学生，需要接受指导、帮助	□	□	□	□	□	□	□
4.9.1（时间把握度）我知道共同体项目什么时候开始实践	□	□	□	□	□	□	□
4.9.2 我知道共同体项目什么时候中期检查	□	□	□	□	□	□	□
4.9.3 我知道共同体项目什么时候结项答辩	□	□	□	□	□	□	□
4.10.1（位置认知度）我认为共同体其他学校的位置距离我们很近	□	□	□	□	□	□	□
4.10.2 我认为共同体其他学校的位置距离我们很远	□	□	□	□	□	□	□
4.10.3 我认为共同体其他学校的位置距离我们有远有近	□	□	□	□	□	□	□
4.11.1（空间感知度）我认为有了网络，共同体学校交流不是问题	□	□	□	□	□	□	□
4.11.2 我认为有了网络，共同体学校也需要面对面交流	□	□	□	□	□	□	□
4.11.3 我认为有了网络，共同体学校也需要有交流机制	□	□	□	□	□	□	□
4.12.1（双维张力）我认为我的工作能够对共同体建设与发展有所帮助	□	□	□	□	□	□	□
4.12.2 我认为共同体活动对我的个人发展有所帮助	□	□	□	□	□	□	□

情况描述	非常不同意	不同意	有点不同意	普通	有点同意	同意	非常同意
4.12.3 我认为实践共同体最有益于参与学校的建设与发展	☐	☐	☐	☐	☐	☐	☐
4.12.4 我认为实践共同体最有益于参与教师的个人发展	☐	☐	☐	☐	☐	☐	☐
4.12.5 我认为实践共同体最有益于课程的建设	☐	☐	☐	☐	☐	☐	☐
4.12.6 我认为实践共同体最有益于校园或区域的教育信息化发展	☐	☐	☐	☐	☐	☐	☐
4.12.7 我认为实践共同体最有益于学生的发展	☐	☐	☐	☐	☐	☐	☐

第五部分　其他调查

5.1 您认为实践共同体项目能够促进您所在学校的发展吗？为什么？

_____

_____

5.2 您参与实践共同体项目时遇到的主要困难有哪些？

_____

_____

5.3 您对本问卷有何意见及建议？

_____

_____

问卷结束，诚挚地感谢您填答本问卷！

附录二 跨学科课程实施情况调查（教师版）

尊敬的老师，您好：

本问卷共分四个部分，选项中没有正确答案，请依据您的实际情况进行真实填答。以下内容仅供学术统计分析之用，我们将对您的个人资料进行保密。您的参与是对我们研究最大的帮助，衷心感谢您真实的意见！

第一部分 基本信息

1. 性别（单选）：□男 □女

2. 任教学科（单选）：□语文 □英语 □数学 □信息 □科学 □音乐 □美术 □德育 □综合 □其他

第二部分 教师实施情况

请依据您个人的实际情形，从右至左七个空格："非常同意"到"非常不同意"的选项中，勾选"√"一个最符合自己的描述。

描述	非常不同意	不同意	有点不同意	普通	有点同意	同意	非常同意
3. 关于我所教的学科，我具备充足的知识储备	□	□	□	□	□	□	□
4. 关于我所教的学科，我具有较好的知识应用能力	□	□	□	□	□	□	□
5. 关于我所教的学科，我有信心把课上好	□	□	□	□	□	□	□
6. 我可以较好地指导我的学生进行学习	□	□	□	□	□	□	□
7. 我可以指导我的学生制订学习计划	□	□	□	□	□	□	□
8. 我可以指导我的学生开展小组学习	□	□	□	□	□	□	□

描述	非常不同意	不同意	有点不同意	普通	有点同意	同意	非常同意
9. 我可以在教学中有效地应用信息技术工具	□	□	□	□	□	□	□
10. 我可以学习信息技术方面的新工具	□	□	□	□	□	□	□
11. 我可以自己解决教学中的技术问题	□	□	□	□	□	□	□
12. 我可以指导学生应用互联网寻找与课程知识相关的信息	□	□	□	□	□	□	□
13. 我可以应用信息化工具管理我的学生	□	□	□	□	□	□	□
14. 我可以应用信息化工具让学生进行小组协作学习	□	□	□	□	□	□	□

第三部分　课程实施情况

请依据您个人的实际情形，从右至左七个空格："非常同意"到"非常不同意"的选项中，勾选"√"一个最符合自己的描述。

情况描述	非常不同意	不同意	有点不同意	普通	有点同意	同意	非常同意
15. 我知道科学的含义是什么	□	□	□	□	□	□	□
16. 我能够找到我所教学科的科学知识	□	□	□	□	□	□	□
17. 我所实施的 STEAM 课程较好地体现了科学内涵	□	□	□	□	□	□	□
18. 我知道技术的含义是什么	□	□	□	□	□	□	□
19. 我能够找到我所教学科的技术知识	□	□	□	□	□	□	□
20. 我所实施的 STEAM 课程较好地体现了技术内涵	□	□	□	□	□	□	□
21. 我知道工程的含义是什么	□	□	□	□	□	□	□
22. 我能够找到我所教学科的工程知识	□	□	□	□	□	□	□

续表

情况描述	非常不同意	不同意	有点不同意	普通	有点同意	同意	非常同意
23. 我所实施的 STEAM 课程较好地体现了工程内涵	□	□	□	□	□	□	□
24. 我知道人文的含义是什么	□	□	□	□	□	□	□
25. 我能够找到我所教学科的人文知识	□	□	□	□	□	□	□
26. 我所实施的 STEAM 课程较好地体现了人文内涵	□	□	□	□	□	□	□
27. 我知道数学的含义是什么	□	□	□	□	□	□	□
28. 我能够找到我所教学科的数学知识	□	□	□	□	□	□	□
29. 我所实施的 STEAM 课程较好地体现了数学内涵	□	□	□	□	□	□	□

第四部分　知识应用情况

请依据您个人的实际情形，从右至左七个空格："非常同意"到"非常不同意"的选项中，勾选"√"一个最符合自己的描述。

情况描述	非常不同意	不同意	有点不同意	普通	有点同意	同意	非常同意
30. 学生都认真地听课了	□	□	□	□	□	□	□
31. 学生都完成了我布置的任务	□	□	□	□	□	□	□
32. 学生理解了本次课程的知识	□	□	□	□	□	□	□
33. 学生找到了与课程相关的其他知识	□	□	□	□	□	□	□
34. 我相信学生能把这次学到的知识讲给父母听	□	□	□	□	□	□	□
35. 学生能把他们的想法体现在他们的作品中	□	□	□	□	□	□	□

情况描述	非常不同意	不同意	有点不同意	普通	有点同意	同意	非常同意
36. 学生的作品超出了我的课程内容，有所创新	□	□	□	□	□	□	□
37. 学生能够把作品应用到生活当中	□	□	□	□	□	□	□

问卷结束，诚挚地感谢您填答本问卷！

附录三　跨学科课程实施情况调查（学生版）

同学，你好：

请依据你的实际想法，对每一项的描述进行选择，从"1"到"7"代表从"无聊"到"有趣"，根据感受程度选择一个并打"√"。

第一题：对我来说，探究事物背后的科学原理时，我感到							
我认为无聊	□¹	□²	□³	□⁴	□⁵	□⁶	□⁷　我认为有趣
对我缺乏吸引力	□¹	□²	□³	□⁴	□⁵	□⁶	□⁷　对我有吸引力
对我影响不大	□¹	□²	□³	□⁴	□⁵	□⁶	□⁷　对我影响较大
提不起精神	□¹	□²	□³	□⁴	□⁵	□⁶	□⁷　令人兴奋
对我没有意义	□¹	□²	□³	□⁴	□⁵	□⁶	□⁷　对我有意义
第二题：对我来说，学习开源硬件、代码、动画软件时，我感到							
对我缺乏吸引力	□¹	□²	□³	□⁴	□⁵	□⁶	□⁷　对我有吸引力
对我影响不大	□¹	□²	□³	□⁴	□⁵	□⁶	□⁷　对我影响较大
提不起精神	□¹	□²	□³	□⁴	□⁵	□⁶	□⁷　令人兴奋
对我没有意义	□¹	□²	□³	□⁴	□⁵	□⁶	□⁷　对我有意义
我认为无聊	□¹	□²	□³	□⁴	□⁵	□⁶	□⁷　我认为有趣

续表

第三题：对我来说，设计和制作高楼模型或同类活动时，我感到							
对我影响不大	□^{1}	□^{2}	□^{3}	□^{4}	□^{5}	□^{6}	□^{7} 对我影响较大
提不起精神	□^{1}	□^{2}	□^{3}	□^{4}	□^{5}	□^{6}	□^{7} 令人兴奋
对我没有意义	□^{1}	□^{2}	□^{3}	□^{4}	□^{5}	□^{6}	□^{7} 对我有意义
对我缺乏吸引力	□^{1}	□^{2}	□^{3}	□^{4}	□^{5}	□^{6}	□^{7} 对我有吸引力
我认为无聊	□^{1}	□^{2}	□^{3}	□^{4}	□^{5}	□^{6}	□^{7} 我认为有趣
第四题：对我来说，学习语文课文或进行阅读等活动时，我感到							
提不起精神	□^{1}	□^{2}	□^{3}	□^{4}	□^{5}	□^{6}	□^{7} 令人兴奋
对我没有意义	□^{1}	□^{2}	□^{3}	□^{4}	□^{5}	□^{6}	□^{7} 对我有意义
对我缺乏吸引力	□^{1}	□^{2}	□^{3}	□^{4}	□^{5}	□^{6}	□^{7} 对我有吸引力
我认为无聊	□^{1}	□^{2}	□^{3}	□^{4}	□^{5}	□^{6}	□^{7} 我认为有趣
对我影响不大	□^{1}	□^{2}	□^{3}	□^{4}	□^{5}	□^{6}	□^{7} 对我影响较大
第五题：对我来说，学习数学公式或计算数学题时，我感到							
对我没有意义	□^{1}	□^{2}	□^{3}	□^{4}	□^{5}	□^{6}	□^{7} 对我有意义
对我缺乏吸引力	□^{1}	□^{2}	□^{3}	□^{4}	□^{5}	□^{6}	□^{7} 对我有吸引力
我认为无聊	□^{1}	□^{2}	□^{3}	□^{4}	□^{5}	□^{6}	□^{7} 我认为有趣
对我影响不大	□^{1}	□^{2}	□^{3}	□^{4}	□^{5}	□^{6}	□^{7} 对我影响较大
提不起精神	□^{1}	□^{2}	□^{3}	□^{4}	□^{5}	□^{6}	□^{7} 令人兴奋

问卷结束，感谢你填答本问卷！